웹 3.0 넥스트 이코노미

불황 속 당신의 **돈**과 **삶**을 완전히 바꿀 **생존경제**

WEB 3.0 웹 3·0

넥스트 이코노미

불황 속 당신의 **돈**과 **삶**을 완전히 바꿀 **생존경제**

김미경 정지훈 신동형 김승주 이승환 에리카 강 윤준탁 이신혜 권헌영 지음

AWAKE BOOKS

누구나 크리에이터이자
창업자가 되는 세상의 입구

내가 웹 3.0에 처음 관심을 갖게 된 건 지금으로부터 딱 1년 전이다. 조금은 창피한 고백이지만, 웹 3.0이라는 개념이 있다는 사실 자체를 불과 1년 전에 알았다. 컴퓨터가 막 보급됐을 무렵부터 독수리 타법으로 한 글자 한 글자 타이핑하며 강연 자료를 만들고 책을 써왔지만, 그 세계가 웹 1.0인지도 모르고 지나왔다.

지금까지도 엄청난 분량의 콘텐츠를 만들어 수시로 유튜브, 인스타그램, 블로그에 업로드하고 있지만 이 세계가 웹 2.0이라는 사실을 안 것도 그 무렵이다. 내 인스타그램 계정을 '팔로우'하고 '좋아요'와 '댓글'을 남겨주는 분들께 고마워하고, 유튜브 광고 수익이 들어오면 직원들과 함께 신나게 기뻐했을 뿐이다.

그러던 어느 날, 우연히 접하게 된 하나의 현상에서 뭔가 심상치 않다는 느낌을 받게 되었다. 살면서 한 번도 경험한 적 없는, 상상해본 적도 없는 방향으로 세상이 변화할 것 같다는 느낌이었다. 바로 NFT 열풍이었다.

NFT가 뭐길래 미국에서 난리가 났지? 궁금증 반, 호기심 반으로 NFT에 대해 찾아보다가 나는 엄청난 사실을 깨닫고 말았다. 20년간 네이버, 유튜브, 인스타그램의 주가 상승에 엄청난 기여를 하고도 내가 아무 보상을 받지 못했다는 것. 그리고 이 사실을 한 번도 불편하게 생각한 적 없었다는 것 말이다. 게다가 NFT는 내가 만든 콘텐츠가 나의 것임을 증명하고 내가 원하는 가격과 방식대로 거래할 수 있게 해주는 다양한 프로덕트 중 하나일 뿐이었다. 미국에서 비싸게 팔리는 온라인 그림 정도가 아니었다.

· · ·

그때부터 시작한 공부가 어느새 웹 3.0 생태계 전반으로 확장되었다. 웹 3.0 생태계에 대해 알면 알수록 경이로움과 공포감이 동시에 밀려왔다. 하루가 다르게 상용화되고 있는 엄청난 기술들이 웹 2.0 시대가 끝나가고 있다는 신호를 보내왔다. 코로나19로 이미 세상이 10년 이상 앞당겨졌는데, 웹 3.0은 그보다 세 배 더 빠르게 성큼성큼 다가왔다. 그런데도 나와 같은 대다수 평범한 사람들은 그 사실을 인지조차 하지 못하고 있었다.

모두가 창업자가 되는 세상, 개인과 기업 할 것 없이 모두가 온라인에서 자산을 직거래하는 세상! 웹 2.0 시대에 모두가 인스타그램과 유튜브를 하면서 1인 미디어가 되었듯, 이제 은행도 카드사도 필요 없이 모두가 금융기관이 되는 세상! 이것이 내가 알게 된 웹 3.0 세상이다. 한마디로 우리의 돈과 일하는 방식, 라이프 스타일을 좌우하는 생존경제의 판이 송두리째 뒤바뀐 세상이 오고 있다.

여기까지 웹 3.0을 이해하니 마음이 조급해졌다. 지금 당장 웹 3.0 세상으로 넘어갈 준비를 하지 않으면 몇 년 내에 나의 돈과 직업과 삶을 빼앗길 것만 같았다. 나는 즉시 웹 3.0을 쉽게 이해할 수 있도록 소개해줄 전문가, 우리 일상에 어떤 변화가 몰아칠지, 당장 먹고살기도 빠듯한 이 시기에 왜 당장 웹 3.0을 알아야 하는지 알려줄 전문가를 찾기 시작했고, 가장 먼저 정지훈 교수님과 김승주 교수님이 떠올랐다. 국내 최고 IT 전문가이자 미래학자인 정지훈 교수님, 그리고 웹 3.0 생태계의 기반 기술인 블록체인의 최고 전문가인 김승주 교수님만큼 이 상황을 잘 설명해주실 분은 없었다. 두 교수님을 통해 지금 무슨 일이 벌어지고 있는지를 파악하고 나니, 웹 3.0 시대를 잘 살아가기 위해 반드시 알아야 하는 지식이 무엇인지가 그려졌다.

· · ·

이 책을 함께 쓴 8인의 저자는 웹 3.0과 관련해 일반인들이 반드시 알아야 하는 주제를 정말 쉽고 친절하게 풀어주신 우리나라 최고 전문가들이다. 정지훈 교수님은 웹 3.0을 왜 알아야 하는지, 이 생태계가 우리 삶을 얼마나 편리하고 다채롭게 변화시킬 것인지를 웹의 변천사를 통해 친절하게 소개해주신다. 이어서 디지털 테크 전문가인 신동형 선생님이 웹 3.0을 실현하는 가장 기본적인 기술을 설명해주신다. 그리고 김승주 교수님과 이승환 선생님이 웹 3.0 시대의 필수 기술인 블록체인과 메타버스의 현주소, 그리고 이것들이 우리 실생활에서 구체적으로 어떤 가치와 효용을 주는지 안내해주신다.

커뮤니티 빌더 전문가인 에리카 강과 디지털 콘텐츠 전문가인 윤준탁 선생님은 웹 3.0 생태계에서 나의 가치를 높이기 위해 반드시 필요한 나만의 커뮤니티를 만드는 법과 2차 창작을 통해 나만의 콘텐츠를 생산하는 법을, 이어서 블록체인 투자 전문가인 이신혜 선생님이 웹 3.0 생태계의 경제적 가치와 새로운 비즈니스 기회를 찾는 법을 전해주신다. 마지막으로 권헌영 교수님이 웹 3.0 시대를 주도적으로 살아가기 위해 우리가 반드시 실천해야 할 디지털 시민의식에 관해 상세하게 설명해주신다. 멋진 책을 함께 써주신 여덟 분께 이 자리를 빌려 진심으로 감사 인사를 드린다.

· · ·

웹 3.0 생태계의 가장 큰 혜택은 누구나 크리에이터이자 창업자가 될 수 있다는 것이다. 지금까지 소비자로서 플랫폼의 덩치를 키워주기만 했다면, 이제 자신만의 커뮤니티를 만들고 누구나 나의 팬을 모을 수 있는 시대, 내가 노력하는 만큼 투명하게 보상을 받을 수 있는 시대가 열린다. 대신 이 세상을 이해하려면 반드시 공부를 해야 한다. 한 번도 경험한 적 없는, 세상에 없던 생태계인 만큼 웹 3.0으로의 입문에는 공부가 필수다.

아직도 나는 웹 3.0에 대해 모르는 것이 많다. 그래서 1학년 입학생이 되었다는 마음가짐으로 더 열심히 공부한다. 주변에도 그렇게 공부하기를 권한다. 우리뿐 아니라 전 국민이 1학년이니 부끄러워하지 말고 같이 공부하면서 성장해 나가자고.

웹 3.0에 대해 공부하면 할수록 그동안 내가 몰라서 놓쳐버린 수많은 기회가 떠오른다. 20여 년 가까이 플랫폼의 소비자로 살면서 내 기여에 비해 턱없이 부족한 보상을 받고도 그게 당연한 줄 알았던 무지함을 조금이라도 빨리 깨부수었다면, 지금쯤 내 삶은 더 많이 달라졌을 것이다.

그래서 나와 비슷한 많은 분들께 웹 3.0의 문을 열어주고 싶다. 너무 어렵게만 느끼지 말고 기꺼이 내 손을 잡고 나와 함께 새로운 세상을 만나보길 바란다. 여덟 분의 저자들이 친절한 가이드가 되어줄 것이다. 2023년 한 해 동안 웹 3.0 공부를 통해 여러분만의 기회를 꼭 잡길 바란다.

2022년 11월

WEB 3.0

NEXT ECONOMY

웹 3.0 시대,
모든 규칙은
내가 정한다

정지훈

미래학자 · IT 융합 전문가

한양대학교 의과대학 졸업 후 서울대학교에서 보건정책관리학으로 석사 학위를, 미국 서던캘리포니아대학교 대학원에서 의공학 박사 학위를 취득했다. 현재 다음세대재단 이사, DGIST 겸직교수, 모두의연구소 최고비전책임자를 맡고 있다. 지은 책으로 《거의 모든 IT의 역사》, 《거의 모든 인터넷의 역사》, 《세븐테크》(공저) 등이 있다.

'지식 혁명의 시대'에서 '모두가 미디어가 되는 시대'를 거쳐, '모두가 금융기관이 되는 시대'가 다가오고 있다. 웹 3.0은 이 새로운 시대로 도약하는 발판이자, 너무나 명백한 시대의 흐름이다. 이것을 알지 못하면, 몇 년 내 우리의 일상을 송두리째 바꿔놓을 세상에 절대 적응할 수 없다. 인정하고 말고의 문제가 아니라 누구나 알아야 하고 누려야 하는 최소한의 지식이 웹 3.0인 것이다.

시대를 이끄는 '연결'의 진화

한쪽에선 사기라고 비난하는데 한쪽에선 인류의 경제를 송두리째 바꿀 혁신이라고 예의 주시한다. 실체조차 없는 마케팅 용어라는 사람이 있는가 하면 머지않아 빅테크 시장에 전쟁이 날 거라는 이들도 있다. 생각도 입장도 전망도 모두 제각각인 이것은, 바로 웹 3.0이다.

웹 3.0은 머지않아 우리의 삶을 완전히 바꿀 새로운 성장 발판으로 언급되지만 대다수에게는 여전히 어렵고 모호한 개념이다. 당연하다. 웹 3.0이 무엇인지 한 줄로 명확하게 설명하기 어렵기도 하고, 무엇보다 웹의 진화 과정을 정확히 알지 못하기 때문이다.

웹 3.0을 이해하기 위해 웹의 진화 과정까지 알아야 할까? 그렇다. 세상 모든 일이 그렇듯, 새롭게 등장한 개념을 제대로 알고 싶다면 그 시작부터 살펴봐야 확실히 내 지식으로 만들 수 있다. 그런 의미에서 이 책을 시작하는 첫 장에서는 웹이 도대체 뭔지, 어떤 과정을 거쳐 웹 3.0까지 발전해왔는지 알아보겠다.

먼저, 웹의 사전적 정의가 뭘까? 거미줄이라는 뜻이다. 거미줄이 얼기설기 얽혀 있듯 서로 떨어져 있던 것들이 연결된 상태를 웹이라 하는데, 이 상태가 점점 진화하면서 웹 1.0 시대의 인터넷이 웹 2.0을 지나 웹 3.0까지 등장한 것이다. 이러한 진화는 물론 단기

■ **인터넷의 초기부터 웹 3.0까지의 진화 과정**

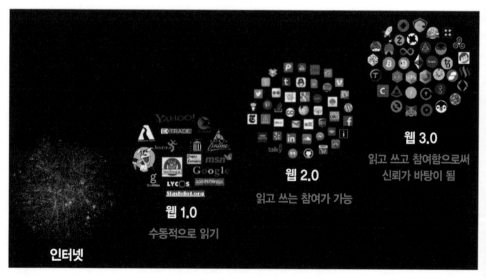

웹 3.0 넥스트 이코노미

간에 이루어지지 않는다.

왼쪽 그림을 보면 웹의 진화 과정을 한눈에 파악할 수 있다. 왼쪽 하단에 별들이 총총히 연결된 이미지가 인터넷의 초기 모습이다. 컴퓨터와 네트워크 선이 연결된 통신 구간을 표현한 것이다. 그런데 사실 역사에서는 무엇이 가장 먼저 시작되고 만들어졌는지보다 이것이 언제부터 대중적으로 쓰이게 되었는지, 어느 시기에 사회적 파급력을 갖게 되었는지가 중요하다.

인터넷은 1970년대에 처음 탄생했지만 20여 년간은 학자, 연구자, 일부 학생 들만 사용했다. 그러다가 1990년대에 '웹'이 등장하면서 비로소 각광받는 시스템이 되었다. 홈페이지에 문서가 연결되면서 드디어 웹 1.0 시대가 열린 것이다. 그래서 웹 1.0은 한마디로 '문서의 인터넷' 시대라 할 수 있다.

웹 2.0은 대략 2000년대 후반부터 지금까지 15년간의 흐름이다. 스마트폰의 등장과 함께 폭발적으로 발전했기에 모바일 혁명과 연결 짓는 사람들이 많다. 웹 1.0에서는 '수동적으로 읽기read-only static'만 가능했지만, 웹 2.0은 '참여가 가능해졌다read-write dynamic'라는 점이 둘의 가장 큰 차이점이다. 주로 사진을 올리거나 글을 쓰는 식으로 참여하기 때문에 미디어 쪽으로 다소 치우친 느낌이 있지만, 읽고 쓰기가 쌍방향으로 가능해지면서 중간에서 이를 중개하는 일이 중요해졌다. 그래서 데이터를 제공하는 플랫폼과 함께 성장하게 되었는데, 이것이 웹 2.0 시대의 특징이다. 지금 우리가 웹 2.0 시대를 살고 있다.

그렇다면 웹 3.0의 특징은 무엇일까? 웹 1.0은 정보를 모아 보여주기만 했다. 웹 2.0에서는 우리가 직접 정보를 공유하고 서비스를 받는 식으로 참여했다. 웹 3.0은 아직 명확하게 정의되지 않았다. 기존의 읽고 쓰는 개념은 모두 포함되지만, 이것에 더해 무엇을 중시하는지에 따라 저마다 조금씩 차이가 난다.

예를 들어, 소유권을 중요하게 생각해서 '가상지갑'을 이야기하는 개념이 있는가 하면, AI 기술을 이용해 한 단계 높은 수준의 지식을 이야기하는 시맨틱 웹semantic web이란 개념도 있다. 공통점은 디지털 전환digital transformation을 극대화하는 개념이라는 점이다. 사람뿐만 아니라 기계까지 결합해 우리가 물리적으로 볼 수 있는 수많은 것을 모두 연결하는 것이 웹 3.0이라고 말하는 사람도 있다. 신뢰가 바탕이 되는 웹read-write-trust verifiable이 진정한 웹 3.0이라고 주장하는 사람도 있다.

이렇듯 웹 3.0에 대한 정의는 다양하다. 확실한 사실 하나는 웹 1.0이나 2.0 때보다 웹 3.0에서 우리가 할 수 있는 일이 엄청나게 많아진다는 것이다.

상상할 수조차 없었던 일들이 실현되는 시대가 온다

이쯤에서 다시 인터넷과 웹의 시작점으로 돌아가, 1980년대 말 팀 버너스 리Timothy John Berners Lee라는 인물에 대해 알아보자. 이 사람은 영국의 물리학자이자 웹 1.0의 시작, 즉 인터넷을 대중에게 안겨준 월드와이드웹을 발명한 인물이다.

팀 버너스 리는 어떻게 월드와이드웹을 만들게 되었을까? 바로 색인index을 검색하다가 아이디어를 얻었다고 한다. 지금 젊은 세대들은 색인이 뭔지 모를 수도 있는데, 컴퓨터 시스템이 없던 시절에는 도서관에 가서 원하는 책을 찾을 때 엄청나게 큰 서랍에 보관된 종이 카드를 확인했다. 책 제목, 분류 코드, 저자 등을 기호로 써넣은 종이 카드를 한군데에 모아두었는데, 그 종이 카드가 바로 색인이다.

팀 버너스 리는 스위스 제네바에 있는 유럽입자물리연구소CERN 연구원으로 근무했는데, 이곳은 전 세계 유명 물리학자들이 모여서 희귀한 실험을 하는 곳이었다. 당연히 실험과 관련된 논문이 상당수 필요했지만, 학교별 또는 연구소별로 가지고 있던 논문 내용이 전부 달랐다. 자연스레 서로 연결해서 좋은 논문을 찾을 방법을 고심하지 않을 수 없었고, 연구소는 스탠퍼드대학교와 연계해서 문제를 해결하려고 했지만 일이 잘 풀리지 않았다.

이즈음 스티브 잡스가 애플을 떠나 '넥스트Next'라는 회사를 창립했다. 넥스트는 컴퓨터를 아주 직관적으로 잘 만들었다. 특히 지금의 그래픽 유저 인터페이스 기술을 적극적으로 채택해 컴퓨터의 사용성을 크게 높였다. 팀 버너스 리는 이 소프트웨어에 감명받아 인터넷도 이런 식이 되어야 한다고 생각했다. 그래서 모든 정보를 문서로 보면서 클릭해서 찾는 방안을 디자인한다. 이렇게 세계 최초의 월드와이드웹이 탄생한다.

여기서, 팀 버너스 리가 만든 이 기술의 라이선스는 누가 가져야 할까? 연구소 직원으로서 직무를 수행하는 과정에서 발명한 것이니, 연구소 측이 라이선스를 소유하는 것이 일반적이다. 하지만 연구소는 그 기술을 자신들이 갖지 않고 인류를 위해 내어놓기로 한다. 이 기술을 인터넷과 결합하면 수많은 사람이 쉽게 지식에 접근해 공부할 수 있으리라 판단했기 때문이다. 그래서 연구소 측은 일종의 인터넷상 비정부기구를 만들어서 팀 버너스 리에게 기술 관리를 맡긴다.

이 과정에서 월드와이드웹 기술의 표준화를 위해 연구 기관과 관련 회사들이 모인 단체인 '월드와이드웹 컨소시엄w3c'이 만들어졌고, 오늘날 우리가 쓰고 있는 웹 1.0이 시작되었다. 우리가 네트워크에서 검색할 때 브라우저 창에 입력하는 'www'가 월드와이드웹의 약자다. 이 프로토콜과 표준을 만드는 민간 기구는 지금도 전 세계에서 작동하고 있다. 인류의 평등한 발전을 위해 자신의 권리를 기꺼이 포기한 이들이 있었기에 우리가 지금 월드와이드웹을 마음껏 활용하고 있는 것이다.

'www'를 마음껏 쓸 수 있는 이유

탁월한 기술이 있어도 소프트웨어가 뒷받침되지 않으면 무용지물이다. 당시 월드와이드웹은 인터페이스가 상당히 전문적이어서 일반인이 사용하기엔 어려웠다. 월드와이드웹을 쉽게 쓸 수 있도록 소프트웨어를 만든 사람은 마크 앤드리슨Marc Lowell Andreessen이다.

마크 앤드리슨은 일리노이대학교 학부생 시절, 시카고에 있는 국립슈퍼컴퓨팅연구소NCSA에서 아르바이트를 하다가 월드와이드웹 기술을 보고 반한다. '그런데 윈도우에서 작동되는 소프트웨어를 만들지 않으면 이 멋진 기술을 제대로 활용할 수 없지 않나?' 이런 생각이 들자 앤드리슨은 사이드 프로젝트로 '모자이크Mosaic'라는 웹 브라우저를 만든다. 웹 브라우저란 '가게 안을 둘러보거나 책을 군데군데 펼쳐 읽는다'라는 뜻의 브라우저와 웹이 결합된 용어다. 1993년에 등장한 그래픽 인터페이스 기반의 웹 브라우저 모자이크는 웹의 확산에 실질적인 기여를 했다. 아르바이트를 하던 대학생이 이것을 만든 것이다.

국가기관에서 모자이크를 출시하자 사람들의 관심이 폭발한다. 세상에 이렇게 쉬운 인터넷 기술이 있다니! 모자이크는 급속히 퍼져나가고, 미국 정부도 감명을 받아 NCSA에 경제적 지원을 아끼지 않았다. 그런데 문제가 생긴다. 정부 지원금을 받은 NCSA가 정작 이 기술을 개발한 마크 앤드리슨에게는 아무 보상도 하지 않았던 것이다.

화가 난 앤드리슨은 NCSA를 그만두고 실리콘밸리로 간다. 그는 월드와이드웹과 상관없는 곳에서 일하던 중 어느 엔젤투자자를 만나게 된다. 그는 마크의 능력을 최대한 독려하며 투자를 유치해주었고, 그렇게 만들어진 것이 바로 세계 최초의 상용 웹 브라우저 '넷스케이프Netscape'다.

지금은 인터넷 익스플로러나 구글 크롬을 많이 써서 모두가 잊었지만, 당시 넷스케이프의 출현은 상당한 반향을 몰고 왔다. 바다를 항해하는 듯한 스티어링 휠의 이미지가 인상적인 넷스케이프는 정보의 바다를 서핑하는 최고의 도구로 승승장구했다. 큰돈을 벌며 유명해진 앤드리슨은 실리콘밸리에 웹 3.0과 관련해서 가장 크게 투자하는 벤처캐피털인 앤드리슨 호로위츠Andreessen Horowitz, a16z를 세우고, 트위터, 페이스북, 에어비앤비 등 세계적 스타트업에 초기 투자하며 IT 업계에서 일약 '미다스의 손'으로 떠오른다.

크롬과 익스플로러 이전에 넷스케이프가 있었다

이번에는 포털의 탄생을 알아보자. 포털의 역사에서는 '왜', '누가', '어떻게'를 알아야 한다. 이것이 웹 3.0의 철학과도 맞물리기 때문이다.

흔히 포털은 야후Yahoo와 함께 탄생했다고 말한다. 야후는 스탠퍼드대학교 대학원생이었던 데이비드 필로David Filo와 제리 양Jerry Yang이 만들었다. 당시엔 방문하고 싶은 사이트가 있으면 계정을 다 외우거나 북마크로 일일이 체크를 해야 했다. 두 사람은 시간이 날 때마다 인터넷 서핑을 하면서 사이트를 정리하고 법률, 의학 등 큰 카테고리로 나누며 자신들의 이름으로 사이트 목록을 정리해두었다.

그런데 이게 학교 안에 소문이 퍼지면서 많은 학생들이 두 사람이 정리해둔 '북마크 서비스'를 이용하기 시작한다. 인터넷이라는 거대한 바다의 입구를 두 사람이 차지하게 된 것이다. 인터넷 사용자들은 이 문을 클릭해서 인터넷 바다에 들어가는 셈이 되었고, 그 입구는 '문'을 뜻하는 포털portal이 된다.

사람들이 좋아할 만한 사이트를 모아서 소개하는 기능이 큰 인기를 끌자 두 사람은 급기야 벤처캐피털에서 투자를 받게 된다. 그렇게 해서 탄생한 서비스가 세계 최초의 포털 서비스 '야후'다. 한때는 인터넷 하면 야후였던 시절이 있었다. 지금도 일본에서는 야후 재팬이 우리의 네이버처럼 강력한 기업으로 인정받고 있다.

여기서 잠깐, 야후는 어쩌다 기세가 꺾인 걸까? 인터넷의 확장 속도가 급격히 빨라지면서 야후의 기술로는 기존의 정리 방식을 감당하기 힘들어진 것이다. 이제는 도서관에서 색인을 찾듯 시스템상으로 쉽고 빠르게 검색할 수 있는 기술이 필요했다. 이때 탄생한 기업이 구글이다. 야후를 비롯해 알타비스타, 라이코스 등 당시 여러 기업이 이 경쟁에 뛰어들었지만, 최후의 승자는 구글이었다.

구글의 꿈은 지구를 복제하는 것

오늘날 전 세계 검색엔진 시장의 90퍼센트를 점유하는 구글은 1995년 세르게이 브린Sergey Brin과 래리 페이지Larry Page가 공동 창업했다. 스탠퍼드대학교 대학원 동기로 만난 두 사람은 어떻게 하면 방대한 월드와이드웹에서 검색을 더 잘할 수 있을지 연구해 그 결과물을 100만 달러에 팔려고 했지만, 사겠다는 사람이 없었다. 당시의 포털 기업들은 두 사람이 만든 검색 기능을 보고 매우 감탄했지만, 너무 뛰어난 성능 때문에 오히려 투자나 인수를 꺼린 것이다.

그때 구글의 미래를 직감하고 적극적으로 나선 초창기 투자자가 선마이크로시스템스 창업자인 앤디 벡톨샤임Andy Bechtolsheim, 벤처캐피털리스트인 람 슈리람Ram Shiram, 아마존 창업자인 제프 베이조스Jeff Bezos다. 특히 람 슈리람은 자기 돈을 투자하고는 곧바로 구글의 자금 담당 총괄책임자가 된다.

네트워크가 마비된다는 이유로 스탠퍼드대학교에서 번번이 쫓겨날 뻔했던 브린과 페이지, 둘은 100만 달러만 받을 수 있으면 자신들이 개발한 서비스를 가차 없이 팔아버리려고 했지만 결국 둘의 연구는 구글이라는 초거대 기업을 탄생시켰다.

우리는 지금 익숙하게 사용하는 것들의 시작을 너무 당연하게 여기고 별로 궁금해하지 않는다. 그런데 무언가의 시작에는 늘 수많은 반대와 조롱, 장애물이 뒤따른다. 지금 우리 삶을 윤택하고 편리하게 만드는 여러 혁신적인 상품이나 서비스 대부분도, 초기에는 아무도 주목하지 않거나 그 가치를 인정받지 못하는 경우가 태반이었다. 하지만 끝내 혁신을 이룬 선구자들의 노력이 있었기에 세상이 점점 발전하는 법이다.

구글의 마지막 엔젤투자자 중 한 명은 제프 베이조스다. 브린과 페이지와 저녁을 먹던 그가 두 사람에게 꿈을 물었을 때 "우리는 지구를 복제하고 싶다"고 대답했다는 일화는 아주 유명하다. 지구와 인류의 삶을 전부 복제해 디지털로 만들어, 언제 어디서나 지식이 쉽게 연결되도록 하고, 수많은 사람이 새로운 가치를 창출하도록 만들고 싶다는 뜻이었다.

허무맹랑한 꿈으로 들릴 법도 한 이 말을 듣고, 베이조스는 두 사람의 가치를 알아본다. 그는 그 자리에서 두 사람에게 백지수표를 건네고, 아마존에 있던 베이조스의 자금이 구글로 흘러가게 된다. 그야말로 세상을 변화시킨 투자자의 안목이 아닐 수 없다.

구글의 꿈이 그러했듯 웹 1.0의 핵심은 지식이다. 소수에게 집중돼 있던 지식을 누구나 쉽게 찾을 수 있도록 연결하는 것. 흔히 부의 격차는 지식의 격차에서 발생한다고 한다. 그래서 당시 웹 1.0이 몰고 온 돌풍을 지식 혁명이라고도 부른다. 그 어느 시대보다 사람들이 지식 정보에 쉽게 접근할 수 있게 되면서 많은 격차가 사라졌기 때문이다. 웹 1.0의 등장은 보다 평등한 세상을 향한 혁신의 시작이었다.

문서 중심의 시대를 지나, 사람 중심의 시대가 열리다

이제는 웹 1.0이 어떻게 웹 2.0으로 진화했는지 살펴보자. 웹 1.0은 문서 중심의 시스템이다. 홈페이지 자체가 하나의 문서인 셈이다. 오른쪽 그림은 웹 1.0의 역할을 한눈에 보여준다. 우리 각자가 중앙에 있는 문서나 서버에 글을 쓸 순 있지만, 어쨌든 모든 것이 중심을 향해 있다.

다음 장의 그림은 웹 2.0을 보여준다. 문서를 중심으로 글을 읽기만 하던 사람들이 서로 연결되기 시작했다. 사람과 사람이 연결되면서 이제 문서가 아닌 사람이 중심이 되었다.

웹 1.0 시대에 문서를 생산하는 주체는 대부분 기업이었다. 기업의 상품, 책, 문서 등이 검색 대상이자 지식 그 자체였고, 지식을 최대한 전파하는 것이 핵심 목표였다. 그런데 웹 2.0 시대가 열리면서 사람들끼리 연결되는 것이 핵심이 되었고, 소셜 미디어가 그 역할을 충실히 담당했다. 개개인이 서로 연결된 상태에서 저마다 글, 그림, 동영상 같은 미디어를 생산하기 시작하는데, 이때 등장한

■ **웹 1.0 시스템. 기업의 상품과 정보 등을 중심으로 개인이 각자 접근한다**

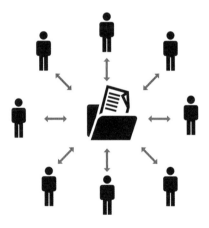

- 웹 2.0 시스템. 초기에는 중앙의 문서나 홈페이지를 중심으로 개개인이 연결되었으며, 지금은 사람이 중심이 되어 모두가 연결된다

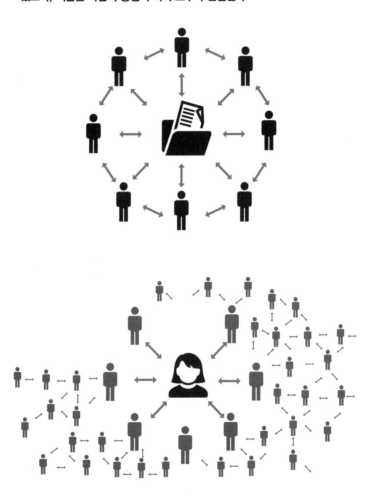

스마트폰은 소셜 미디어의 활성화에 어마어마한 기여를 한다.

소셜 미디어의 등장과 느슨한 연대의 시작

소셜 미디어의 시작은 블로그에서 비롯되었다고도 할 수 있다. 각자 글을 쓸 수 있게 아주 간단한 플랫폼이 제공되었기 때문인데, 이때만 해도 평범한 개인이 홈페이지를 직접 만드는 건 너무 번거로운 일이라, 자기 홈페이지를 가진 개인은 매우 드물었다.

그런데 스마트폰이 등장하면서 상황이 크게 달라졌다. 네트워크 자체에 쉽게 접근하지 못했던 일반인들도 언제든 네트워크에 연결되었고 누구나 쉽게 자기 계정을 만들어 정보를 생산할 수 있게 되었다. 초기에 등장한 것은 트위터다. 참새가 짹짹거리듯 짧고 간단한 글 위주로 올리면 이것이 리트윗이라는 기능으로 순식간에 전파되기 시작했다. 다음으로 페이스북이 등장했다. 여기서는 '좋아요'를 누르며 아는 사람들과 연결되는 재미를 맛보았다.

사람들이 연결의 기쁨과 가치를 알게 되자, 이 기세는 날개를 단 듯 엄청난 속도로 퍼져나갔다. 거기다 인스타그램이 등장하면서 개인이 찍은 사진이 대단히 빠른 속도로 확산되기 시작했다. 전문가들이 소셜 미디어 혁명을 이야기할 때 모바일 또는 스마트폰 혁신과 연결하는 이유가 이 때문이다. 소셜 미디어가 급속도로 확산되는 데 스마트폰이 기여한 바가 실로 엄청나기 때문이다.

여기서 모바일 또는 스마트폰 혁신은 무엇을 의미할까? 예전과는 비교할 수 없을 만큼 강해진 개인의 힘과 그 개인들의 연결성이다. 강해진 개인들이 연결되면서 느슨한 연대weak tie가 형성되었다. 이 연대를 바탕으로 일어나는 새로운 현상은 매우 많다.

생산과 소비를 모두 하는 프로슈밍prosuming도 있다. 웹 1.0 시절에는 홈페이지에 올리는 사람은 따로 있었고 사용자는 소비만 했다. 지금은 사용자 각자가 콘텐츠 생산, 유통, 소비를 모두 한다.

마지막으로 스마트폰 혁신은 바이럴viral 원칙을 부상시킨다. 소비자들을 같은 편으로 만들어 마치 바이러스처럼 시장에 스며들게 한다는 것이 바이럴 원칙이다. 문서는 네트워크와 아무리 연결돼 있어도 자신들이 스스로 변형되거나 알아서 뭔가를 할 수 없지만, 우리는 뭔가에 감명받거나 혼자 알기에 아까운 정보를 발견하면 스스로 마구 전파시킨다. 서비스 구조만 잘 갖춰져 있으면 이런 자발적 홍보를 통해 기업과 소비자가 함께 성장할 수 있다.

그런데 바이럴을 하려면 누군가 그 서비스 구조를 제공해야 한다. 그래서 등장한 것이 플랫폼이다. 플랫폼과 모바일과 스마트 혁신이 합쳐져 전 세계의 비즈니스와 사람들의 라이프 스타일을 완전히 바꾸기 시작했다. 이것이 바로 웹 2.0의 정체다.

모두에게 평등한 세상, 인터넷과 웹

인터넷과 웹은 과거 그 어느 때보다 경제적 측면에서 사람들의 진입 장벽을 낮췄다. 적은 자본으로도 새로운 일을 할 수 있는 계기를 얻으니, 사회 혁신이나 새로운 시도가 빨라진 것이다. 인터넷과 웹이 없었다면 최근의 스타트업 붐도 일어나지 않았을 것이다.

새로운 시도에는 비용과 시간, 경험이 많이 필요하다. 지금은 클라우드를 비롯해 많은 서비스가 공용으로 제공되니 공부도, 새로운 서비스도, 다양한 도전도 쉽고 편리하게 할 수 있다. 많은 사람들이 혁신을 자연스럽게 받아들이면서 우리 사회도 빠르게 변화하기 시작했다. 다음 장의 그림은 이러한 양상을 잘 보여준다.

웹 1.0 시절까지만 해도 본업만 잘하면 충분했다. 지금은 너 나 할 것 없이 모두가 자신의 취향과 관심사를 퍼뜨리고 연결한다. 그 결과 특정 업무를 맡은 사람이 아니라 거의 모든 사람이 모든 일의 주체가 됐다고 할 정도로 많은 것이 달라졌다.

이런 변화를 프로세스 측면에서 보면 어떨까? 정해진 대로 일하는 가장 대표적인 곳이 제조업계다. 그런데 요즘은 제조업계에서도 모두가 유통과 홍보를 한다. 덕분에 소비자에게 접근하는 거의 모든 방법을 시도할 수 있게 되었다.

지금은 유통 채널도 너무나 다양하다. 예전에는 물건을 만들어

■ 인터넷과 웹이 혁신을 거듭하며 변화된 양상

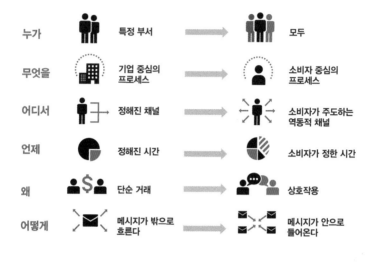

누가	특정 부서	⟹	모두
무엇을	기업 중심의 프로세스	⟹	소비자 중심의 프로세스
어디서	정해진 채널	⟹	소비자가 주도하는 역동적 채널
언제	정해진 시간	⟹	소비자가 정한 시간
왜	단순 거래	⟹	상호작용
어떻게	메시지가 밖으로 흐른다	⟹	메시지가 안으로 들어온다

도 이마트 MD가 매장에 진열해주지 않으면 판매할 수가 없어서 매장 영업이 필수였다. 지금은 아니다. 장소뿐 아니라 고객들의 쇼핑 시간도 달라졌다. 고객들이 채널에 접속하는 시간이 매장 운영 시간이다. 이마트 영업시간은 예전만큼 의미가 없다.

또 다른 변화도 있다. 옛날에는 한 번 거래하면 끝이었지만 지금은 아니다. 예전에 삼성전자에서 옴니아라는 스마트폰을 출시한 적이 있다. 애플의 아이폰이 한국에 발매된 뒤였다. 당시 옴니아 기능은 아이폰과 비교하면 형편없었는데도 100만 대 넘게 팔렸다. 광고와 홍보가 잘되었고 영업과 마케팅 담당자가 헌신한 결과다. 기능이 부족해도 열심히 홍보해 잘 팔았으니 당시 영업 담당자는 상을 받아 마땅했다. 그런데 놀라운 '뒤끝'이 있었다. 소셜 미디어 시대가 열리면서 소비자들이 옴니아 안티 카페를 만든 것이다. 기능에 불만을 가진 사용자들이 이른바 100만 안티로 돌아서면서 결국 옴니아는 사라졌다. 그 후에 삼성은 갤럭시를 출시한다.

이 사례는 무엇을 의미할까? 이제 세상의 모든 거래는 한 방향으로 일어나지 않고 사람과 사람이 서로 연결되어 상호작용한다는 뜻이다. 과거의 홍보가 일방적으로 메시지를 전달하는 방식이었다면 지금은 반드시 모니터링을 통해 소비자의 의견을 듣고 답글도 성실히 달아야 한다. 이렇게 메시지를 주고받으면서 기업과 소비자가 함께 성장하는 변화가 점점 빠르게 일어나고 있다.

기술로 정의를 실현하고자 등장한 블록체인

이제 웹 3.0은 어떤 양상으로 펼쳐지고 있는지 살펴보자. 먼저 웹 3.0 역시 독자적으로 구축된 것이 아니라 20년 전부터 등장한 웹 1.0이 진화와 발전을 거듭하면서 점점 확장되는 중이라고 이해하면 된다.

사실 전문가들 중에는 웹 3.0에 대해 말하는 것을 무척 꺼리는 경우가 많다. 웹 1.0 때부터 지속적으로 발전해나가고 있을 뿐인데 굳이 다른 단어로 설명할 필요가 없다는 것이다. 하지만 내 생각엔, 이처럼 상당한 기간에 걸쳐 벌어지는 일을 똑같은 범주로 묶어두는 것도 온당하진 않은 것 같다. 그래서 웹 3.0의 여정을 새로운 시선으로 바라보고자 한다.

웹 2.0이 웹 3.0을 향한 여정을 시작한 데는 블록체인blockchain 기술이 매우 큰 계기가 되었다. 블록체인 덕분에 할 수 있는 게 갑자기 엄청나게 많아졌기 때문이다. 그러니 블록체인이 웹 3.0의 핵심이라기보단 블록체인이 그동안 늘 부족하다고 여겼던 부분들을 메워주기 시작했다고 이해하자.

블록체인이 처음 등장한 2008년만 해도 블록체인은 마치 실험동물과 같았다. 이 시기는 리먼 브라더스 사태로 전 세계가 금융위기에 직면했을 때다. 이때 IT 업계 사람들은 대단히 격분했다. 실질적인 위기 책임자들은 아무 피해를 감당하지 않고 모든 손실을 국가 세금으로 메우는 현실에 화가 나서다. 세상에 정의가 있다면 이럴 순 없는 일, 그렇다면 기술로 정의를 구현할 수는 없을까?

이러한 정의감을 바탕으로 비트코인이 등장했다. 비트코인은 한마디로, 새로운 화폐 시스템을 개인 간에 구축할 수 있는지 테스트한 결과 탄생한 것이다. 그런데 실험 삼아 만든 비트코인이, 애

■ 블록체인의 진화 과정

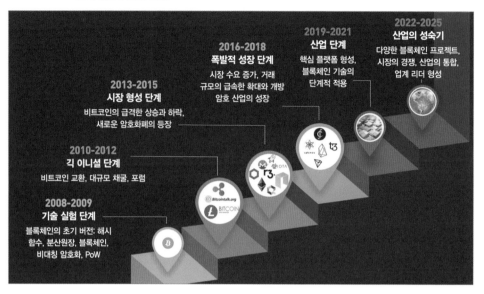

초에는 동전 정도의 가치를 갖다가 사람들의 관심을 끌게 되면서 지금은 진짜 금처럼 비싼 가격에 거래되고 있다.

거품이 있어야 혁신도 일어난다

블록체인의 역사에서 2010년부터 2012년까지를 흔히 '긱 이니셜' 단계라 부른다. 기술자들이 흥미를 느끼고 그들 사이에서만 유행하는 단계를 말한다. 2014년에는 블록체인 기술을 기반으로 하는 암호화폐의 일종인 이더리움ethereum이 등장하면서 많은 것이 변한다. 이더리움에서는 블록체인에 컴퓨터 프로그래밍 코드를 넣을 수 있게 했는데, 이것을 스마트 계약이라고 부른다.

기존의 비트코인은 돈에 대한 기호로, 컴퓨터에 수량과 주소를 의미하는 숫자와 이들의 거래 내역 정도만 담았다. 그래서 이것만으로는 암호화폐의 발행과 거래를 제외하면 다른 뭔가를 하기가 어려웠다. 그런데 이더리움에서는 프로그래밍 코드를 스마트 계약 형태로 넣었더니 전 세계 네트워크상에 있는 컴퓨터가 연결되면서 뭔가 새로운 일을 많이 할 수 있을 것 같았다. 새로운 가능성을 발견한 실리콘밸리의 투자자들은 환호성을 질렀다. 드디어 인터넷에서 가치와 관련된 일을 할 수 있게 되었다고 생각한 것이다. 이들은 이더리움과 연관된 블록체인 기술이나 서비스 스타트업에 투자했고, 이렇게 새로운 기술 혁신의 여명이 밝아오기 시작했다.

그런데 지난 역사를 돌이켜보면 세상이 늘 기술만으로 바뀌진 않았다. 실제로 혁신이 일어나려면 확실히 시대 분위기가 작용한다. 그래서 나는 이른바 '닷컴 버블'(1995년부터 2000년에 걸쳐 IT 분야에 낀 거대 거품이 불러온 경제 위기)도 나쁘게 보지 않는다. 거품도 어느 정도 있어야 인재가 몰리고 그들이 성과를 만들어내는 법이니까.

블록체인의 첫 번째 거품기는 2016년 말부터 2018년 초까지다.

대한민국에서도 한때 열풍처럼 몰아쳤던 암호화폐 거래소가 문제였다. 아직 제대로 개발된 기술이 없어서 블록체인 기반의 코인만으로 할 수 있는 일은 거의 없는데도 주변에서 암호화폐를 사기만 하면 값이 오른다고 하니 대거 투자했다가 낭패를 보는 사람들이 속출했다.

그렇다고 당시의 암호화폐 열풍이 완전히 허무한 결과만 낳은 것은 아니다. 그때 암호화폐 시장으로 유입된 돈으로 드디어 세계에서 가장 똑똑한 젊은이들이 창의성을 발휘하기 시작한 것이다. 그 시기와 코로나19 시기가 겹치면서 대체 불가능한 토큰인 NFT Non-Fungible Token가 등장하고 웹에서의 거래, 소유권 개념 등이 제대로 등장하기 시작했다.

그 결과 많은 사람들이 웹에서 새로운 시대를 펼칠 수 있겠다는 확신을 얻었고, 코로나19 시기를 기점으로 기업들도 속속 이곳으로 진입하는 중이다. 아마 2025년에는 쓸모 있는 사례들이 대거 등장할 것이다. 2008년부터 2019년까지는 태동과 가능성을 보여줬을 뿐 실제로 활용될 수 있다는 믿음을 주기 어려웠는데, 이제는 실질적 변화를 가져올 수 있겠다는 확신이 생긴 것이다.

이처럼 블록체인의 역사적 흐름은 웹의 진화와 맞물려 바라보아야 정확하게 이해할 수 있다. 그래서 웹 3.0을 이야기할 때 블록체인이 함께 언급되는 것이다.

'날씬한' 프로토콜에서 '뚱뚱한' 프로토콜로

블록체인의 가장 큰 특징은 무엇일까? 뉴욕에서 가장 유명한 벤처 캐피털인 유니언 스퀘어 벤처스Union Square Ventures의 오른쪽 그림이 이를 잘 보여준다. 그림을 살펴보면 왼쪽의 웹에서는 프로토콜 레이어가 아래쪽에 얇게 배치되어 있다. 프로토콜 레이어란 원래 네트워크 장비가 서로 통신을 주고받기 위해 미리 정해놓은 일종의 약속이다. 글, 그림, 영상 등을 주고받을 수 있는 표준을 설정해 누구나 웹 브라우저에 쉽게 접근할 수 있게 해놓은 것이 왼쪽 형태다. 나머지 부분인 애플리케이션 레이어는 알아서 만들도록 했다.

그런데 애플리케이션 레이어를 알아서 만들려면, 만드는 사람의 노동과 자산이 많이 들어간다. 국민은행이 막대한 비용을 들여 애플리케이션 레이어를 크게 만든 홈페이지를 개설했다. 그런데 우리은행이 와서 이것을 좀 쓰게 해달라고 하면 허락할까? 당연히 못 쓰게 할 것이다. 즉, 애플리케이션이 너무 크면 각자 따로 놀게 되고, 그 플랫폼 안에 갇히는 양상이 된다.

그런데 오른쪽의 블록체인에서는 프로토콜 레이어 부분이 더 뚱뚱하다. 뚱뚱해서 '팻Fat'인데, 이렇게 뚱뚱해지면 거래, 스캔해서 찾아보기, 지갑 연결하기 등등 제공되는 기능이 많다. 이것들을 전부 표준으로 마련해놓으니 새로운 걸 만들고 싶은 사람은 위쪽의

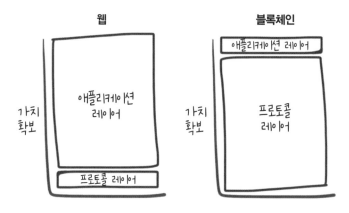

■ 유니언 스퀘어 벤처스에서 제시한 '팻 프로토콜' 이미지. 웹과 블록체인의 가장 큰 차이점이 '프로토콜 레이어의 두께'임을 알 수 있다.

얇은 애플리케이션 레이어만 새로 만들면 된다. 그럼 직접 만드는 양이 적어지고 서로 연결되는 가치는 더 많아질 것이다. 즉, 연결 가치가 어느 정도만 돼도 내가 만든 것을 다른 사람도 쓰게 해주고 싶어진다. 결과적으로 연결고리가 더 많아진다.

이것이 블록체인이 작동하는 기본 원리다. 여기에 NFT가 등장하면서 웹 3.0의 기세가 가속화되고 있다. 사실 블록체인의 역사는 오래됐지만 NFT가 등장하기 전까지는 대다수 사람들에게 큰 관심을 받지 못했다. 심지어 블록체인에 투자하는 사람들조차 블록체인 기술이 정확하게 무엇인지 모를 정도였다.

웹 3.0 혁신이란 모든 장애를 없애 하나로 연결하는 것

암호화폐 전문 데이터 분석업체인 메사리Messari는 웹 3.0의 혁신을 오픈 스탠더드(기술 표준이 문서로 공개되어 있어 사용이 자유로운 개방형 표준)와 프로토콜의 혁신이라고 했다. 웹 2.0이 사람들을 참여하게 만드는 혁신을 일으킨 것까지는 좋았지만, 그 참여가 플랫폼 내에 가두는 일이었다는 데서 문제가 발생한 것도 사실이었다. 페이스북도 구글도 인스타그램도, 모두 가두리 양식장처럼 사용자가 갇히는 공간이었다. 그래서 웹 2.0 시기에 폭발적으로 성장한 아마존, 구글, 애플, 페이스북 같은 거대 플랫폼 기업들이 웹 생태계를 장악할 수 있었다.

그런데 이들 플랫폼이 가지고 있는 데이터나 정보는 전부 나와 관계가 없다. 내가 가진 것도 통제할 수 있는 것도 전혀 없는, 완전히 닫힌 플랫폼에서 개인이 무엇을 할 수 있겠는가.

하지만 모든 것이 표준화되거나 프로토콜화되면 말이 달라진다. 프로토콜은 쉽게 말해 A와 B 사이의 규칙이다. 어느 강연장에서 한국어를 사용하기로 했는데 청중이 모두 한국인이면 상관없지만 외국인이 있으면 프로토콜이 달라지면서 소통에 문제가 발생한다. 이때 강연장에 있는 모든 사람이 소통할 수 있도록 프로토콜을 표준화하고 통일한다면 문제가 사라진다. 이처럼 '모든 장애를 없애고 모두가 서로 연결되게 만드는 것이 웹 3.0의 혁신'이라는 것이 메사리가 하고 싶었던 말일 것이다.

그래서 오픈 스탠더드, 오픈 플랫폼이 더 많이 생기고 서로 연결할 수 있는 서비스가 등장할수록 이들끼리 서로 연결되면서 탈중앙화가 일어난다. 특정 플랫폼에서만 작동하지 않고 여러 표준을 따르면서 서로를 연결하는 앱이 만들어지는 것인데, 이러한 앱을 '탈중앙화된 분산 애플리케이션decentralized applications'이라고 하고, 약자로 '댑Dapp'이라고 부른다.

댑의 장점은 댑조차도 프로토콜처럼 만들 수 있다는 것이다. 그러면 댑 1과 댑 2를 또다시 연결해서 무언가를 만들고 그 위에 다시 연결하는 식으로 새로운 것을 끊임없이 만들어낼 수 있다. 이를 '블렌디드 앱blended app'이라고 한다. 앱을 섞어서 새로운 것을 창출한다는 뜻이다. 마치 표준형 레고 블록을 연결해 끊임없이 확장하듯이 말이다.

NFT, 코로나를 기회로 삼다

NFT는 토큰을 더 작은 단위로 자르지 못하게 했더니 정체성을 가진 태그tag처럼 활용될 수 있다는 데서 착안된 기술이다. 그래서 나는 이 기술을 '유니버설 디지털 태그universal digital tag 기술'이라고도 부른다. 디지털 태그처럼 아주 쉽게 아무 데나 갖다 붙일 수 있으니, 너무나 쉽게 온라인과 오프라인을 넘나드는 융합 서비스와 제품의 설계 및 개발이 가능해진 것이다. 사실 NFT라는 개념 자체는 이미 2013년에 만들어졌으나 2017년 NFT를 가능하게 만드는 표준이 나온 후에야 사람들의 관심이 쏠리기 시작했다.

그래도 이 기술에 별로 관심이 없는 사람들은 2017년부터 2020년까지는 NFT가 무엇인지 몰랐다. 그러다가 전 세계가 코로나19 바이러스에 잠식되기 시작하자 NFT 기술을 실제로 활용하는 사람들이 하나둘 생기기 시작했다. NFT가 쉽고 편리하다는 사실을 비로소 알게 된 사람들이 그 쓰임새에 반해버린 것이다. 현재까지 확인된 성공적인 NFT 비즈니스 모델만 해도 상당수다. 마켓 플레이스 유형, 한정된 디지털 자산 취득형, 커뮤니티와 산업계를 연결해서 확장하는 유형, 장기적으로 콘텐츠 생태계를 만드는 유형, 웹 3.0 시대에 새로운 인프라를 만드는 유형, 토큰과 결합해 게임을 하면서 돈을 버는 유형 등 1년도 채 안 되어 이렇게 다양한 비즈니스 모델이 등장했다. 코로나19로 온택트가 확산되고 디지털 세상에서 새로운 비즈니스를 해야 하거나 하고 싶은 사람들이 많아지면서 NFT 기술이 확산되기 시작한 것이다.

물리적 공간과 디지털이 '플러스'되다

최근 NFT 동향 중에는 'NFT+'라는 것이 있다. 디지털과 물리적인 것의 연결을 중시하는 트렌드인데, 사실 NFT는 매우 단순한 기술이어서 여기에 간단한 칩을 넣거나 QR 코드를 만들어 실제 상품과 NFT를 얼마든지 연결할 수 있다. 그래서 '피지털phygital'과 'IRL'이라는 신조어가 요즘 뜨고 있다.

피지털은 손으로 만질 수 있는 물리적 공간인 '피지컬physical'과 온라인 기술을 의미하는 '디지털digital'의 합성어다. 물리적인 것에 디지털을 접목해 물건이나 서비스에 생명력을 가미하거나, 디지털로 되어 있는 것을 물리적으로 변환하는 것 모두를 가리킨다. 이것이 앞으로 웹 3.0에서 상당히 중요한 키워드가 될 것이다.

IRL은 '인 리얼 라이프In Real Life'의 약자다. 우리의 실생활과 온라인의 연결이 디지털 기술의 화두가 되면서 IRL도 핵심 키워드로 떠오르고 있다. 지금은 디지털에 대한 관심이 온통 메타버스로 쏠려있는데 메타버스는 온라인 중심의 세상이 실제 오프라인 세상과 제대로 연결될 때 완성될 것이다.

피지털과 IRL 모두를 구현하려면 NFT의 역할이 막중하다. 이 개념들은 웹 3.0 시대로 향하는 거대한 디지털 트렌드 변화에 상당히 중요한 키워드가 될 것이다.

모두가 금융기관이 되는 시대가 오고 있다

이제 정리해보자. 웹 1.0은 사람들이 지식에 쉽게 접근할 수 있도록 만들어준 기술이다. 웹의 등장으로 프로페셔널리즘이 붕괴했다는 말이 있을 정도다. 공부를 하고 지식을 쌓고 싶어도 기회를 갖지 못했던 사람들이 손쉽게 지식을 얻을 수 있게 되었으니, 웹 1.0은 한마디로 지식 혁명의 시대를 구현해냈다.

웹 2.0은 어떤가? 나는 2010년에 발간한 책 《제4의 불》에서 웹 2.0을 "모두가 미디어가 되는 시대"라고 언급했다. 앞으로 10년 안에 모든 사람이 기자 역할을 하고 모든 기업이 미디어 기업이 될 것이니 그 시기를 대비해야 한다고 주장했는데, 실제로 그렇게 됐다. 이것이 웹 2.0의 핵심이다.

웹 3.0으로 진화해가는 과정에서 가장 큰 키워드는 무엇일까? 이제 모두가 금융기관이 되는 시대에 들어섰다. 내가 가진 모든 자산을 디지털에 등록하고 이것을 활용해 수많은 사람과 거래할 수 있다. 거래하는 것은 금융 형태의 토큰일 수도 있고, 물건일 수도 있다. 거래하는 시장은 당근마켓 같은 기존의 플랫폼이 될 수도 있고 오프라인 시장과 연결될 수도 있다. 그런 시장과 연결될 경우 각자의 자산은 더욱 분명하고 꼼꼼하게 관리해야 한다. 개인도 기업도 모두 금융기관이 되는 시대가 올 텐데, 그 시대를 구축하는 첫 번째 토대가 웹 3.0이다.

　나와 기업이 가진 모든 자산의 가치가 정확히 측정된 후, 서로 연결된 상태에서 거래를 비롯한 온갖 새로운 시도가 발생할 수 있다. 이전에는 결코 경험해보지 못한 새로운 세상으로의 도약을 가능하게 만들어주는 것이 웹 3.0 관련 기술이다.

　10년 전, 웹 2.0 시대를 언급할 때도 반신반의하는 사람이 많았다. 모두가 미디어가 되는 시대가 온다고 해도 대다수 사람들은 듣지 않았다. 지금도 그렇다. 모두가 금융기관이 되는 시대가 오고 있다고 목소리를 높이지만, 귀 기울이는 사람은 많지 않은 것 같다.

　사람들이 시대의 흐름을 선뜻 받아들이지 못하는 것처럼 보이는 이유는 정확히 모르기 때문이다. 아는데 움직이지 않는 것이 아니라 모르기 때문에 갈팡질팡한다. 이제 보다 적극적으로 질문하면서 웹 3.0 시대를 대비하자. 누구보다 빨리 기회를 잡고 더 많은 부와 기회를 거머쥘 준비를 시작하자. 모두가 금융기관이 되는 세상이 곧 도래할 것이다.

"웹 3.0을 이해하는 것은
내일을 대비하는 가장 확실한 보험"

김미경 × 정지훈

김미경　제 주변에도 웹 3.0이 허구라고 말하는 분들이 많은데, 웹
의 역사를 알고 나니 분명한 시대의 흐름이 보이네요. 매일
사용하면서도 역사를 살펴봐야겠다는 생각은 별로 해본 적
이 없는데 이제 확실히 이해가 돼요.

정지훈　그렇죠. 역사를 알고 나면 그루핑grouping이 가능해져요. 웹
3.0을 허구라고 말하는 분들 대부분은 과거 이 분야에 종사
했던 분들이에요. 그분들이 보기엔 웹이 수십 년간 발전을
거듭하면서 지금까지 온 것뿐인데, 자꾸 새로운 용어로 규
정짓고 헤게모니를 잡으려 하는 걸로 보이니 질책하는 거

예요. 그분들은 웹 3.0을 부정하는 것이 아니라 단지 웹의 진화 단계라고 보는 것입니다.

김미경 그런데 일반인들 입장에서는 그루핑이 확실하게 되거든요. 검색만 하던 웹 1.0 시절과 인스타그램, 블로그, 유튜브에서 여러 활동을 하면서 수익도 올리는 지금은 너무 다르잖아요. 사실 저도 웹 2.0의 마지막 시기에 참여한 셈인데, 가끔 이런 생각을 해요. 혹시 내가 웹 2.0 초기에 들어갔으면 지금쯤 뭐가 얼마나 달라졌을까 하고요.

정지훈 아무래도 초기에 시작해야 입지를 다지기 쉬운 것이 사실입니다. 유튜브나 인스타그램, 틱톡 같은 경우도 초기에 시작한 분들이 빠르게 인플루언서가 됐잖아요. 물론 좋은 콘텐츠를 가진 분들은 늦게 들어가도 충분히 자리를 잡는 게 가능하지만, 대다수 보통 사람들은 초기에 들어가야 선점할 수 있어요.

김미경 솔직히 저는 웹 2.0의 시작은 전혀 느끼지 못했는데, 지금은 세상의 판이 바뀌고 있다는 걸 확실히 느껴요. 대개는 이럴 때 부의 기회가 온다고들 하는데, 기회를 제대로 알아

차리고 그 기회를 내 것으로 만들려면 어떻게 해야 할까요?

정지훈   일단 공부해야죠. 잘 모르는 것들을 하나씩 알아나가야 합니다. 모든 것이 완전히 정리된 다음에 시작하면 늦습니다. 학문으로 온전히 정리되고 나면 그 사업은 이미 잘하는 사람들이 다 선점한 이후예요. 아는 만큼 실행하는 것도 중요합니다. 타이밍도 잘 맞춰야 하고요. 물론 먼저 시도하는 사람들은 얻는 게 많은 만큼 위험도 감수해야죠. 제가 쓴 《제4의 불》은 소셜 미디어가 막 부상하던 2010년에 출간되어 베스트셀러가 됐지만, 2012년에 출간한 저의 책 《오프라인 비즈니스 혁명》은 쓴맛을 봤어요. 소셜 미디어가 미디어 수준을 넘어서서 제조, 마케팅, 영업과 연계되고 우리 일상과 결합되면서 삶 자체가 바뀐다는 내용인데, 지금 보면 맞는 말이지만 시기가 너무 빨랐던 거죠.

김미경   페이스북, 구글, 인스타그램 같은 웹 2.0 플랫폼의 미래는 어떻게 될까요?

정지훈   역사를 돌아보면 새로운 것이 등장했을 때 기존의 것이 사라지는 게 아니라 공존해왔습니다. 지금도 웹 1.0은 존재해요. 우리가 접속하는 홈페이지 대부분이 웹 1.0 스타일이에요. 웹 3.0이 나온다고 웹 1.0이나 웹 2.0이 사라지는 것은 아닙니다. 물론 지금까지 차지했던 영역이 다소 좁아지긴 할 거예요. 사실 중앙집중형의 플랫폼 서비스가 편리한 점이 많습니다. 그래서 상당수 서비스는 웹 2.0을 유지하는 게 더 나을 수도 있어요.

그런데 유저들의 자산이 핵심 경쟁력인 사업이라면 아무래도 경쟁 서비스가 나올 가능성이 크죠. 유저들이 가치 생산의 주체인데 플랫폼이 너무 많은 몫을 가져간다고 여겨지는 쪽이 특히 그럴 겁니다.

김미경 예를 들면 유튜브가 있네요. 유튜브에서는 유튜버들의 자산 가치가 엄청나게 크잖아요.

정지훈 맞습니다. 유튜브의 경우, 라이벌 서비스가 웹 3.0 형식으로 등장하면 기존 유튜버 중에는 상당수가 옮겨 갈 가능성이 있어요. 기여에 대한 보상 체계를 어떻게 만드느냐에 따라서 기존 플랫폼들이 고객을 많이 빼앗길 거고요.

미국에서 마이스페이스나 한국에서 싸이월드가 한창 뜨고 있을 때 페이스북이 등장했는데, 웹 2.0의 특징이 강한 페이스북이 확장성 면에서 뛰어났기 때문에 사람들이 많이 넘어갔어요. 지금의 네이버, 카카오, 구글 등은 이미 이런 사정을 잘 알고 있습니다. 그래서 자신들의 고객이 다른 곳으로 옮겨 간다는 생각이 들면 내부 혁신을 통해 웹 3.0의 시스템을 도입할 거예요.

그렇게 되면 사용자들도 기존 플랫폼에 만족해서 계속 남아 있을 테고, 아니면 서비스를 만드는 사람들이 옮겨 가겠죠. 유튜브에서 영상을 만들다가 여차하면 인스타그램으로 옮기는 식으로요.

김미경 앞으로는 유튜버들도 NFT를 발행해서 수익 창출이 가능해질 거라는 기사를 얼마 전에 읽었는데요, 이렇게 되면 정말 엄청난 혁신이 일어나겠죠?

정지훈 아마 판매할 수 있는 형태로 상품화할 수 있는 아주 쉬운 인프라를 제공할 것 같은데요. 그 부분은 두고 봐야 알 것 같습니다.

김미경 어쨌든 개인의 입장에서는 지금 내가 쓰는 플랫폼이 어떤 형태인지, 앞으로 어떤 형태로 바뀌는지 알아야 해요. 그걸 알고 선택하는 것과 모르고 쓰는 건 너무 다를 것 같아요.

정지훈 미래 변화를 상세히 예측하는 것은 불가능하지만, 큰 흐름은 파악할 수 있어야 합니다. 예컨대 스티브 잡스조차 스마트폰이 이 정도로 압도적인 효용성을 가질 줄은 몰랐겠지만, 스마트폰이 필수품이 되는 세상은 충분히 예측할 수 있었거든요.

김미경 우리가 웹 3.0을 공부해야 하는 진짜 이유는 뭘까요?

정지훈 우리 삶에 미치는 영향이 너무 지대해졌기 때문입니다. 웹 1.0 때만 해도 인터넷을 할 줄 몰라도 사회생활을 하는 데 별문제가 없었어요. 그런데 소셜 미디어와 모바일은 어떤가요? 우리가 일상생활을 하면서 여기 쓰는 시간과 비용이 상당히 커졌잖아요. 절반 정도는 과거의 삶이 남아 있다 해도, 웹 3.0 시대에는 이것을 모르면 삶에서 포기해야 하는 영역이 너무 많아집니다.
웹 1.0 시대와 비교하면 웹 3.0 기술이 만들어낼 새로운 가치와 영역은 어마어마한데, 이것을 누리지 못한다면 삶이 너무 빈곤해지지 않을까요.

김미경　많은 전문가들이 앞으로는 금융 혁명이 올 거라고 하잖아
요? 개인의 금융 혁명에 대해 조금만 더 자세히 설명해주세
요. 금융 혁명으로 하나의 세계를 그려본다면, 도대체 어떤
세상이 펼쳐질까요?

정지훈　지금까지는 개인이 가진 것의 가치를 제대로 알지 못했어
요. 웹에 글을 올리든 뭔가를 만들든 블로그를 운영하든 이
런 것들이 어느 정도의 가치를 창출하는지 알 수 없었잖아
요. 그런데 이런 가치를 계산하는 기준이 나오고, 나의 활
동이 거래 기록으로 만들어지고, 저마다의 가치들이 연결
된다면 새로운 시장이 형성되겠지요. 지금도 게임 분야에
는 이 시장이 형성되어 있어요. 내가 게임 아이템을 사서
되팔 때도 이것이 대충 어느 정도의 가치를 갖는지 모두 알
고요.
개인이 가진 자산 저장소를 지갑이라 부르든 금고라 부르
든, 일단 거기에 태그가 붙으면 자동으로 가치가 환산되고
마켓 플레이스에 연결되어 거래가 이루어집니다. 모두가
모두와 연결된 자기 거래소를 하나씩 갖게 되는 셈이잖아
요. 그러면 예를 들어 내가 당근마켓 소유자가 될 수도 있
습니다. 거기에 물리적 자산, 디지털 자산 할 것 없이 나의

모든 자산 가치를 계산해서 넣으면, 그것들을 활용한 온갖 시스템이 나올 수 있겠죠.

김미경 기본적으로 모든 것이 디지털화되어야 하는 거네요.

정지훈 그렇죠. 우리가 은행에 예금을 하면 은행이 돈을 모아서 기업에 대출해주고 돈을 벌잖아요. 이젠 돈이 아니라 NFT나 골프채로 예금을 맡길 수도 있는 거예요. 그걸 등록해놓고 우리가 등록 예금을 받고 수수료를 가져가는 거죠. 이런 식으로 생각해보면 개인이든 기업이든 모두가 전부 금융기관이 된다고 할 수 있습니다.

김미경 거래할 수 있는 것들을 모두 디지털로 바꾸니까 엄청난 일이 벌어지네요.

정지훈 그렇죠. 기술만 보면 특별한 게 없을지 몰라도 우리의 생활방식이나 사고방식은 앞으로 어마어마하게 달라질 것입니다. 웹 2.0 시대에는 모두가 미디어 종사자라고 했어요. 내가 웹에 쓰는 글을 누군가가 읽는다는 뜻인데, 그러면 검증은 물론 내가 쓴 글이 누군가에게 영향을 미친다는 걸 알아야 합니다. 글을 쓰면서 사회적 책임까지 생각해야 한다는 거죠. 그래서 저널리즘 교육이 기본이 됐어요.

웹 3.0 시대에 모두가 금융기관이 되면서 금융을 정확하게 이해하는 게 매우 중요해질 겁니다. 가상지갑을 만들 줄 아는 사람과 그렇지 못한 사람은 웹 2.0 시대에 유튜브 채널을 개설하고 활용하는 사람과 그걸 못하는 사람처럼 격차가 벌어질 텐데, 그 크기와 넓이가 웹 2.0 때보다 훨씬 클 거라 봅니다. 그래서 지금 금융 쪽에서는 매우 난감해하고 있어요. 웹 2.0 시절에는 언론 매체의 사회적 권력이 약해졌다면, 앞으로는 금융계의 독점적 지위가 사라질 테니까요. 다만 미디어보다 금융 쪽은 피해자가 생기면 문제가 심각해지기 때문에 실질적인 법적 규제가 필요합니다. 이 부분에 대해서는 사회적 합의가 잘 이루어져야죠.

김미경 지금은 '전 국민이 1학년'이라는 말이 정말 맞는 것 같습니다. 정책을 만드는 사람, 국민들, 학생들 할 것 없이 모두가 웹 3.0을 처음 접하다 보니 다 함께 공부하면서 새로운 시대를 만들어가야겠네요.

정지훈 그렇습니다. 이 변화가 몇 년 내에 급속하게 이루어질지,

10년 동안 서서히 바뀔지는 누구도 알 수 없습니다. 시기를 정확히 예측할 수는 없지만, 확실한 건 변화가 이미 시작됐다는 거예요. 어찌 보면 웹 3.0 공부는 미래를 준비하는 가장 확실한 보험이라 할 수도 있습니다. 지금부터 부지런히 공부하는 사람이 승자가 될 거예요.

WEB 3.0

NEXT ECONOMY

'웹 테크'가 만들어갈 눈부신 세상

신동형

디지털 테크 전문가

알서포트 전략기획팀장. 서울대학교 대학원에서 경영학 석사 학위를 받았으며 게이머용 비디오 소셜미디어 스타트업 '게임덕' 대표이사, LG경제연구원 사업전략 부문 책임연구원을 역임했다. 혁신전략중심연구 및 모바일 관련 산업 연계 연구를 지속했으며, 지식경제부 기술혁신평가단 위원으로 활동 중이다. 지은 책으로 《변화 너머》, 《이노베이션 3.0》 등이 있다.

웹 3.0의 핵심은 데이터다. 쉽게 말하면 데이터에 대한 관점과 가치가 변화하고 있다는 뜻이다. 문제는 과거의 데이터가 샘물처럼 누구나 사용할 수 있는 것이었다면 이제는 마음껏 퍼다 나를 수 없게 되었다는 사실이다. 그러면 세상이 어떻게 달라질까? 데이터의 소유권, 품질, 거래 내역을 보장하는 기술이 필요하다. 이것을 해결하는 기술이 바로 웹 테크다.

기술이 미래의 표준이다

왜 기술의 변화에 관심을 가져야 할까? 기술이란 주어지는 대로 활용만 하면 되는 것이 아닌가? 기술이 어렵다는 이유로 전문가의 영역이라 치부해버리는 사람들이 왕왕 있다. 기술이 도구인 것은 분명하지만 기술의 변화를 이해하면 기술 변화가 만드는 세상에서 할 수 있는 것들이 생긴다. 기술은 새로운 미래의 방향을 제시하고 현실적으로 구현할 수 있는 것들과 제약이 있는 부분을 분명하게 정의해준다. 기술을 알아야 현재 나의 위치와 세상의 관계, 변화의 시점과 미래의 모습을 그릴 수 있다.

또한 우리는 기술을 통해 현재의 문제를 해결할 수 있고, 생각지도 못한 혁신을 탄생시킬 수도 있다. 심혈관 약으로 개발됐다가 발기부전치료제로 쓰이는 비아그라나 강력 접착제를 개발하려다 실패했지만 지금은 전 세계적인 히트 상품이 된 포스트잇이 대표적이다.

지금껏 IT 기술은 '기술의 민주화'와 '와해성'이라는 두 가지 관점에서 세상의 변화를 이끌어왔다. 특권층만 누렸던 기능과 혜택, 편의를 점점 더 많은 사람이 활용하게 된 배경에는 바로 IT 기술이 있었다. 30년 전만 해도 비서 서비스는 특권층만 누렸지만 오늘날에는 대다수 사람이 스마트폰으로 자기만의 비서를 가지게 되었다. 오늘의 일정과 필요한 운동, 부족한 영양소까지 개인에게 필요한 맞춤형 사무를 제공해주지 않는가. 기술은 많은 사람에게 다양한 혜택을 골고루 가져다준다는 점에서 민주화를 이끌어왔으며 많은 사람에게 사업과 투자 기회까지 가져다주었다.

IT 기술이 기존의 지배적인 사업자와 산업 패러다임을 한순간에 무너뜨린 사례는 너무나 많다. 아이폰이 세상에 등장하기 전까지 노키아의 피처폰이 통신 시장을 지배하고 있었지만 지금은 어떤가. 노키아는 시장에서 자취를 감췄고 애플은 스마트폰의 제왕으로 시장을 선도하고 있다. 이처럼 기술은 기존 질서를 파괴하고 새로운 혁신을 가능케 한다.

우리가 어렵게만 여기는 기술을 알아야 하는 이유는 분명하다.

기술은 새로운 미래 방향성을 보여준다. 따라서 웹 3.0 세상의 방향을 이해하기 위해, 새로운 기회를 만들기 위해 웹 기술은 필수 시민 교양이라 할 수 있다.

이번 장에서는 웹 3.0을 구성하는 세 가지 핵심 기술인 블록체인, 토큰화, 메타버스를 최대한 쉽게 소개하면서, 이 세 가지 기술의 의미를 어떻게 해석할지 살펴보고자 한다. 이 세 가지 기술의 의미를 파악하고 나면 누구라도 세상의 변화를 읽는 힘이 기를 수 있을 것이다. 그 힘을 가지고 누군가는 사업이나 투자 기회를 발견할 것이고, 누군가는 생각지 못한 혁신을 일으킬 것이고, 그리하여 새로운 삶을 살 것이다. 이 책의 독자들이 그 주인공이 되길 진심으로 고대한다.

웹 3.0은 새로운 시스템

현재 실리콘밸리에서 가장 유명한 벤처캐피털인 a16z는 웹 3.0이 기존 웹 2.0 기업들을 무너뜨리고 새로운 세상을 만들어낼 것이라고 선언했다. 그들의 주장에 따르면 기존의 웹 2.0 기업들, 즉 플랫폼 기업은 초기에는 소비자와 기업에게 매력적이지만, 결국 위협 세력이 된다. 국민 대다수가 사용하는 카카오톡을 떠올려보자. 처음에는 광고를 전혀 하지 않았지만, 지금은 굉장히 많은 상품과 브랜드를 광고한다. 파트너사들에게도 처음에는 협업을 요청했지만, 카카오톡의 위상이 올라간 이후에는 콧대가 높아졌다. 결국 사용자들의 불만이 커질 수밖에 없는데, 이 불만을 해소할 기술이 바로 웹 3.0이라는 게 a16z가 주장하는 핵심이다.

기술은 기존의 산업 질서를 와해시키고 새로운 사업과 투자 기회를 제공한다. 그런데 그 기술을 올바로 이해하려면 해당 기술이 제 기능을 발휘할 수 있는 제반 환경을 함께 살펴봐야 한다. 즉 시스템으로 기술을 분석해야 성능을 제대로 입증하고 미래에 미칠 영향까지 파악할 수 있다. 이러한 접근을 통해 이른바 '시스테믹 혁신systemic innovation'을 이룰 수 있다.

웹 3.0을 이야기하다가 왜 갑자기 시스테믹 혁신을 말하는 걸까? 오른쪽 그림을 보자. 스포츠카는 시원하게 뚫린 고속도로와 광폭 타이어, 훌륭한 카레이서, 주유소 등이 갖춰진 곳에서 진가를 발휘한다. 스포츠카가 사막에 있으면 쇳덩이에 불과하다. 환경이 중요하다는 뜻이다. 혁신도 마찬가지다. 환경이 갖추어지지 않은 상태에서 기술만 혁신해봤자 의미가 없다. 기술 혁신과 제반 환경이 유기적으로 연결될 때 제대로 된 성과가 나타나고 변화가 생긴다. 이것이 바로 시스테믹 혁신이다.

여기서 스포츠카는 페이스북, 구글 검색 같은 서비스를 의미한

■ 기술의 혁신은 제반 환경이 뒷받침될 때 비로소 진가를 발휘할 수 있다. 웹 3.0 시대가 혁신하기 위해 필요한 각 조건을 도로, 자동차, 주유소에 비유하면 이해하기 쉽다.

다. 도로는 웹이다. 이동통신망, 클라우드 기술 서비스 등은 주유소나 충전소 같은 제반 환경이 된다. 제반 환경이 중요한 이유는 혁신의 수준을 나타내기 때문이다. 자전거 전용 도로를 만들면 자전거가 달리고, 고속도로를 깔면 스포츠카가 달린다. 어떤 도로를 까느냐에 따라 혁신되는 분야와 내용이 달라진다.

웹의 변화는 곧 세상의 변화

이처럼 웹은 우리 일상을 변화시키는 기반 환경이다. 그래서 웹이 어떻게 발전하느냐에 따라 세상이 바뀐다. 따라서 세상의 변화를 이해하기 위해서라면 웹의 발전을 바라보는 관점을 이해할 필요가 있다. 이제 웹의 변화 양상을 바라보는 세 가지 관점을 알아보자.

'앱 이코노미'에서 '웹 이코노미'로

첫 번째 관점은 앱 이코노미app economy의 종말이다. 앱 이코노미란 앱스토어가 중심이 되는 경제를 말한다. 우리는 국경과 상관없이 앱스토어를 통해 유료 또는 무료로 콘텐츠를 다운받을 수 있었다. 그런데 클라우드 기능이 확산되면서 변화가 일어나는 중이다.

스마트폰 세상에서 제일 중요한 것은 운영체제OS, Operating System다. 현재 스마트폰 OS는 구글과 애플이 독점하고 있다. 스마트폰을 사용하려면 애플리케이션을 다운받아야 하는데 앱은 스마트폰의 OS에 의존하다 보니, 사용자는 구글과 애플이 만들어둔 제약에서 벗어날 수 없다. 앱 서비스 기업들이 OS의 소프트웨어 기능들을 사용하니, OS가 제공하지 않는 서비스는 기업이 제공할 수 없다. 그래서 스마트폰은 OS에 종속되어 있다고 표현하는데, 현재 이 시스템이 바뀌고 있다. 클라우드 기능의 확산 덕분이다.

- 클라우드 기능의 확산으로, 구글과 애플의 운영체제가 독점하던 앱 이코노미 시대를 지나 웹 이코노미 세상을 향해 가고 있다

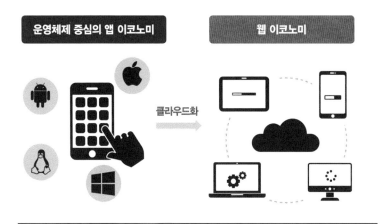

운영체제 중심의 앱 이코노미　　　웹 이코노미

클라우드화

　　지금까지는 기기 안에 있는 데이터나 소프트웨어만 사용했다면 이제는 클라우드 데이터센터에 있는 소프트웨어와 데이터를 활용하게 되면서 OS 의존율이 차츰 떨어지고 있다. 구글의 안드로이드든 애플의 iOS든, 스마트폰 운영체제와 상관없이 사용할 수 있는 '웹' 이코노미가 만들어지면서 앱이 아닌 웹의 시대가 시작된 것이다. 지금 우리는 웹으로 수렴되는 세상을 살고 있다.

앱보다 똑똑한 웹의 등장

　　두 번째 관점은 개별 앱을 넘어서는 웹의 등장이다. 지금까지는

PC든 스마트폰이든 줌으로 화상회의를 하려면 일단 애플리케이션을 설치하고 실행해야 했다. 그런데 이제는 크롬 웹 브라우저에 URL 주소만 넣으면 화상회의를 할 수 있다. 예전에는 동영상을 보려면 곰플레이어나 윈도우 미디어플레이어를 작동해야 했는데, 이제 디렉토리에 있는 동영상을 크롬 브라우저에 옮기기만 하면 된다. 예전에는 개별 애플리케이션이 있어야 기능을 사용할 수 있었지만, 이제 웹 브라우저만으로 작동되게 바뀌고 있다.

요즘 새로운 VR 기기로 각광받는 오큘러스 퀘스트Oculus Quest를 사용하면 스마트폰의 작은 스크린이 엄청나게 확대되어 내 주변 공간을 360도로 가득 채운다. 스마트폰을 잇는 혁신이 웹 브라우저로 가능해진 것이다. 가상현실VR과 증강현실AR을 아우르는 개념인

■ 스마트폰을 넘어 XR로 확장하는 웹

웹RTC

웹XR

· 웹 브라우저에서 줌과 같은 화상 회의를 앱 없이 진행
· 웹 브라우저에서 비디오 플레이어 없이 영상 재생

· 웹 브라우저에서 3차원 360도로 콘텐츠가 구동되는 웹XR 기술 개발 중
· XR 기기용 웹 브라우저 및 기술 개발 중

확장현실XR, eXtended Reality의 웹 버전인 '웹XR'이 구현되면 스마트폰뿐 아니라 PC에서도 실감 나는 3차원의 콘텐츠를 360도로 구현할 수 있다. XR 기기용 웹 브라우저와 기술도 엄청난 속도로 개발 중이며, 웹은 개별 서비스 애플리케이션을 넘어 XR 기술로 영역을 점차 확장하고 있다.

웹 3.0은 인터넷의 대안

세 번째 관점은 웹 3.0의 등장이다. 요즘 메타Meta의 주가가 점점 떨어지고 있다. 새로운 비즈니스 모델을 찾지 못한 탓도 있겠지만, 웹 2.0 시대의 종말을 보여주는 한 사례라는 생각도 든다. 사실 2000년대 초반에 메타버스가 주목받다가 최근에 다시 부상한 것처럼, 웹 3.0도 2010년대에 크게 주목받은 적이 있다. 지금 웹 3.0에 쏟아지는 관심은 새로운 세상을 향한 사람들의 갈망이 모여 보다 구체적인 욕망으로 드러나고 있음을 보여주는 증거다.

웹 3.0 기술을 정의 내리는 방식도 흥미롭다. 우리가 흔히 표준이라고 부르는 데는 두 가지 의미가 있다. 사실상의 표준standard de facto과 법적인 표준standard de jure이다. 2010년대에 열린 W3C에서 '웹 3.0은 시맨틱 웹이다'라고 정의한 바 있는데, 이것은 법률적인 표준이다. 그런데 몇몇 전문가를 제외하고는 이 뜻을 아무도 알지 못했으니 사실상의 표준은 아니었던 셈이다.

그럼 2010년대에 W3C에서 정의한 시맨틱 웹이라는 말은 무슨 의미일까? '시맨틱semantic'을 우리말로 풀자면 '의미론적'이란 뜻이므로 시맨틱 웹이란 말 그대로 의미론적 웹을 뜻하는데, 쉽게 말하자면 컴퓨터가 이해할 수 있는 새로운 언어를 사용해서 기계들끼리 서로 의사소통할 수 있는 지능형 웹이 바로 시맨틱 웹이다. 사람이 중심인 소셜 웹을 넘어 인공지능과 컴퓨팅 기기들이 스스로 정보를 검색하는 시대이기 때문에, 탐색이 쉽도록 검색엔진이 좋아하는 웹 페이지를 만들어야 했던 것이다. 웹 2.0이 사람들을 연결하는 소셜 웹이었다면, 시맨틱 웹은 사람과 기계가 함께 머리를 맞대고 소셜 활동을 하는 웹인 셈이다.

■ 웹 1.0을 창안한 팀 버너스 리가 2010년대에 재정의한 웹 3.0 시대의 시맨틱 웹. 인공지능을 바탕으로 사람과 기기가 소셜 활동을 즐기는 웹이라는 의미를 담고 있다

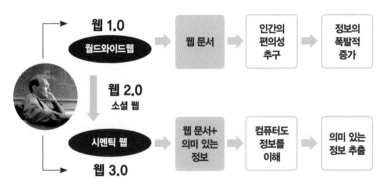

웹 3.0 넥스트 이코노미

웹을 창안한 사람은 레슨 1에서 소개된 팀 버너스 리다. 그가 만든 웹 1.0은 사람들이 편리하게 정보를 검색할 수 있는 웹이었다. 웹 2.0에서는 그 정보를 매개로 사람들이 모였다. 그런데 팀 버너스 리가 웹 1.0의 주요 기능을 정보 검색에 두고 웹을 정의 내렸다면, 소셜 웹으로서의 정체성을 가진 웹 2.0의 정의는 2004년 10월 미국 IT계 출판사 오라일리O'Reilly가 내렸다. 그러자 팀 버너스 리는 웹 3.0을 다시 한 번 자신이 규정하고 싶었다. 그래서 '웹 3.0은 시맨틱 웹이다'라는 법률적 표준이 등장한 것이다. 웹 3.0은 아마존, 구글, 페이스북 같은 몇몇 거대 기업의 사유물로 전락한 중앙집중화 인터넷의 대안으로, 사실상 미디어에 기반한 웹 2.0이 진화된 형태다.

데이터의 가치가 가장 중요해지다

시맨틱 웹에서 사용하는 기술은 RDFResource Description Framework와 OWLOontology Web Language 두 가지다. RDF는 웹에서 사용하는 정보를 표현하는 규격인데, 한마디로 단어와 문법을 정의하는 것이다. 서로 다른 메타 데이터를 효율적으로 교환, 호환하려는 목적으로 구문 및 구조에 공통된 규칙을 지원하는데, 우리가 언어를 처음 배울

때 단어와 문법을 알아야 하듯 컴퓨터가 이러한 규칙을 이해하도록 한 것이다.

OWL은 정의된 데이터를 바탕으로 관계와 연결성을 따져 의미를 해석하는 기술이다. OWL에서 '온톨로지ontology'란 존재하는 자원 간의 관계 및 여러 개념을 컴퓨터가 처리할 수 있는 형태로 표현하는 것이다. 예를 들어 우리가 자기소개를 할 때 "저는 홍길동입니다"라고 하지 "저는. 입니다. 홍길동"이라고 하지 않는다. 이처럼 단어와 문법으로 문장을 만들었다면 이 문장이 어떤 의미인지, 그리고 다른 언어로 저장됐을 때 어떻게 번역될 수 있는지 정의해야 한다. 이런 문법을 정의하는 기술이 RDF이고, 완성된 문장을 해석하는 기술이 OWL이다.

그럼 이 기술이 지금 어떻게 활용되고 있을까? W3C이 정의한 웹 3.0에서는 각 기업이 지식 그래프의 수단으로 활용하고 있다. 정보를 수집, 통합해서 의미를 추출하고 새로운 지식으로 만드는 것을 '지식 그래프'라고 한다. 예를 들어 신동형, 정지훈 박사, 알서포트, 메타버스, 5G, 웹 3.0, 책 같은 개별 데이터를 연결해 새로운 의미를 만들고, 그 의미를 해석할 수 있는 지식 그래프를 그리는 것이다. 페이스북의 경우, 지식 그래프를 활용해 사람 혹은 장소 정보를 기반으로 사람들 간의 관계를 정의하고 있다. 구글은 웹에 있는 수많은 데이터를 모아서 맞춤형 광고, 추천 등을 한다.

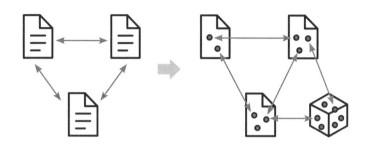

이처럼 웹 2.0 기업들은 시맨틱 웹을 통해 자신들의 영향력을 강화해왔는데, 이 때문에 지금 시맨틱 웹이 여러 자유주의자에게 반발을 사고 있는 것도 사실이다. 그들이 보기엔 시맨틱 웹이 기존 웹 생태계에 종속된 기술인 것이다.

그렇다면 시맨틱 웹 이전과 이후는 어떤 차이가 있을까? 시맨틱 이 적용되기 이전의 웹은 문서 처리를 주로 하는, 정보를 담은 문서 의 집합이었다. 내용과 상관없이 제목 하나로 모든 문서를 모아놓 는 것이다. 만약 내가 5G를 조사하려고 5G를 검색하면 5세대 이동 통신부터 5세대 비행기까지, 5G가 제목으로 붙은 모든 문서가 검 색됐다. 그런데 시맨틱 웹에서는 다양한 데이터들 간의 관계 속에 서 의미를 도출하는 것이 핵심이므로, 데이터 중심으로 자료가 검색된다.

데이터 업계에서 자주 회자되는 말이 있다. 쓰레기가 들어가면 쓰레기가 나오고 다이아몬드가 들어가면 다이아몬드가 나온다는 말이다. 좋은 정보는 진짜 돈이 된다. 시맨틱 웹은 데이터들 간 관계 속에서 의미를 뽑는다. 데이터의 진위 여부에 따라 결과가 달라지니 데이터의 중요성은 더 높아질 수밖에 없다. 그래서 시맨틱 웹에서는 데이터 자체의 가치가 무척 중요하다.

시맨틱 웹에서 데이터가 중요해지면서 세 가지 고민이 시작된다. 첫 번째는 데이터의 소유권이다. 원래 데이터의 주인이 있고, 이것을 연결시켜서 돈이 되는 무언가를 만든 사람이 있다면, 최종 결과물의 주인은 누가 되어야 할까? 두 번째는 데이터의 자산적 가치다. 돈이 되는 데이터는 거래될 수 있어야 한다. 나에게 10만 원의 가치가 있는 데이터가 누군가에겐 100만 원 이상의 가치를 만들어낼 수 있다면 당연히 거래해야 한다. 이때 가격은 어떻게 측정해야 할까? 세 번째는 데이터의 보안이다. 데이터의 소유권과 자산적 가치가 상승할수록 보안 역시 중요해지기 마련이다.

이 세 가지 문제를 해결하는 기술 기반이 점점 중요해지고 있다. 그 세 가지가 바로 블록체인, 토큰화, NFT 기술이다. 데이터의 소유권을 저장할 수 있는 기술은 블록체인이다. 데이터의 자산 가치를 측정하고 거래할 수 있게 하는 것이 토큰화 기술, 그중 많이 알려진 것이 NFT다. 블록체인, 토큰화와 NFT가 최근 각광받는 까닭은 바로 시맨틱 웹 발전의 열쇠이기 때문이다.

지금 웹 3.0이 각광받는 이유

사실 데이터는 물 같은 존재다. 30년 전에 돈을 주고 물을 사서 마신다고 생각하는 사람은 없었다. 그런데 지금은 모두가 물을 사

■ 웹 3.0 시대로 진화할수록 중요해지는 데이터의 가치

	웹 1.0	웹 2.0	웹 3.0
접근	누구나 참여할 수 있지만, 어려워서 누구나 참여할 수 없는	일반인 누구나 참여할 수 있지만, 플랫폼 굴욕적인, 종속적인	누구나 참여할 수 있지만, 책임과 기여에 따른 보상이 뒤따르는
핵심 사용자	개발자·미디어	일반인	참여자 (개발자·일반인·기기IoT 등)
오너십·수익주체	개발자·미디어	플랫폼	참여자 (개발자·일반인·기기IoT 등)
다뤄지는 정보	정제된 정보(미디어)	일상 정보(미디어)	일상 정보&소유권·거래 정보
서비스 예시	개인 홈페이지	슈퍼 플랫폼 (페이스 북 등)	분산형 커뮤니티
일반인사용형태	읽기 중심	읽기·쓰기 가능	읽기·쓰기·실행 (Executable)
활용 기기	PC 중심	모바일 중심	3차원 360도 실감형 (XR 등)

서 마시는 걸 당연하게 생각한다. 데이터도 마찬가지다. 웹 2.0 시대인 지금까지는 데이터가 가치를 인정받지 못했지만 점차 세상이 달라질 것이다.

웹 3.0에서는 누구나 어디든 접근하고 참여할 수 있다. 또한 데이터가 개방되고 사라지지 않아 책임과 기여도에 따라 보상이 이루어진다. 참여자 개인이 핵심 사용자이자 수익 주체가 된다. 참여자가 일상 정보뿐 아니라 소유권, 거래 정보까지 가진다. 거래 정보가 뭘까? 오프라인 미팅에 참석하기 위해 단장을 하고, 버스나 지하철로 이동하고, 어느 장소에서 만나고 음료를 주문하는 모든 활동에는 비용이 발생한다. 한 번의 미팅이 성사되기까지 발생하는 모든 정보가 거래 정보다.

이처럼 참여자가 소유권과 거래 정보를 가진다는 말은 단순히 미디어를 넘어서 웹이 우리 일상을 속속들이 파악하게 된다는 의미다. 여기에 3차원 360도 실감형 공간 콘텐츠들이 XR 기기를 통해 구현된다.

시간이 지날수록 데이터가 중요해지면서 데이터 소유권과 그 가치를 지킬 수 있는 방안에 관심이 쏠리고 있다. 현재는 웹 2.0 기업들이 사용자 데이터를 수집, 활용해 독점적 지위를 누리고 있지만 이 기업들을 넘어서서 사용자에게 대가를 돌려주는 웹 3.0 기술이 필요하다는 논의가 급증하고 있다. 데이터의 가치를 지킬 수 있는 방안과 기존의 웹 2.0 기업들을 견제하며 새로운 사업과 투자 기회를 모색하는 과정에서, 웹 3.0 기술이 각광받고 있는 것이다.

웹 3.0은 디지털 일상의 '민자도로'

시스테믹 혁신이라는 관점에서 웹을 도로에, 홈페이지를 자동차에 비유하면 웹 1.0 시대에는 자신이 어떤 자동차를 가졌느냐에 따라 각자 집 앞 도로를 건설할 수 있었다. 트럭을 가졌으면 널찍한 도로를, 스포츠카를 가졌으면 좁지만 단단한 도로를 만들었다. 그래서 웹 1.0은 한마디로 개발자들의 시대였다. 웹 2.0 시대에는 플랫폼 기업들이 표준화된 도로를 건설했다. 덕분에 누구나 일정한 도로를 활용하게 되었지만 플랫폼이 지정한 버스로만 도로를 지나갈 수 있었다. 또한 버스를 탈 때는 자신의 개인정보를 알려야 했다.

웹 3.0 시대는 어떨까? 이제 플랫폼이 사용자를 한곳에 모을 수 없게 된다. 고객의 요구가 너무 다양해져서 이 길, 저 길을 온갖 차로 다 이용하고 싶어 한다. 그러다 보니 새로운 민자도로를 만들고, 사용자의 기여와 성과에 따라 보상이 이루어질 수밖에 없다. 여기서 민자도로란 일상화된 디지털 통신수단을 의미한다. 블록체인 기술은 각자가 기여한 정도를 분산시켜 저장한다. 민자도로가 잘 건설되면 초기에 투자하지 못했던 이들도 이용하고 싶을 것이다. 그래서 이 민자도로의 가치를 새롭게 측정해서 거래하고 싶어질 것이며, 이를 지원하는 토큰화 기술이 발전하게 된다.

이제 웹 3.0 기술의 본론으로 들어가자. 앞에서 웹 3.0의 핵심은 데이터라고 했다. 옛날에는 그냥 쓰던 물을 지금은 사서 먹듯, 데이터는 더 이상 아무나 마음껏 퍼다 나를 수 있는 대상이 아니다. 공짜 물이었던 데이터의 가치를 더욱 크고 의미 있게 만들어낸 것이 웹 3.0 기술이다.

데이터의 가치를 보증하는 웹 3.0 기술은 세 가지로 구분된다. 에비앙 생수로 예를 들면, 이 물이 에비앙임을 입증해야 가치를 갖는다. 에비앙 생수가 합당한 가치를 가졌는지 보장하고 증명하는 지원 시스템이 블록체인이다. 에비앙 생수에 가치를 부여하고 거래할 수 있게 만드는 기술이 토큰화 기술이다. 마지막으로, 에비앙 생수를 편의점에서 사면 3,000원이지만 호텔 레스토랑에서 요리하는 데 쓰면 수십만 원이 되기도 한다. 이렇듯 활용 여부에 따라서 가치가 천차만별이 되는 것이 메타버스 기술이다. 이 세 가지 기술을 좀 더 자세히 살펴보자.

웹 3.0 세상을 가능하게 만드는 세 가지 기술

속도와 안전을 지향하는 블록체인

　블록체인은 암호화된 분산원장 기술을 기반으로 블록을 생성해 거래, 승인, 보상 정보를 기록하는 기술이다. 이게 무슨 뜻인지 예를 들어보자. 이사를 하면 주민센터에 가서 전입신고를 한다. 이때 장부에 전입 표시를 한다. 그 장부가 바로 원장이다. 장부에 새로운 주소를 기입하려면 칸 하나를 더 만들어야 한다. 이게 블록 하나를 더 만드는 일이다. 이 장부를 주민센터에서 보관하는데 만약 주민센터에 불이 나면 큰일이니 안전하게 몇 군데에 나눠서 저장한다. 전입신고를 했다는 것은 이사라는 거래를 완료한 후에 정부가 승인을 했다는 뜻이다. 이 기록을 아무나 볼 수 없게 주민센터의 특별한 금고에 보관한다. 이 업무를 담당하는 공무원이 받는 월급이 바로 보상이다. 이렇게 일상의 데이터 혹은 자산을 IT 기술로

■ 블록체인 기술의 구성 요소

블록　　　원장　　　분산화　　　거래　　　승인　　　암호화 기술　　　보상

안전하게 분산해서 기록하는 기술이 블록체인이다.

블록체인도 기술이니 당연히 진화한다. 블록체인의 출발점을 블록체인 1.0이라고 부른다. 원래 블록체인은 분석원장 기술을 새로운 산업에 적용하거나, 그로부터 발생하는 가치로 기존의 화폐 거래 시스템을 바꾸겠다는 취지로 개발된 것이었다. 블록체인 1.0은 온전히 컴퓨터 개발자들의 영역으로, 비트코인 중심이라 C++로 개발되었으며 작업증명Proof-of-Work 합의 모델을 선택했다. 요즘은 자바스크립트 정도만 알아도 프로그래밍을 할 수 있지만, 당시에는 고난도 컴퓨터 프로그래밍이 가능한 개발자들이 개발을 하다보니 이렇듯 새로운 기술이 탄생한 것이다. 이때 개발자들이 블록체인은 암호화폐 이상의 가능성을 갖는다는 사실을 알게 된다.

블록체인 2.0은 이더리움을 통해서 구현되며, 스마트 계약이 핵심이다. 이제 개발자들은 이더리움을 암호화폐뿐만 아니라 탈중앙화 애플리케이션 개발이나 확장 가능한 플랫폼으로 활용하기 시작한다. 그런데 여기서 스마트 계약이 왜 중요할까? 스마트 계약은 합의 및 규약을 자동으로 안전하게 실행하는 기술이다. 블록체인 2.0은 이더리움의 등장 자체를 일컫는데, 암호화폐에 스마트 계약 기능이 추가되면서 플랫폼 역할이 가능해진 것이다.

이처럼 블록체인 1.0과 2.0의 구분은 명확한 데 반해 블록체인 3.0은 아직 경계가 모호하다. 기술의 방향성은 뚜렷하지만, 아직은 여러 기술이 경쟁하는 상황이라 정체가 애매한 것이 사실이다. 그렇지만 현재 다양한 산업에 적용되면서 블록체인의 활용성이 증가하고 있다. 앞으로 '대용량 처리', '낮은 수수료', '에너지 감소', '높은 신뢰성'이라는 네 가지 조건을 모두 충족할 수만 있다면 최고의 기술이 될 것이다.

그렇다면 블록체인은 무엇을 지향하는 걸까? 우선 무결성integrity 원장 저장을 통한 탈집중화와 분산화다. 또한 블록체인은 안전해야 한다. 거래 내역이 절대 사라져서는 안 되며 조작할 수 없도록 변경도 불가능해야 한다. 그래서 블록체인은 거래 내역이 사라지지 않는 취소 불가능과 변경 불가능을 지향한다.

또한 블록체인은 빠른 속도를 지향한다. 어떤 게임은 1초 만에 수만 건의 거래가 발생하기도 하는데 거래 승인에 시간이 걸리면 게임을 지속할 수 없다. 그래서 거의 실시간에 가까운 거래 증명과 청산 작업을 지향하는 방향으로 발전하고 있다.

대체 '가능' 혹은 '불가능' 토큰

토큰화 기술은 원래 블록체인 기술의 한 종류인데, 워낙 중요해서 이해가 필요하다. 흔히 토큰화 기술이라고 하면 사람들은 NFT를 떠올린다. NFT란 대체 불가능한 토큰이라 하여 희소성을 갖는 디지털 자산을 일컫지만, 토큰화 기술에는 NFT에서 Non이 빠진

FT Fungible Token도 있다. FT란 NFT와 반대로 대체 가능한 토큰을 뜻하는데, 예컨대 한국은행이 통화량을 조절하기 위해 화폐를 발행하는 것처럼 토큰 양으로 자산 가치를 조정하는 메커니즘을 가진 기술이 FT라고 보면 된다. 손흥민 선수가 사인한 축구공은 NFT지만, 2022년에 발행된 5만 원권 지폐는 FT라고 이해하면 쉽다.

이러니 NFT는 소유권을 명확히 해야 하지만 FT는 토큰의 양이 중요하고, 각각 필요한 토큰화 기술도 다르다. NFT의 경우 ERC-721, ERC-1155, 그리고 분산형 파일 시스템에 데이터를 저장하고 인터넷으로 공유하는 프로토콜인 IPFS InterPlanetary File System 기술을 필요로 하고, FT는 대량으로 토큰을 발행하고 분배, 관리하는 ERC-1155 기술이 뒷받침한다. 이밖에도 상당한 수준을 자랑하는 토큰화 기술 스펙이 만들어지는 중이다.

NFT의 구성 요소는 크게 세 가지로 구분할 수 있다. 텍스트와 이미지를 가진 '미디어 데이터', 데이터를 설명하는 '메타 데이터', 그리고 스마트 계약이다. 먼저 NFT의 스마트 계약 내역은 블록체인에 저장된다. 블록체인과 연계된 원본 디지털 콘텐츠인 미디어 데이터와 메타 데이터는 블록체인이 아닌 외부 저장매체에 보관된다. 여기에 이 둘을 연결시키는 메타 데이터가 별도로 존재해서 이것들이 NFT의 구성 요소가 된다. NFT는 비용과 보안 때문에 일반적으로 분산 저장소인 IPFS 방식으로 보관한다. 블록체인은 저장하기에 너무 비싸고 클라우드 서비스 매체인 드롭박스, 구글드라이브, MS 원드라이브는 저렴하지만 보안이 보장되지 않는다.

누군가는 여기서도 비즈니스 기회를 찾을 것이다. 앞으로 NFT IPFS가 활성화되면 기존 클라우드 서비스 매체가 무너질 테니. 눈 밝은 투자자라면 새로운 투자 영역으로 주목할 만하다.

디지털 속 '나'가 더욱 소중해지는 메타버스

웹 3.0의 세 번째 기술은 현실과 디지털 간의 간격을 좁혀주는 메타버스다. 사실 우리는 지금도 메타버스 세상에서 살고 있다. 직접 누군가를 만나는 시간보다 PC나 스마트폰을 보는 시간이 월등히 많으니까.

메타버스는 한마디로 '나'의 분신인 아바타가 활동하는 공간이다. 페이스북 속 나의 공간에서 나는 현실의 보완재다. 쇼핑 친구, 운동 친구, 회사에서 친해진 동료가 보는 나의 모습은 모두 제각각이다. 이처럼 디지털 공간에서도 각각의 공간이 계속 만들어지고, 그곳에서 나의 새로운 자아인 여러 아바타가 활동한다.

또 메타버스는 디지털 리얼리티이기도 하다. 영화 〈레디 플레이어 원〉처럼 온 세상이 디지털이 되는 공간이다. 현실을 그대로 복제한 디지털 트윈digital twin이 새로운 메타버스 공간이라고 할 수 있다. 디지털 트윈이란 가상공간에 실물과 똑같은 물체를 만들어 다양한 시뮬레이션으로 검증하는 기술을 말한다. 즉 메타버스는 우리의 몸은 현실에 존재하지만 머리와 오감은 디지털에 있는 형태가 극도로 고도화된 공간이자 세상이다.

메타버스에는 세 가지 계층이 있다. 첫 번째는 우리가 오감으로 느끼는 실제 세상, 두 번째는 실제 세상에 사물인터넷인 IoT를 적용해서 아바타와 디지털 트윈으로 구현하는 디지털 정보 계층, 세 번째는 실감 기술을 바탕으로 하는 XR을 통해 사람들이 느끼는 인터페이스가 구현된 공간 반영 계층이다. 지금은 현실과 디지털을 연결시키는 부분이 점점 강해지고 있다.

결론적으로 메타버스 전반을 포괄하는 개념인 공간 웹은, 2차원

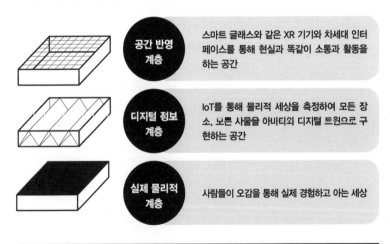

■ 메타버스를 구성하는 세 개의 계층

공간 반영 계층	스마트 글래스와 같은 XR 기기와 차세대 인터페이스를 통해 현실과 똑같이 소통과 활동을 하는 공간
디지털 정보 계층	IoT를 통해 물리적 세상을 측정하여 모든 장소, 모든 사물을 아바타의 디지털 트윈으로 구현하는 공간
실제 물리적 계층	사람들이 오감을 통해 실제 경험하고 아는 세상

스크린을 넘어 현실을 반영한 3차원의 가상 디지털 트윈 속에서 시뮬레이션에 기반한 자동화를 가능하게 할 뿐 아니라, 현실에서처럼 소통과 활동을 하는 공간의 구현을 지향하고 있다.

공간 웹을 포함한 메타버스를 구현하는 기술은 5G, 6G, XR, IoT, AI 등이다. 기본적으로 스마트폰 콘텐츠가 좋으려면 통신망이 좋아야 한다. 5G는 4G보다 20배 빠르고, 6G는 4G보다 1,000배 더 빠르다. 용량으로는 5G가 4G보다 500배, 6G는 5,000배가 더 많다. 안정성으로 보면 4G보다 5G가 40배 더 안정적이고, 6G는 400배 더 안정적이라고 한다. 6G는 위성통신을 활용할 수 있어서 콘텐츠에 적용되는 XR이 기술의 주요 구성 요소가 될 것이다. 5G, 6G와 4G의 가장 큰 차이점은 IoT를 망에서 활용할 수 있다는 점이다. 결국 메타버스는 사람들의 일상이 디지털을 기반으로 새로운 방식으로 확대되고 확장된다는 것을 의미한다.

지금은 대다수 사람들이 스마트폰을 사용하기 때문에 이를 넘어서는 무언가가 필요하다는 걸 크게 느끼지 못하지만, XR은 메타버스에서 중요한 개념이다. 마치 자동차가 등장하기 전에 "마차가 있는데 그게 왜 필요해?" 했던 것과 같다. XR이 결합된 메타버스는 한마디로 하드웨어가 소프트웨어로 대체되고, 현실과 디지털의 경계가 사라지는 공간이다.

메타버스를 구현하는 미디어의 진화 관점에서 세상의 변화를 생각해보자. 미디어의 출발점은 텍스트다. 그다음은 이미지다. 통신망이 개발되면서 여기에 목소리까지 전달할 수 있게 되었다. 이 모든 걸 접목시킨 것이 비디오다. 그런데 지금은 어떤가? PC, 스마트폰, TV 모두 2차원의 스크린으로, 우리와 단절된 콘텐츠를 일방적으로 시청하는 데서 그친다. 그런데 XR은 기존의 2D 동영상 비디오를 넘어서서 360도, 3D로 구현된다. 그래서 XR은 새로운 미디어의 신화로 작용한다.

이처럼 5G, 6G의 시대에는 분명 XR이 대세가 될 것이다. XR은 이미 다양한 영역에서 스마트폰의 역할을 대체하고 있으며, 조만간 새로운 몰입형 실감 콘텐츠를 통해 더 많은 산업과 일상에 스며들 것이다. 우리가 일상에서 물건을 잃어버리면 분실신고를 하지만 데이터를 잃어버리면 신고하지 않는다. 그런데 XR을 사용하는 순간 디지털 공간이 곧 현실 공간이 되기 때문에 자동으로 신고가 된다. 이때 내가 분실한 데이터의 소유와 거래 문제를 블록체인 기술인 웹 3.0이 지원할 수 있다. 그래서 이런 기술 간의 연결고리를 주목해야 한다. 디지털 트윈이 결합되어 우리의 현실을 고스란히 디지털로 옮겨온 메타버스가 더 안전하고 효율적인 세상임은 두말할 필요도 없다.

분산형 커뮤니티의 시대가 열리다

블록체인, 토큰화, 메타버스를 키워드로 살펴보면 이들이 무엇을 시사하는지 좀 더 분명히 알 수 있다.

블록체인의 키워드는 개방형, 분산화, 탈집중화, 스마트 계약, 블록체인과 탈중앙화 자율조직인 다오DAO, 그리고 커뮤니티 중심이다. 토큰화의 키워드는 사용자 자신의 데이터 통제권 강화, NFT, 디지털 자산과 거래, 크리에이터 경제다. 메타버스 키워드는 로컬 경험, 커머스, 360도 3차원 콘텐츠, XR, IoT, 디지털 트윈으로 정리할 수 있다.

즉 블록체인의 핵심은 탈중앙화, 토큰화 기술의 핵심은 보안과 장부화, 메타버스 기술의 핵심은 현실을 디지털로 확장한다는 것이다. 블록체인은 분산원장 기술이다. 분산화라는 기본 철학이 있기 때문에 슈퍼 플랫폼 중심에서 취향으로 분산된 커뮤니티로 활성화된다. 이것이 대도시 중심의 집중형 사회에서 원격분산 사회로 나아갈 수 있는 기반이 된다.

코인은 각자 활동을 통해 기여하는 만큼 다양한 방식으로 보상을 받거나 각자의 정보를 보장하는 기술이다. 따라서 기여·보상·권리에 대한 보장이 중요한 가치가 된다. 커뮤니티 멤버들의 취향에 따라 다양한 보상안을 마련할 수도 있고, 멤버들끼리의 물물교환도 가능하다.

우리의 삶은 이런 식으로 점차 디지털로 확장될 것이다. 디지털이 단순한 미디어로서 기능하는 것을 넘어 오프라인의 아날로그적 감성까지 포함하며 발전한다는 뜻이고, 우리는 서서히 현실과 다름없는 디지털 일상을 맞이할 것이다. 실명으로 운영되는 오프라인처럼 디지털 공간 역시 책임이 뒤따르는 공간으로 변화하면서 이곳에서의 활동은 가치와 비용을 만들어내는 또 하나의 현실이 될 것이다.

웹 3.0 기술이 가져온 탈중앙화 기술은 일부 슈퍼 플랫폼에서 분산된 커뮤니티로, 코인으로 알려진 토큰화 기술은 커뮤니티에 대한 기여, 보상, 권리를 보장하고 강화하도록, 메타버스는 현실과 디지털의 간격을 없애는 방향으로 변화할 예정이다.

웹 2.0 시대의 플랫폼은 시간과 공간에 상관없이 언제나 사람들이 보편적 욕망과 활동을 충족시키는 '수렴형' 슈퍼 플랫폼이다. 그런데 우리 삶에서 디지털이 더 많은 자리를 차지할수록 내 일상에는 일, 취미, 운동 같은 다양한 취향이 새로운 커뮤니티로 만들어지기 마련이다. 우리의 다양한 욕망과 활동을 채우는 커뮤니티야말로 웹 3.0 시대의 분산형 커뮤니티다. 슈퍼 플랫폼이 아닌 보다 다양한 커뮤니티를 만드는 것이 바로 웹 3.0 기술이다.

활동한 만큼 보상받는다

다오는 위계와 서열 중심의 조직이 아닌 스마트 계약과 토큰 지배구조에 따라 개개인의 투표와 의사결정으로 운영되는 조직이다. 의사결정에 참여하면 토큰의 지분에 따라 권리를 행사할 수 있다. 다오는 목적에 따라 다양한 유형이 존재하는데, 현재 오프라인 세상에 존재하는 협동조합, 팬덤 커뮤니티, 로컬 커뮤니티도 다오 같은 분산된 커뮤니티 환경으로 전환 또는 확대될 수 있다.

웹 3.0이 일상에 스며들면 기여와 보상은 어떻게 측정될까? 웹 1.0과 웹 2.0 시대에는 데이터의 가치가 낮아서 누구나 접근하고 유통할 수 있었다. 그런데 웹 3.0 시대에는 개개인의 자산 거래 내역 자체가 가치 있는 만큼 데이터의 품질이 훨씬 중요해진다.

무엇보다도 새로운 차원의 인터넷이 우리를 디지털에 완전히 가두는 일상을 만들 것이다. 3D 360도 디지털 공간으로 구현된 웹은 우리를 완전한 가상공간으로 끌어들여 마치 현실에서 소통하듯 웹 브라우징을 활용하게 할 것이다. 현실에 디지털이 덧붙어서, 예컨대 우리 몸의 움직임을 인지하는 웨어러블 기기 등 다양한 센서를 이용할 뿐만 아니라, 외부 카메라 등을 활용해 우리의 움직임을 포착할 것이다.

나는 세상의 모든 변화를 프레임으로 바라본다. 프레임으로 웹

3.0이 가져올 변화를 바라보면 분산된 커뮤니티, 기여와 보상과 권리 보장, 현실이나 다름없는 디지털 일상이라는 세 가지 큰 프레임이 보인다. 세 가지 기술이 시사하는 바가 그렇다는 말이다. 이 기술들은 기존의 슈퍼 플랫폼에서 모두가 구성원으로 참여하는 분산형 커뮤니티의 시대로 세상을 변화시킬 것이다. 더 이상 거대 플랫폼이 사용자를 제약하는 것이 아니라 저마다의 상상력과 욕망을 통해서 하고 싶은 활동을 하고, 이를 통해 보상을 받는 커뮤니티 활동을 하게 될 것이다. 원래 기여를 하면 보상을 받는 것이 이치이기 때문이다.

지금은 인스타그램에 열심히 사진을 올리고 글을 써도 돌아오는 게 별로 없다. 유튜브는 조금 돌려주긴 하지만 매우 미미한 수준이다. 하지만 앞으로는 사용자들이 자신의 권리를 더욱 주장할 것이다. 커뮤니티 경제는 더욱 활성화되고 개인의 권리는 훨씬 강화될 것이다.

팬덤 커뮤니티의 형성은 커뮤니티 경제를 변화시킬 것이다. 현재 예술작품 시장에서 NFT가 가져온 변화는 상당하다. 이미 소더비 경매에서도 NFT 작품을 거래하고 있다. 나는 미래에는 모든 것이 NFT화될 것이라고 전망한다. NFT가 등장하기 전에는 원작자에 대한 보상 체계가 미흡해서, 내 작품이 유명해질수록 내가 점점 더 초라해지는 괴리감이 생기는 경우도 많았다. 하지만 NFT가 블록체인의 새로운 저장 수단이 되면 그런 일은 사라진다. 작품이 팔릴 때마다 작가에게 일정액이 보상되는 체계가 마련되니 작품이 유명해질수록 작가는 행복해질 것이다.

갤러리 중심의 예술작품 시장이 또 하나의 팬덤 커뮤니티를 형성할 수도 있다. 원래 갤러리는 작가의 작품을 팔아주는 대신 엄청난 수수료를 챙겼는데, NFT를 발행하면서 작가에게 직접 팬들이 모일 것이다. 갤러리 없이 작가와 팬이 직접 소통하면서 작가는 팬으로부터 영감을 받고, 팬은 저렴한 가격으로 작품을 구입하면 모두의 만족 지수가 올라간다. 이러한 변화가 NFT 덕분에 일어나고 있다. 실제로 지금의 NFT 문화는 대중 시장보다도 팬덤 시장에서 더 활성화되고 있다.

특별히 디지털 광고에 관심이 있다면 개인 권리의 강화 부분을 주목해야 한다. 지금 디지털 광고는 사용자 정보를 수집해서 맞춤형 광고를 하는 식으로 운영된다. 하지만 블록체인 웹 3.0 기술이 활성화되면 예전처럼 사용자 정보를 수집하지 못한다. 개인별 타기팅 광고가 불가능해지니 웹 3.0 시대에는 다른 방법을 찾아야 한다. 지금까지는 내가 광고비를 써도 효과를 정확하게 추적할 수 없었다. 그런데 구글 크롬을 대체할 수 있다는 브레이브 브라우저가 등장하면서 저렴한 비용으로 광고를 집행하고 광고 효과에 대한 보상도 소비자와 업체가 나눠 가질 수 있게 되었다.

브레이브 브라우저는 개인정보를 침해하는 광고 및 트래커를 차단하고, 인터넷상에서의 활동 추적을 막는 등 개인정보를 가장 중시하는 정책으로 2021년 급성장하면서 월간 활성 이용자 수가 2,900만 명에 달했다. 이들은 사용자의 인터넷 활동과 데이터 방문 권한을 사용자 본인에게 돌려주었다. 사용자는 개인정보를 보호하는 광고를 선택해서 볼 수 있고, 브레이브 브라우저는 블록체인 기반의 가상자산을 제공하면서 광고 수입을 투명하게 분배하니, 점점 더 많은 사용자들이 브레이브 브라우저를 선택하고 있는 것이다.

아는 만큼 돈과 기회가 보인다

'현실과 같은 디지털 일상'이라는 프레임으로 보면 3D 웹의 확대 덕분에 더 직관적인 소통과 거래가 가능해진다. 지금까지는 스마트폰에서 은행을 이용하려면 은행 앱을 깔고, 회원가입을 하고, 로그인을 할 때마다 아이디와 패스워드를 입력해야 한다. 그런데 XR 기기를 사용하면 실제로 은행을 이용하듯 디지털 은행을 방문해 아바타 은행원들과 업무를 볼 수 있다.

그래서 '현실과 같은 디지털 일상'에서는 IoT가 정말 중요하다. 사실 우리가 오감으로 느끼는 것들은 진짜 세상의 일부에 불과하다. 우리가 모르는 실제 세상 하나하나를 IoT 기기들이 센싱해서 디지털 세상에 만든다면, 그곳에서 우리는 진정으로 친환경적인 삶을 누릴 수 있다. 현실에서는 버려지는 물건이 산업폐기물이 되지만, IoT 기기 덕분에 모든 것이 시뮬레이션 되면서 낭비가 사라진다. IoT를 통해 현실과 디지털이 한 몸으로 연결되는 세상이 도래하는 것이다.

웹 3.0은 분산된 커뮤니티 확대, 크리에이터 및 긱 이코노미(임시계약 경제)의 활성화, 커뮤니티 경제 활성화, 광고산업의 변화, 공간웹과 XR, IoT 및 디지털 트윈을 통해 엄청난 변화를 예고하고 있다. 우리 일상이 디지털 세상에 점점 스며들고 있는 현시점에서 블록체인, 토큰화, 메타버스는 웹 3.0을 활성화하는 핵심 기술이다. 이세 가지 기술의 전문적이고 세부적인 사항은 알지 못해도, 기술의 특징과 흐름을 알면서 사는 세상과 모르고 사는 세상은 분명 다를 것이다.

"기술을 완벽하게 공부할 필요는 없다.
가벼운 마음으로 일단 접해보자"

김미경 × 신동형

김미경   선생님은 경영학을 전공하셨는데, 어떤 계기로 IT에 관심을 두게 되셨나요?

신동형   경영학과 4학년 때 '노키아'에 관한 프로젝트를 진행했는데, 그때부터 관심을 가지게 되었습니다. 저는 기술을 사회적 관점으로 해석하는 것이 재미있어요. 이번에도 제가 생각하는 프레임을 설정하고 기술의 의미를 살펴본 셈이지요.

김미경   그래서인지 웹의 역사를 사회, 문화적 관점에서 잘 짚어주신 것 같습니다. 결국 웹 3.0에서는 데이터 주권이 중요해지고, 이를 위해 여러 기술이 개발된다고 강의해주셨어요. 선생님 말씀의 핵심은 '데이터 소유권이 가치를 갖는 세상에서 우리 각자는 무엇을 어떻게 해야 하는가'인 것 같아요. 개인이 데이터를 중요하게 활용하려면 일단 어떤 점을 기억해야 할까요?

신동형 아마 마이데이터 사업이라는 걸 한 번쯤 들어보셨을 겁니다. 지금 은행마다 마이데이터를 옮기면 경품을 준다고 홍보하는데, 절대 귀 기울이면 안 됩니다. 마이데이터라 하니까 왠지 내 데이터를 깔끔하게 정리해줄 것 같은데 그렇지 않아요. 우리 개인의 데이터를 가져가는 겁니다. 이런 게 앞으로 비즈니스 모델이 될 거예요. 예전에는 말도 없이 가져다 썼다면 요즘은 아주 교묘하게 허락을 받아 가져가니 주의해야 합니다.

지금 당장은 기업이 내 데이터를 어떻게 이용하는지 눈에 잘 보이지 않습니다. 구글과 네이버가 내 데이터로 돈을 벌어도 내가 할 수 있는 건 별로 없잖아요. 당분간은 마이데이터 사업이 법적으로 어떻게 변화할지, 그리고 블록체인이 어떻게 진행될지 지켜보는 수밖에 없죠.

김미경 그렇다면 개인이 웹 3.0을 준비하기 위해서는 무엇을 공부해야 할까요?

신동형 목적에 따라 달라집니다. 개발자를 꿈꾼다면 블록체인 개발을 공부해야 하고, 서비스 기획이나 투자 기회를 노린다면 블록체인의 현황과 시장의 흐름을 파악해야죠. NFT에 투자도 해보고요. NFT는 일단 직접 해봐야 그 생리를 알 수 있습니다. 물론 고위험 고수익은 어느 정도 감안하시고요. 사업 기회를 찾는다면 메타버스 관련된 XR 기기를 체험해 보는 것도 좋겠네요.

김미경 이제 앱의 시대가 가고 웹의 시대가 온다고들 하는데, 이건 무슨 뜻인가요? 요즘처럼 모바일 기반인 시대에는 애플리케이션이 대세였는데 웹 3.0으로 가면 더 이상 앱을 안 쓴다는 말인가요?

신동형 웹의 시대가 되면 흔히 FAANGFacebook, Amazon, Apple, Netflex, Google이라고 불리는 글로벌 플랫폼 기업들이 웹 생태계를 장악할 거예요. 그런데 앞으로는 그들이 구속하고 통제했던 부분을 내 마음대로 할 수 있습니다. 지금까지는 모든 서비스가 앱으로 구성되었고 구글이나 애플이 "올해 OS는 여기까지만!" 하면 그 이상은 못 했거든요.

김미경 우리가 앱을 선호하는 이유는 앱에서 구현하는 게 쉽고 빠르기 때문인데, 웹 3.0 시대에 앱이 약화되는 이유는 무엇일까요?

신동형 OS에서 제공하던 기능을 이제는 클라우드에서 다 제공하기 때문입니다. 애플과 구글의 독점이 깨지면서 투자할 수 있는 곳도 훨씬 더 많이 생길 거예요. 구글, 아마존 및 마이크로소프트를 비롯해서 클라우드 서비스를 제공하는 기업이 훨씬 더 많아지거든요.

반도체 부문에서도 훨씬 많은 투자 기회가 생길 수 있겠죠. 그리고 단순 클라우드를 넘어 보안성이 강화된 블록체인 플랫폼도 파편화되고 있습니다. 마치 금본위제 아래서 다양한 화폐가 나오듯, 현재 비트코인이라는 가상화폐를 바탕으로 파편화되고 있는 거죠. 파편화되는 플랫폼을 레이어 1Layer 1, 레이어 2Layer 2라고 부릅니다. 일종의 OS라고 보면 됩니다. 컴퓨터 하드웨어를 제어하고 응용 소프트웨어를 위한 기반 환경을 제공하는 운영체제를 OS라고 하잖아요.

마찬가지로 블록체인 기술에도 독자적으로 운용되는 블록체인 기반인 레이어 1, 2가 있고, 이 위에서 급부상하는 블록체인 서비스 및 솔루션이 나올 수 있는 거죠.

김미경 레이어 1, 레이어 2에서 현재 출시된 제품군에는 어떤 게 있나요?

신동형 레이어 1은 비트코인 위에 이더리움이나 솔라나Solana가 있고, 가상화폐 폭락 사태의 주범인 루나·테라 코인도 레이어 1입니다. 비트코인이 거래와 합의 프로세스가 너무 느려서 이더리움이나 솔라나가 나왔죠. 그런데 여기서도 블록 생성과 증명, 거래 처리를 하느라 느려졌어요. 그래서 블록체인에 연결된 별도 네트워크로 거래 역할만 잘할 수 있는 폴리곤Polygon 같은 플랫폼이 나왔는데, 이를 레이어 2라고 합니다. 레이어 1, 레이어 2의 가치를 알려면 그 위에서 돌아가는 블록체인 서비스 및 솔루션이 얼마나 잘되는지를 봐야 해요. 루나 코인이 폭락한 이유는 가격만 알고 정작 테라 블록체인 서비스 및 솔루션을 신경도 쓰지 않았기 때문이거든요.

김미경 레이어1과 레이어2가 구현할 수 있는 게 다른가요?

신동형 레이어 1이 좀 더 핵심적입니다. 레이어 2는 대용량 처리, 신속함, 저비용이 핵심인데 이런 특징에 따라서 다양하게 만들어지고요. 트랜잭션이 빠르게 일어나는 게임이나 정확성이 중요한 쇼핑이 레이어 2에서 적용되지요. 한마디로 OS를 레이어 1이라고 보면 되고, 여기서 특화된 경우가 레이어 2까지 가는 것입니다.

김미경 블록체인 전문가들이 레이어 기반 위에서 블록체인 생태계를 만드는 것이군요. 그런데 지금은 모든 것이 신대륙을 개척할 때의 모습 같아요. 여기저기 땅을 파면서 어디서 금광이 나오나 보는 것 같거든요.

신동형 맞습니다. 말콤 글래드웰이 성공의 비결이 '1만 시간의 법칙'에 있다 했듯, 남들보다 빠르게, 오랜 시간 투자하는 사람들이 그 분야의 전문가가 됩니다. 만약 지금 외부 서비스를 하는 기업이 앱 개발을 고민 중인데, 개발비도 만만치 않고 30퍼센트의 수수료 부담도 느낀다면 어떨까요? 이때 MMORPG(대규모 멀티플레이어 온라인 롤 플레잉 게임)처럼 엄청난 고성능 게임을 만든다면 앱으로 개발해야 하지만, 단순한 서비스라면 웹으로도 충분합니다. 앱은 기기마다 다르지만 웹은 자동화된 테스트 툴만 있어도 충분하거든요.

여기서 알아야 할 기술 용어가 웹 RTC Real-Time Communication라는 것인데, 이것이 애플리케이션을 대체하는 웹 기술로 발전하고 있습니다.

김미경   어쨌든 눈길을 끄는 점은 웹 3.0으로 가면 앱보다는 웹이 더 많은 기능을 한다는 거네요.

신동형   웹 3.0은 기본적으로 앱만큼 기능해요. 그런데 앱은 구글과 애플에 종속돼 있으니 자율성이 없다는 게 문제입니다.

김미경   웹의 자율성을 따르면 앞으로는 스마트폰 기능 자체가 변할 수도 있나요? 앞으로 휴대폰은 일종의 클라우드와 커뮤니케이션만 하는 도구에 불과해질 수도 있겠네요.

신동형   그걸 바로 분산화라고 합니다. 앞으로 등장할 단말기는 모든 걸 다 가진 스마트폰 대신 연결이 훨씬 더 좋아지면서 기능이 점점 더 분산될 거예요.

김미경　그래도 컴퓨터나 노트북은 없어지지 않겠죠? 개발할 때 PC 나 노트북은 있어야 하잖아요?

신동형　기술이 진화하면 필요 없어질 수도 있습니다. 지금도 메타 에서 제공하는 오피스를 보면 사용하는 순간 키보드가 생 기거든요. 그런데 재미있는 사실은 2년 전에 마크 주커버 그도 오큘러스 같은 XR 기기는 업무할 때나 필요하지 항상 쓸 수는 없다고 했어요. 오래 쓰면 머리가 너무 아프고 목 디스크도 오니까요. 그런데 요즘 개발되는 새로운 버전을 보고는 "이것이 컴퓨터를 대체한다"라고 선언하더군요. 기 술은 항상 기존의 것을 넘어서서 만들어지기 때문에 지금 은 아니더라도 언젠가는 PC나 노트북을 대체할 기술이 나 올 것입니다.

김미경　마지막으로 웹 3.0을 체계적으로 공부하는 방법이 궁금해 요. 웹 2.0 때는 이미 만들어진 판에서 놀았다면, 웹 3.0에 서는 내가 구현할 수 있는 범위가 넓어지다 보니 오히려 공 부할 게 많아진 것 같습니다. 현실적으로 웹 3.0 공부를 어 떻게 하면 좋을까요?

신동형 웹 3.0은 진지하게 공부를 한다기보다 게임처럼 경험을 한 다는 마음으로 접근하는 게 좋을 것 같습니다. 그냥 부딪혀 보는 거예요. 예를 들어 레이어 1이 얼마나 잘되는지 서비 스를 한번 써보고, 진짜 괜찮다는 판단이 들면 투자도 해보 는 겁니다.

블록체인이나 토큰, 메타버스 모두 일단 경험해보는 게 중 요해요. XR 기기가 현재 30만 원 정도 하는데 가능하다면 그것도 한번 써보고요. 그리고 나면 다음 버전이 나왔을 때 어떤 부분이 발전했는지 느낄 수 있겠죠. 경험보다 좋은 공 부가 없습니다. 커뮤니티에도 가입해서 지금 당장 돈을 벌 순 없어도 사람들끼리 모여서 시장이 만들어지는 걸 경험 해보고요.

모든 승리는 타이밍이 가져다준다고 하잖아요. 누구보다 먼저 실행해보면서 웹 3.0이 가져다줄 기회를 준비했으면 합니다.

김미경 기술 공부라고 하면 뭔가 전문적이고 거장한 것 같은데, 일 상에서 기술을 경험하는 게 결국 기술 공부네요. 호기심 충 만한 얼리어답터로 살면서 웹 3.0을 뒷받침하는 기술들을 써보고, 주변에 전파도 하면서요. 많은 분들이 빨리 이 세계의 선구자가 되어 주위에 선한 영향력을 끼칠 수 있으면 좋겠습니다.

WEB
3.0
NEXT ECONOMY

블록체인 네이티브, 다음 세상의 주인이 되다

김승주

암호학 · 사이버보안 전문가

고려대학교 정보보호대학원 교수. 성균관대학교 대학원에서 박사학위를 받았으며 대통령 직속 4차산업혁명위원회 위원, 서울시 스마트도시위원회 위원, 카카오뱅크 및 뮤직카우 자문교수 등으로 활동 중이다. KBS 〈명견만리〉, 〈이슈 픽 쌤과 함께〉, JTBC 〈차이나는 클라스〉, tvN 〈미래수업〉 등을 통해 대중과 소통했으며 《NFT 초보자가 가장 알고 싶은 최다질문 TOP 50》 등을 썼다.

블록체인의 본질은 협동조합과 같다. 단순히 이익을 공유하는 수준을 넘어 나의 '기여'를 지향한다. 그래서 블록체인은 단순한 화폐 혁명을 넘어 거버넌스 혁명이라고 봐야 한다. 진정한 블록체인 네이티브가 되고 싶다면 적극적인 참여로 웹 3.0 세상이 더 나은 방향으로 나아가는 데 기여하겠다는 다짐이 있어야 한다. 블록체인 정신을 DNA에 새겨 완전한 체질 개선을 이룰 때, 우리는 새로운 세상의 주인이 될 것이다.

블록체인을 모르고 웹 3.0 시대를 살 수 없다

요즘 가상자산을 바라보는 시선이 곱지 않다. 가상자산 자체를 회의적으로 바라보는 시선도 있고, 가상자산 시장이 몰락할 것이라고 예견하는 사람도 있다. 과연 그럴까? 1990년대 말의 닷컴 버블 때도 모든 닷컴 기업이 무너진다고 했지만, 그때의 위기를 기회로 삼은 기업들이 현재 세상을 주도하고 있다. 거품이 꺼지면서 가상자산의 실체가 드러나는 지금이 옥석이 가려지는 시기라고 보는 것이 맞다.

세상 모든 일이 그렇듯, 움츠러들 때가 가장 큰 도약을 준비하는 때다. 이런 시기에 좀 더 철저하게 공부해서 좋은 블록체인 기업,

가치 있는 웹 3.0 기업을 가려낼 수만 있다면, 우리 미래는 180도 달라질 것이다.

전에는 없었지만 요새 종종 눈에 띄는 새로운 낱말로 디지털 네이티브, 디지털 이미그런트라는 말이 있다. 디지털 네이티브digital native란 태어날 때부터 디지털 환경을 접해 디지털에 아주 익숙한 사람을 뜻한다. 디지털 이민자를 뜻하는 디지털 이미그런트digital immigrant는 아날로그 세대지만 디지털 환경에 적응해서 살아가는 사람들이다. MZ 세대들이 그렇다.

이를 본뜬 표현으로 블록체인 네이티브, 블록체인 이미그런트도 있다. 블록체인 네이티브blockchain native는 태어날 때부터 블록체인에 기반한 여러 응용 시스템을 아주 능숙하게 다루는 사람들이다. 블록체인 이미그런트blockchain immigrant는 태어나고 자랄 때는 블록체인이 없었지만 블록체인을 공부해서 빠르게 익히고 사용하는 사람들을 일컫는다. 이 책을 읽고 있는 독자들은 아마 블록체인 이미그런트가 되고 싶은 분들이지 않을까 싶다. 블록체인의 본질을 빨리 파악해야 우리에게 다가올 부의 기회를 놓치지 않을 테니 말이다.

블록체인은 거버넌스 철학을 담고 있다

블록체인을 간단히 분산 장부distributed ledger로만 알고 있거나, 기존의 분산 컴퓨터 시스템과 별반 다를 게 없다고 여기는 사람들이 종종 있다. 하지만 이는 블록체인의 본질인 거버넌스를 이해하지 못해 발생한 오해다. 블록체인은 단순한 기술이나 화폐의 변화가 아니라 인터넷 거버넌스 구조를 바꾸는 기술이라고 이해해야 한다. 거버넌스governance란 정책을 결정할 때 정부나 회사가 아니라 다양한 이해 당사자가 주체적으로 협의와 합의를 거쳐 정책을 결정하고 집행하는 사회 통치 시스템을 말한다. 그러므로 인터넷상의 통치 시스템의 변화라는 측면에서 접근해야만 블록체인의 본질에 가닿을 수 있다.

블록체인의 특징을 하나씩 살펴보면 그 본질이 더 뚜렷하게 드러난다. 첫 번째 블록체인의 특징은 모든 구성원이 소유와 운영에 참여한다는 것이다. 이를 '탈중앙화'라고 표현한다. 흔히 탈중앙화라고 하면 중앙 집중화에서 벗어나 소규모 단위로 분산되어 있는 상태라고 이해하기 쉽다. 하지만 블록체인에서 말하는 탈중앙화란 단순한 분산 상태만이 아니라, 블록체인으로 만들어진 서비스와 기업을 구성원 모두가 공동으로 소유한다는 뜻이 내포되어 있다. 공동으로 소유하다 보니 대표 한 명이 운영하는 것이 아니라 공동으로 소유하는 구성원 모두가 운영에 참여할 수 있다는 것이 탈중앙화의 핵심이다.

대표와 구성원 모두가 기업을 공동으로 소유하고 운영한다면? 의견 충돌이 생기기 마련이니 의견 조율 시스템이 더욱 중요해진다. 여기서 '합의'라는 블록체인의 두 번째 특징이 나온다. 블록체인 안에는 '인터넷 투표' 기술이 내장돼 있으며 의견이 불일치할 때는 이 투표 기술을 통해 합의에 이를 수 있다. 그러므로 블록체인의 탈중앙화란 기업의 소유와 운영, 합의에 이르는 폭넓은 개념이다.

블록체인의 세 번째 특징은 모든 정보가 구성원들에게 공개된다는 것이다. 그러므로 당연히 정보의 비대칭성이 사라진다. 또한 블록체인에 기록된 데이터를 바꾸려면 구성원 중 과반수 이상이 동의해야 하는데, 구성원 수가 적으면 쉽게 동의를 구할 수 있겠지만, 만일 이용자 수가 1억 명이 넘는다면 어떨까? 데이터를 수정하기 위해 과반수 이상의 동의를 구하기가 쉽지 않을 것이다. 비트코인 거래 정보를 제공하는 웹사이트 바이비트코인월드와이드 Buy Bitcoin Worldwide에 따르면 2022년 10월 기준으로 비트코인 보유자 수만 1억 600만 명으로 추정된다고 한다. 블록체인에 한 번 기록된 데이터는 이용자가 많을수록 삭제나 수정이 불가능한데, 이렇게 이용자 수가 많으니 투명성과 불변성이라는 블록체인의 특징이 두드러지지 않을 수 없다.

마지막으로 네 번째 블록체인의 특징은 이익의 공유다. 보통 기업에서는 임원진이 대부분의 이익을 가져가는 데 반해 블록체인 비즈니스 세계에서는 모든 이익을 열심히 일한 구성원들이 똑같이 나눠 갖는다. 이를 '보상' 또는 '채굴'이라고 하는데, 채굴mining이란 사전적으로 광산에서 광물을 캔다는 의미지만 블록체인 세계에서는 거래 내역을 기록한 블록을 생성하고 그 대가로 암호화폐를 얻는 행위를 말한다.

이렇듯 블록체인의 네 가지 특징을 보면 협동조합과 유사함을 알 수 있다. 그래서 블록체인 네이티브는 협동조합 정신을 잘 이해하는 디지털 네이티브라 할 수 있다.

그렇다면 협동조합의 특징은 무엇일까? 협동조합과 주식회사의 차이를 짚어보면 블록체인을 한 발짝 더 깊숙이 들여다볼 수 있을 것이다.

첫 번째 협동조합과 주식회사의 차이는 목적이다. 주식회사의 목적이 주주들의 이윤 극대화에 있다면 협동조합의 목적은 조합원 모두의 이익 추구와 지역사회에의 공헌이다. 블록체인 역시 모든 구성원의 이익과 모든 네티즌의 삶의 향상에 공헌한다는 점에서 주식회사가 아니라 협동조합과 유사하다.

또한 주식회사의 소유자는 주식을 보유한 주주들이지만 협동조합은 모든 조합원이 조합을 소유한다는 점에서도 다르다. 소유자가 다르다 보니 주식회사와 협동조합은 운영 및 의결권에서도 큰 차이를 보이는데, 주식회사에서는 주식을 얼마나 많이 가졌는지에 따라 발언권에 차이를 두고 일부 대주주가 회사를 지배한다. 반면 협동조합은 1인 1표 시스템이어서 조합원 다수가 평등하게 조합을 지배한다. 이익 분배도 다르다. 주식회사는 보유한 주식 수에 따라 이익을 분배하지만, 협동조합은 출자 액수가 아니라 이용량이나 조합원 각자의 기여도에 따라 이익을 배당한다.

이러한 협동조합 정신, 즉 거버넌스 철학을 잘 알고 있어야 블록체인의 본질을 제대로 이해할 수 있고, 블록체인 네이티브로 성장할 수 있다. 다만 블록체인으로 만들어진 디지털 협동조합과 기존 협동조합에도 차이는 있다. 디지털 협동조합의 경우 암호화폐를 보유한 사람이라면 국적과 주거지에 상관없이 조합원이 될 수 있고, 암호화폐로 이익을 배당받는다는 점에서 기존 협동조합과 다르다.

한눈에 살펴보는 블록체인 진화 과정

많은 사람들이 2008년에 발표된 비트코인 논문에서 블록체인이 처음 등장한 것으로 알고 있는데, 블록체인의 역사는 생각보다 깊다.

■ 하버와 스토네타가 쓴 논문

Stuart Haber, left, and partner Scott Stornetta discuss their 'time-stamp' for electronic documents, which they developed in the Bellcore Research Laboratory in Morristown.

How To Time-Stamp a Digital Document[1]

Stuart Haber and W. Scott Stornetta
Bellcore, 445 South Street,
Morristown, NJ 07960-1910, U.S.A.
stuart@bellcore.com   stornetta@bellcore.com

Abstract. The prospect of a world in which all text, audio, picture, and video

Bitcoin: A Peer-to-Peer Electronic Cash System

Satoshi Nakamoto
satoshin@gmx.com
www.bitcoin.org

Abstract. A purely peer-to-peer version of electronic cash would allow online payments to be sent directly from one party to another without going through a financial institution. Digital signatures provide part of the solution, but the main benefits are lost if a trusted third party is still required to prevent double-spending. We propose a solution to the double-spending problem using a peer-to-peer network. The network timestamps transactions by hashing them into an ongoing chain of hash-based proof-of-work, forming a record that cannot be changed without redoing the proof-of-work. The longest chain not only serves as proof of the sequence of events witnessed, but proof that it came from the largest pool of CPU power. As long as a majority of CPU power is controlled by nodes that are not cooperating to attack the network, they'll generate the longest chain and outpace attackers. The network itself requires minimal structure. Messages are broadcast on a best effort basis, and nodes can leave and rejoin the network at will, accepting the longest proof-of-work chain as proof of what happened while they were gone.

References

[1] W. Dai, "b-money," http://www.weidai.com/bmoney.txt, 1998.

[2] H. Massias, X.S. Avila, and J.-J. Quisquater, "Design of a secure timestamping service with minimal trust requirements," In 20th Symposium on Information Theory in the Benelux, May 1999.

[3] S. Haber, W.S. Stornetta, "How to time-stamp a digital document," In Journal of Cryptology, vol 3, no 2, pages 99-111, 1991.

[4] D. Bayer, S. Haber, W.S. Stornetta, "Improving the efficiency and reliability of digital time-stamping," In Sequences II: Methods in Communication, Security and Computer Science, pages 329-334, 1993.

먼저 블록체인의 기원을 살펴보자.

다음 페이지의 그림에서 보이는 두 사람은 스튜어트 하버Stuart Haber와 스콧 스토네타Scott Stornetta라는 과학자다. 두 사람은 1991년에 〈문서 발송 및 접수 날짜, 시간 등을 디지털 문서에 기록하는 방법 How to Time-Stamp a Digital Document〉이라는 논문을 쓴다.

이들은 인터넷상에서 작동하는 전자 공증 시스템을 만들고 싶었다. 공증公證이란 증명서 발급과 같이 어떤 사실을 공적으로 증명하는 일을 뜻한다. 그런데 인터넷에서 공증 시스템을 만드는 일은 실제 공증 시스템을 만드는 것보다 훨씬 어렵다. 인터넷에는 국경이 없어서 공증할 때의 기준 시간을 어느 나라 것으로 할지 정하기가 어렵기 때문이다. 이 문제를 해결하기 위해 두 사람이 만든 것이 바로 블록체인인데, 사실 당시에는 사업적으로 별로 성공하지 못했다. 그러다 2008년부터 드디어 이들이 고안한 아이디어가 서서히 알려지기 시작한다. 사토시 나카모토Satoshi Nakamoto가 비트코인이라는 암호화폐를 만들면서 위조화폐 단속용으로 이들이 만든 블록체인 기술을 활용한 것이다.

블록체인은 세대별로 진화를 거듭해오고 있다. 1세대 블록체인 네이티브들은 금융업의 협동조합화를 매우 잘 이해하고 있는 디지털 네이티브다. 그래서 1세대 블록체인은 주로 금융 분야 혁신에 많이 사용되었는데, 대표적인 것이 바로 암호화폐다. 흔히 2008년에 나온 비트코인을 세계 최초의 전자화폐electronic cash라고 알고 있는데, 사실 전자화폐의 역사는 이보다 상당히 오래됐다.

세계 최초의 전자화폐는 1982년 데이비드 차움David Chaum이라는 암호학자가 만들었다고 알려져 있다. 전자화폐가 일반 화폐처럼 기능하려면 무엇보다 익명성이 보장돼야 한다. 강연을 하다보면 어떤 분들은 전자화폐가 도토리 같은 것이냐고 묻기도 한다. 그런데 싸이월드의 도토리는 내가 어디에 얼마를 썼는지 싸이월드 운영사가 알 수 있지만, 비트코인 같은 전자화폐는 원칙적으로 그 누구도 화폐의 유통을 추적할 수 없다. 그러니 각국의 정부 입장에서는 전자화폐를 좋아할 리 없다. 뇌물이나 탈세용으로 악용될 수 있으니 말이다. 하지만 익명성은 인간의 본질적 욕망이라서 현실 세계에서 모든 현금이 사라지지 않는 한 사이버 세상의 현금인 전자화폐 또한 절대 사라지지 않을 것이다.

문제는 위조 전자화폐를 만들기가 너무 쉽다는 것이다. 전자화폐는 1과 0의 디지털 정보로 이루어진 화폐다. 현실에서는 5만 원짜리 지폐를 위조하면 쉽게 발각되지만, 전자화폐는 디지털 정보로 이루어져 있어서 복사를 해도 원본과 복사본이 완전히 똑같다. 데

■ 중앙집중형 전자화폐의 유통 방식

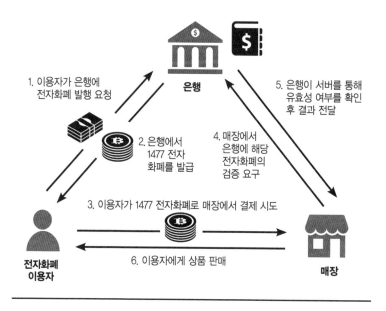

1. 이용자가 은행에 전자화폐 발행 요청

은행

5. 은행이 서버를 통해 유효성 여부를 확인 후 결과 전달

2. 은행에서 1477 전자화폐를 발급

4. 매장에서 은행에 해당 전자화폐의 검증 요구

3. 이용자가 1477 전자화폐로 매장에서 결제 시도

6. 이용자에게 상품 판매

전자화폐 이용자

매장

이비드 차움은 이 문제를 해결하기 위해 전자화폐를 만들 때 중앙에 은행을 두고 이 은행으로 하여금 가짜 돈을 잡아내게 했다.

예를 들어보자. 내가 은행에 1,000만 원을 가져가서 전자화폐를 요청하면 은행이 이를 발행해준다. 은행에서 발급받은 전자화폐로 인터넷 쇼핑몰에서 결제를 하면, 쇼핑몰은 자기가 받은 전자화폐의 진위 여부를 확인해야 한다. 쇼핑몰 사장이 은행에 연락해 내가 건넨 전자화폐의 일련번호 '1477'이 과거에 사용된 이력이 있는지 문의한다. 그럼 은행은 중앙 서버에 있는 데이터베이스를 조회해 1477번 전자화폐가 과거에 사용된 적이 있는지 여부를 알려준다. 카드사가 신용카드의 유효성 여부를 확인해주는 것처럼 말이다. 이러한 형태의 전자화폐를 '중앙집중형 전자화폐' 또는 '가상화폐virtual currency'라 한다.

금융위기가 불러낸 '탈중앙형 전자화폐'

이쯤 되면 두 가지 궁금증이 생길 수 있다. 첫째, 중앙집중형 전자화폐를 이용하면 은행이 일련번호를 기록하니 누가 어디서 얼마를 썼는지 알 수 있지 않을까? 둘째, 우리가 현실에서 쓰는 돈은 여러 번 쓰고 양도도 할 수 있는데 중앙집중형 전자화폐는 일회용 화폐가 아닐까? 그럴듯한 질문이다. 하지만 이는 1982년에 데이비드 차움이 만든 초창기 모델에만 해당된다. 차움이 만든 화폐는 이후 계속 업그레이드돼서 지금은 현금과 똑같은 전자화폐가 되었다.

여담으로 데이비드 차움은 1990년에 디지캐시DigiCash라는 회사를 창업하고 암호화폐 사업을 시작했다. 시대를 너무 앞서다 보니 1998년에 파산했지만, 이후 지금까지 디지캐시 외에도 여러 전자화폐 기업들이 계속해서 생겨나고 없어지기를 반복해왔다. 데이비드 차움 이래로 사업적 성공과는 거리가 멀었던 전자화폐는 2008년 리먼브라더스 사태로 금융위기가 촉발되자 빛을 보게 된다. 세계적인 은행이 각종 파생 상품을 남발해서 판매하다가 세계적 금융위기를 초래하자, 은행에 상당한 불신을 갖게 된 사토시 나카모토가 은행 없이 동작하는 전자화폐를 만든 것이다.

만일 데이비드 차움이 만든 오리지널 전자화폐에서 은행을 제외하면 어떤 일이 벌어질까? 누군가는 위폐를 단속해야 하는데 그 단속 기관이 사라지면 말이다. 이 경우 은행을 대신해서 가짜 돈을 탐지하고 솎아내는 기술이 필요하게 되는데, 이것이 바로 블록체인이다. 이렇게 은행 없이 블록체인 기술로 만들어진 전자화폐를 '탈중앙형 전자화폐' 또는 '암호화폐cryptocurrency'라고 한다. 흔히 가상화폐와 암호화폐를 통틀어 그냥 가상화폐라고 부르기도 한다.

여기서 질문을 하나 던져보겠다. 2022년 베이징 동계올림픽 때

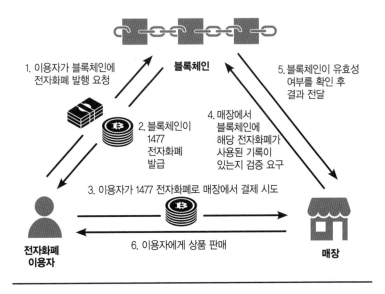

1. 이용자가 블록체인에 전자화폐 발행 요청

블록체인

5. 블록체인이 유효성 여부를 확인 후 결과 전달

2. 블록체인이 1477 전자화폐 발급

4. 매장에서 블록체인에 해당 전자화폐가 사용된 기록이 있는지 검증 요구

3. 이용자가 1477 전자화폐로 매장에서 결제 시도

6. 이용자에게 상품 판매

전자화폐 이용자

매장

중국이 디지털 위안화를 만들었다. 개막식 때 디지털 위안화의 사용량이 비자카드보다 많았다는데, 중국은 어떻게 디지털 위안화를 만들었을까? 블록체인을 이용했을까, 이용하지 않았을까? 중국의 디지털 위안화는 데이비드 차움의 방식대로 중앙집중형으로 만들어져서 중국 인민은행이 불법 복제되는 화폐들을 단속할 수 있도록 설계됐다. 여기서 흥미로운 점은, 중국의 디지털 위안화는 익명성 기능이 제거돼 있다는 점이다. 정부 입장에서 익명성은 골치 아

픈 일이라 그렇다. 그래서 중국의 디지털 위안화는 전자화폐라고 보기에는 무리가 있다. 오히려 추적 가능한 계좌이체와 별다른 게 없다고 보는 쪽이 맞을 것이다.

블록체인이 위조된 전자화폐를 찾아내는 법

도대체 블록체인이 무엇이기에 은행 없이도 위조된 전자화폐를 찾아낼 수 있을까? 우리가 어렸을 적 선생님이 자리를 비우실 때면 항상 반장에게 떠든 사람 이름을 적게 했는데, 이를 '중앙집중형' 관리방식이라고 한다. 이 방식을 보다 민주적인 형태로 개선하면 어떨까? 모두가 각자 알아서 떠든 사람 이름을 적어 선생님에게 제출하도록 하는 것, 이게 '탈중앙형' 관리 방식이다.

그런데 이렇게 하면 당연히 문제가 생긴다. 누구는 떠든 사람 이름을 열심히 적는데 누구는 엎드려 잔다. 누구는 서로 이름을 빼주자고 담합하기도 한다. 이렇게 되면 제출된 명단들이 서로 불일치하게 되는데, 이를 전문용어로 '비잔틴 오류byzantine faults'라고 한다.

오른쪽 그림을 통해 비잔틴 오류를 좀 더 쉽게 알아보자. 사용자가 인터넷에서 비트코인 프로그램을 다운받아서 본인 PC에 설치하면, PC에 반장 역할을 하는 감시 프로그램이 같이 깔린다. 이 감시 프로그램은 365일 24시간 내내 인터넷을 관찰하면서 사용된 코인의 일련번호를 자동으로 기록한다. 그런데 수많은 PC에서 각자의 감시 프로그램에 일련번호를 적다 보면 명단이 불일치하는 경우가 생긴다. 어떤 사람은 전기세를 아끼려고 잠시 컴퓨터를 껐을 수도 있고, 정전이 돼서 컴퓨터가 멈출 수도 있다. 해킹으로 명단이 조작됐을 가능성도 있다. 여러 곳에 있는 명단이 동일한 데이터를 유지하지 않고 서로 불일치하는 상황이 발생하는 것이다.

이 문제를 해결하려면 모든 이용자가 파일을 서로 교환하면서 다른 사람이 작성한 명단과 자신의 명단을 수시로 비교해야 한다. 이때 틀린 명단이 존재한다면? 그때는 다수결 원칙에 따라 합의를 이루어야 한다. 예를 들어 세 명 중 두 명은 사용된 코인의 일련번호(떠든 사람 이름)가 1234, 1423, 1477이라고 쓰고 한 명은 1234, 1423만 썼다면, 이때 사용된 코인은 1234, 1423, 1477이 된다. 이렇게

■ 참여자들의 명단이 일치하지 않을 경우, 오른쪽처럼 한 명이 명단을 수정함으로써 합의에 이르는 방식으로 비잔틴 오류를 해결한다

나머지 한 사람이 다수결에 따라 자기 명단을 수정하는 것을 '합의'라고 한다. 이것이 앞서 말한 블록체인의 두 번째 특징, 의견 조율 시스템인 것이다.

비트코인에서는 이 합의 행위를 10분마다 반복한다. 이용자 컴퓨터에 설치된 감시 프로그램들이 9시부터 9시 10분 사이에 인터넷을 뚫어지게 들여다보면서 사용된 코인의 일련번호를 파일에 적는다. 이 파일의 용량은 1메가바이트이고, 이걸 '블록'이라고 부른다. 9시 10분이 되면 각자의 블록을 서로 비교해서 상이한 부분이 발견되면 이를 다수결로 처리해 보정한다. 9시 10분이 되면 다시 9시 20분까지 사용된 코인의 일련번호를 열심히 적고, 9시 20분이 되면 서로 블록을 비교하고 보정하기를 자동으로 반복한다.

이렇게 보정이 완료된 블록들은 하드디스크에 마구잡이로 저장되는 게 아니라 시간 순서대로 저장된다. 10분 동안 사용된 코인의 일련번호가 담긴 블록들이 마치 체인처럼 시간 순서대로 잘 정렬돼 있다고 해서 이를 '블록체인'이라 부르는 것이다.

비트코인을 얻는 가장 기본적인 방법, 채굴

블록체인은 모든 이용자의 하드디스크에 동일하게 저장돼 있으며,

121

사용된 코인의 일련번호도 10분 단위로 전부 쓰여 있다. 이로써 정보의 비대칭성이 사라지고 투명성과 불변성을 확보할 수 있다.

　세 명의 하드디스크에 블록체인이 저장돼 있는 상황에서 어떤 사람이 1477번 코인을 썼다고 가정해보자. 그러면 감시 프로그램이 자동으로 가동되어 이를 하드디스크에 있는 블록체인과 대조한다. 그런데 1477번 코인은 9시부터 9시 10분 사이에 이미 사용된 적이 있다고 기록돼 있다. 그러면 각 감시 프로그램들은 즉시 "이 코인은 이미 사용된 적 있으니 받지 말라"는 경고 메시지를 상점에 보낸다. 이렇게 하면 중앙의 감독 없이도 모든 사람이 힘을 합해서 안전하게 전자화폐 시스템을 운영할 수 있다. 이러한 특성 때문에 비트코인을 탈중앙형 전자화폐라고 부른다.

　그런데 사토시 나카모토는 단순한 엔지니어가 아니라 사람의 본성을 매우 잘 이해했던 것 같다. 그는 10분 단위로 가장 정확하고 빠르게 블록을 만들어서 공유하는 사람에게 인센티브를 주는 방식을 추가로 설계했다. 사실 10분 단위로 블록을 만들고 이를 회람해서 다수결의 원리에 따라 보정한 후, 다시 시간 순으로 잘 정렬해서 하드디스크에 저장하는 일을 자발적으로 하기란 쉽지 않다. 전기세도, 하드디스크 저장 공간도 본인이 마련해야 하니 말이다. 그래서 그는 블록체인 기술에 인센티브 시스템을 내장시킨다.

　인센티브는 바로 비트코인 50개다. 2021년 11월 기준으로 비트코인 하나 값이 8,000만 원이었으니, 비트코인 50개면 40억 원이다. 즉, 내가 누구보다 빠르고 정확하게 1메가바이트짜리 블록을 만들어서 공유하면 40억 원 상당의 비트코인이 내 전자지갑 계좌로 들어온다. 모든 블록체인 이용자에겐 이번 기회를 놓치면 다음 10분이 있고, 다음 10분을 놓치면 그다음 10분이 있다. 그러니까 모두가 미친 듯이 여기에 매달렸다. 누구보다 빨라야 하므로 그래픽 카드를 사서 컴퓨터를 업그레이드하는 것은 기본이 됐다. 그래서 비트코인 가격이 올라가면 용산 전자상가에서 그래픽 카드가 품절되고 그래픽 카드의 핵심 부품을 파는 회사의 주가가 치솟는 일이 발생했다.

전 세계 비트코인 이용자가 모두 컴퓨터를 업그레이드해서 누구보다 빨리 블록을 생성하는 데 몰두하다 보니 이들이 소비하는 전기량은 실로 엄청났다. 그래서 테슬라 CEO인 일론 머스크_{Elon} Musk는 비트코인이 친환경적이지 못하다고 비난하기도 했다.

이런 식으로 인센티브를 주는 것을 '채굴'이라고 한다. 열심히만 하면 무(無)에서 유(有)를 창조할 수 있으니 채굴이라는 이름이 붙었는데, 비트코인을 얻는 가장 기본적인 방법이다.

모두에 의한, 모두를 위한 투명한 금융 서비스

데이비드 차움이 제안한 중앙집중형 전자화폐에서 위조화폐를 단속하는 대가로 금융기관이 모든 수수료를 챙겼다면, 비트코인에서는 모든 사람이 가짜 화폐의 유통을 막는 데 참여하는 대가로 이익을 공유한다. 이러한 탈중앙화 전자화폐 개념을 예금, 대출 등 금융 서비스 전반으로 확대한 개념이 바로 디파이DeFi다. 흔히 탈중앙화 금융이라고도 한다. 많은 사람들이 '디파이' 하면 엄청난 고수익 이자를 떠올리는데, 이런 인식 때문에 루나·테라 폭락 사태 같은 일들이 벌어졌다.

탈중앙화 금융에서도 블록체인의 네 가지 특징은 어김없이 적용된다. 첫 번째, 구성원들의 참여다. 탈중앙화 금융 서비스를 소유, 운영하는 일에는 모든 코인 보유자들이 공동으로 참여한다. 그래서 탈중앙화 금융에 가입하는 것은 단순히 고수익의 이자를 받는 일이 아니라 사업의 운영 방향이 올바르게 결정되는지 적극적으로 참여하는 일이다. 만약 지금 디파이 시스템을 이용하거나 디파이에서 이자를 받고 있는 분이라면 내가 이 서비스의 운영에 얼마나 적극적으로 참여하면서 다양한 의견을 개진하고 있는지 고민해야 한다. 이자 수익은 꼬박꼬박 챙기면서 회사 운영 방향에 의견을 내거나 투표하는 일에 참여하지 않는다면, 탈중앙화 금융 서비스를 제대로 이용하지 못하고 있는 것이다.

두 번째, 합의다. 탈중앙화 금융 서비스에서는 코인 보유자 모두가 소유와 운영에 참여하는데, 당연히 의견이 불일치하는 경우가 생긴다. 이때 다양한 투표 방식을 통해 합의에 도달한다.

세 번째 특징은 공개다. 탈중앙화 금융 서비스에서는 모든 금융 정보가 블록체인에 전부 공개된다. 중앙집중형 금융 서비스에서는 모든 금융 정보가 중앙 서버에만 있어서 이용자는 아무것도 알지 못한다. 신용등급이나 가입 상품의 이자 등을 통보받기만 할 뿐, 왜 이 등급을 받고 이 정도의 이자가 나오는지, 은행의 수익 구조와 직원들의 급여는 얼마인지 등 어떤 정보도 공개되지 않는다.

반면, 탈중앙화 금융 서비스에서는 모든 금융 정보가 블록체인에 공개되므로 정보의 비대칭성이 사라진다. 금융 서비스가 이자 약정을 잘 지키지 않는 경우가 있는데, 탈중앙화 금융 서비스에서는 이 문제도 블록체인의 불변성으로 해결한다. 즉, 말 바꾸기를 할 수 없다.

마지막으로 탈중앙화 금융 서비스에서는 모든 수익이 공유된다. 간혹 탈중앙화 금융 서비스에서 지급하는 높은 이자를 두고 언론에서 '이자 농사' 운운하며 비판하는 경우가 있는데, 정당한 이익을 불로소득처럼 말하는 것은 문제가 있다고 생각한다. 탈중앙화 금융 서비스에서 고수익 이자를 보장하는 이유는, 예치금에 대한 이자 수익뿐 아니라 구성원들의 운영 참여에 대한 대가를 함께 계산하기 때문이다.

금융기관 수장들은 복잡한 금융 서비스를 안전하게 운영하는 대가로 고액의 연봉을 받는다. 그런데 탈중앙화 금융 서비스에서는 모든 구성원이 운영에 참여하니 구성원 전체와 이익을 나누는 것이다. 반대로 얘기하면, 경영이나 운영에 아무 참여도 하지 않으면서 고수익 이자를 받는 건 대단히 잘못된 행태라는 점이다.

2세대 블록체인은 무엇이 다를까

1세대 블록체인은 주로 금융 분야를 토대로 이루어졌다. 그래서 블록체인의 네 가지 특징을 이용해 화폐 개혁을 시도했고, 다양한 금융 서비스를 개혁하려는 시도도 하게 되었다.

이제 2세대 블록체인를 살펴보자. 2세대 블록체인에서는 탈중앙 거버넌스의 개념을 인터넷 플랫폼 기업으로 확대 적용하기 시작한다. 인터넷 플랫폼 기업의 협동조합화를 잘 이해하는 디지털 네이티브들을 2세대 블록체인 네이티브라고 한다. 이들을 이해해 보자.

지금 우리가 사용하는 인터넷에는 상당히 많은 서비스가 있다.

이 서비스 대부분은 클라이언트—서버 구조로 동작한다. 예를 들어보자. 구글 번역기나 파파고 모두 인터넷 기업의 중앙 서버에서 작동한다. 영작을 할 때 내 PC에서 한글을 입력하고 엔터를 치면 한글 정보가 구글이나 파파고 운영사로 간다. 그곳 중앙 서버에서 이것을 번역해 영작된 글을 내게 보내준다. 이러한 형식을 클라이언트—서버 구조라고 한다.

그럼 클라이언—서버 구조에서는 어떤 문제가 발생할까? 내가 입력한 한글 문장과 번역하고 싶은 영어 문장이 모두 서버에 모이므로 서버에 정보가 집중된다. 이 정보를 가지고 기업이 장사를 하므로 빈익빈 부익부 현상이 심화한다. 구글이나 파파고 운영사가 나의 인터넷 주소를 파악해 지역별, 연령별 영어 수준을 파악할 수 있다면 어떨까? 서버 측이 어떤 서비스 결과를 조작해도 사용자 입장에서는 이를 판별하기가 어렵다.

더욱 심각한 문제는 갑자기 서비스를 중단할 수 있다는 것이다. 예전 싸이월드나 또는 네이버, 다음이 제공했던 클라우드 서비스처럼 만약 이달 말에 번역 서비스를 중단하겠다고 하면 사용자 입장에서는 마른하늘에 날벼락이 아닐 수 없다. 이처럼 클라이언트—서버 구조에서는 사용자가 굉장히 취약해질 수밖에 없다.

이러한 문제, 즉 정보가 집중되고 결과가 조작될 수 있으며, 갑자기 서비스가 중단되는 것을 해결하고자 사람들이 블록체인을 이용하기 시작한다. 그 결과 2세대 암호화폐라고 불리는 이더리움 ethereum이 등장했다. 이더리움은 2015년 27세였던 비탈릭 부테린 Vitalik Buterin이 만들었다. 그는 실제로 월드 오브 워크래프트 개발자들이 자신의 소중한 게임 캐릭터의 능력치를 자신의 동의도 없이 마음대로 변경하는 것을 보고 일종의 공포를 느꼈다고 한다. 이후 그는 정부나 기업의 통제로부터 자유로운 암호화폐인 이더리움을 만들었다.

탈중앙화된 인터넷 플랫폼, 이더리움

다시 번역 서비스를 예로 들면, 이더리움에서는 구글 번역기나 파파고가 중앙 서버가 아닌 블록체인에 등록돼 있다. 그래서 모든 사람이 이 프로그램을 볼 수 있다. 또한 누군가가 번역하고 싶은 문장을 입력하면, 이 역시도 블록체인에 등록된다. 기존의 클라이언트-서버 구조에서는 중앙 서버가 이 두 가지를 결합시킨 다음 사용자에게 결과만 보여줬지만, 2세대 블록체인 이더리움에서는 이용자들이 자신의 컴퓨터를 가지고 자발적으로 블록체인에 등록된 번역기 프로그램을 실행해 타인이 입력한 문장을 대신 번역해준다. 첫 번째 단어는 첫 번째 이용자가 번역하고, 두 번째 단어는 두

■ 이더리움 번역 시스템

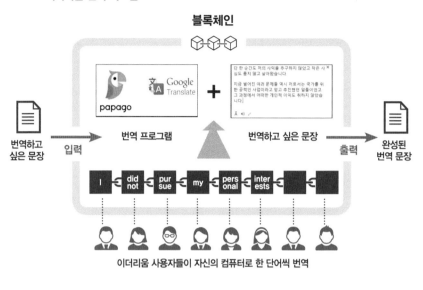

블록체인

번역하고 싶은 문장 → 입력 → 번역 프로그램 → 번역하고 싶은 문장 → 출력 → 완성된 번역 문장

이더리움 사용자들이 자신의 컴퓨터로 한 단어씩 번역

번째 이용자가 번역하는 식으로 이용자들이 자발적으로 번역에 참여하면 중앙 서버 없이도 이용자들이 자신의 컴퓨터를 조금씩 활용해서 탈중앙화된 방식으로 번역할 수 있다. 그럼 서비스가 갑자기 중단되거나 결과가 조작되는 일들은 없어지게 된다.

이쯤에서 궁금증이 생길 수 있다. "누가 그렇게 한가하게 자신의 컴퓨터로 남의 번역을 대신해줄까?" 이더리움이 이 포인트를 놓쳤을 리 없다. 이더리움은 여기에 현상금이라는 아이디어를 냈다.

이것을 가스비 또는 수수료라고 한다. 이더리움 블록체인을 이용해 내가 어떤 문장을 번역하고 싶을 때는 "단어 하나당 이더리움 얼마를 드릴게요"라는 식으로 단서를 붙여야 한다. 그러면 그 내용도 역시 블록체인에 등록되며, 이용자들이 번역기 프로그램과 번역할 문장을 가져다 자신의 컴퓨터를 이용해 번역해주면 해당 수수료를 지급받게 된다. 이때 수수료는 번역자의 전자지갑 계좌로 자동이체 되는데, 일단 블록체인에 등록되면 지급하기로 했던 수수료를 중간에 취소할 수는 없다.

이처럼 내가 가진 암호화폐를 이용해서 서버의 도움 없이 탈중앙화 형태로 프로그램을 실행하는 것을 '스마트 계약smart contract'이라고 한다. 블록체인에 암호화폐 거래 내역뿐만 아니라 프로그램도 등록한다는 개념인 스마트 계약을 이용하면 서버 없이도 모든 이용자가 십시일반 힘을 합해서 프로그램을 실행할 수 있다.

그래서 이더리움은 단순한 암호화폐가 아니다. 블록체인에 컴퓨터 프로그램을 등록한 후 사람들이 힘을 모아 서버에서 실행되던 프로그램을 공동으로 실행하는 개념이다. 파파고나 구글 번역기, 게임 등 각종 앱을 만들어서 블록체인에 등록할 수 있는데, 이런 앱들을 탈중앙화된 앱decentralized app이라고 하고 줄여서 '댑DApp'이라고 한다. 댑이 많아질수록 기존 인터넷 플랫폼 기업들이 독점적으로 운영해오던 프로그램에 의존하지 않을 수 있기 때문에 블록체인이 기존의 인터넷 플랫폼 자체를 탈중앙화한다고도 한다. 그러면 정보의 독점 문제도 해결할 수 있다.

여기서 의문이 생길 수 있다. 이더리움 강연에서 가장 많이 받는 질문이기도 한데, 파파고나 구글 번역이 공짜인데 굳이 이더리움 블록체인을 이용할 필요가 있느냐는 것이다. 생각해보자. 현재의 인터넷 플랫폼 서비스가 과연 공짜일까? 아니다. 인터넷 플랫폼은 내 개인정보를 요구하거나 내가 보기 싫은 광고를 보게 한다. 우리는 플랫폼에 나의 개인정보를 제공하는 대가로 공짜 서비스를 이용하는 것이다.

그런데 그런 주입식 광고도 보기 싫고 내 정보를 주는 것도 싫은 사람은, 대신 정당하게 수수료를 내고 서버의 도움 없이 자신이 원하는 프로그램을 실행시키면 된다. 이것이 탈중앙화된 인터넷 플랫폼인 2세대 블록체인의 진정한 개념이다.

누군가는 또 이렇게 묻기도 한다. 블록체인에 번역할 문장을 올리면 그 사람의 개인정보가 유출되어 고작 그 정도 영어도 못하는 사람으로 낙인찍히는 것 아니냐고 말이다. 하지만 걱정하지 않아도 된다. 이미 이더리움에서는 블록체인에 개인정보가 올라갔을 때 보호할 수 있는 영지식 증명zero-knowledge proof 등의 다양한 기술들이 개발·사용되고 있으니 말이다.

다오는 어디까지 확장될까

댑의 확장된 개념으로 최근 새롭게 주목받는 것이 탈중앙화 자율조직decentralized autonomous organization인 다오DAO다. 여기서 '디센트럴라이즈드'는 블록체인을 통해 탈중앙화된, 즉 특정 서버에서 돌아가는 게 아니라 블록체인에 있는 모든 구성원의 협동과 참여로 실행된다는 뜻이다. 또한 '오토노머스'는 스마트 계약을 통해 프로그램화, 자동화되어 있다는 뜻이다. 즉, 다오란 회사의 조직과 활동에 관한 모든 규칙을 스마트 계약으로 만들어서 블록체인에 등록하는 것이다. 그렇다면 현실에 사무실이 없어도 가상공간에서 얼마든지 회사를 운영할 수 있다. 그래서 발생한 사상 최초의 다오, 탈중앙화 자율조직이 바로 비트코인이다.

비트코인은 실제 회사가 존재하지 않으며, 특정 운영 주체나 중개인 없이 모든 구성원의 참여로 작동한다. 블록을 생성하고 보상할 때나 의견 충돌이 있을 때 어떻게 합의할지에 대한 모든 규칙은 프로그램으로 만들어져 있어 함부로 변경할 수 없다. 또한 모든 구성원이 협동 단결해서 운영하기 때문에 서비스가 갑자기 중단되지도 않는다. 탈중앙화된 자율조직이 머릿속에 잘 그려지지 않는다면 바로 이 비트코인을 떠올리면 된다. 그리고 어떤 회사가 다오 서비스를 제공한다고 하면 비트코인 서비스와 비교해보면 된다.

만약 비트코인 서비스와 다르다면 다오가 아니며, 문제가 있는 서비스라고 생각해도 된다. 비트코인은 애초에 암호화폐 운영을 위해 탈중앙화 자율조직을 만들었고, 이더리움은 스마트 계약이란 개념을 통해 비트코인을 더욱 일반화했다고 할 수 있다.

탈중앙화 자율조직이 우리에게 친근하게 다가온 사례가 있다. 2022년 초, 간송미술문화재단이 경매에 내놓은 국보 두 점을 낙찰받기 위해 다오 조직이 만들어진 일이 있다. 이때 언론에서는 "간송에 기부한 국보 사려, 56명이 이더리움 32억 모았다"는 기사를 보도하기도 했다.

통상 크라우드 펀딩을 할 때는 인터넷에 홈페이지를 만들고 하나의 계좌를 올린다. 홈페이지는 홍보용으로만 운영되고, 펀딩에 참여할 사람이 내용을 읽고 해당 계좌로 돈을 보낸다. 그런데 만약 계좌 주인이 돈을 횡령하면 낭패를 볼 수도 있고, 애초에 내가 합의하지 않았던 엉뚱한 곳에 투자할 수도 있다. 그런데 크라우드 펀딩을 다오 형태로 만들면 모든 돈의 입출금 조건이 스마트 계약으로 만들어져 블록체인에 등록된다. 블록체인에 등록된 계약이라 말을 바꿀 수도 없고, 중앙이라는 실체가 없기에 누군가가 이 돈을 횡령할 수도 없다. 참으로 스마트한 변화가 아닐 수 없다. 그래서 앞으로 다오는 크라우드 펀딩이나 화폐뿐 아니라 모든 조직 운영으로 확대될 전망이다. 실제로 많은 인터넷 플랫폼이 다오 서비스 형태로 바뀔 것이라고 전문가들은 내다보고 있다.

신원 인증 방식이 달라진다

이제 3세대 블록체인으로 들어가자. 3세대 블록체인 네이티브는 기존에 국가가 해왔던 신원 인증 또는 등기 업무의 협동조합화를 아주 잘 이해하고 있는 디지털 네이티브다.

우리가 신원 인증을 할 때는 행정안전부나 이동통신사들이 필요하다. 그들이 협조해줘야 내 신원을 입증할 수 있다. 그래서 정

■ 디지털 네이티브의 세대별 특징

세대	거버넌스의 특징	블록체인에 저장·공동 관리되는 정보	사례
1세대	금융업의 협동조합화	금융 정보	탈중앙형 전자화폐, 비트코인에서 디파이로 발전
2세대	플랫폼 기업의 협동조합화	암호화폐 거래 정보 및 프로그램 코드	플랫폼형 전자화폐, 이더리움에서 다오로 발전
3세대	국가의 신원 확인 및 기업의 협동조합화	소유권 정보	DID(신분증) 및 NFT(등기권리증)

부나 기업들이 신원 확인 관련 플랫폼 기업이 된다. 내가 어떤 사이트에 가입하려면 내 주민등록번호나 전화번호로 인증을 해야 하고, 정부나 기업은 "이 사람이 특정 사이트에 가입하려고 신원 확인을 진행한다"라는 정보를 모으게 된다. 이들이야말로 개인의 생활 패턴을 모두 파악하여 사회를 통제하는 또 하나의 '빅 브라더big brother'가 되는 것이다.

그래서 인터넷 사회가 진화할수록 내가 어디서 신원 확인을 했는지가 상당히 중요한 정보가 된다. 개인 입장에서는 달갑지 않지만 모든 기업은 신원 확인을 할 수 있는 플랫폼 기업이 되고 싶어한다. 이때 블록체인의 스마트 계약이나 다오 개념을 이용해서 기존의 이동통신사나 행정안전부가 하던 일을 탈중앙화할 수 있다. 모든 사람이 참여해서 공동으로 신원 인증을 할 수 있고, 관련 정보가 특정 기업의 중앙 서버에 저장되지도 않는다.

요즘은 신원 인증을 하지 않으면 아예 서비스 이용이 안 되는 곳들이 많다. 신원 인증이 안 되면 은행 계좌 개설도 할 수 없다. 마이크로소프트는 아이온ION이라는 비트코인 블록체인 기반의 신원 인증 서비스를 만들어 오픈소스로 공개한 바 있다. 신원 인증이 인간의 기본권과 같기에 모든 사람이 누릴 수 있게 해야 한다는 취지에서 만든 것이다. 세상에는 아직도 신원 인증을 할 수 없는 사람들이 상당히 많은데, 그들 대다수가 아프리카에 살고 있다. 그런데 아프리카는 부족 국가여서 중앙집중 형태의 신원 인증 플랫폼을 만들 수 없다. 이런 경우를 위해 아이온이 생겨난 것이다.

크리스티 경매에 등장한 디지털 자산, NFT

신원 인증 다음으로 인기 있는 3세대 블록체인의 활용 분야 중 하나가 등기登記 업무다. 등기란 재산권의 담보 등에 관한 권리 관계를 법적 절차에 따라 기록하는 것인데 간단하게 말하면 건물주와 매매 관련 정보를 기록한 것이 등기이다. 보통 등기 권리 업무는 정부 담당이라 정부 서버에 각종 데이터가 저장되어 있다. 또한 정부에서 등기권리증을 종이로 발급해주었는데, 그러다 보니 분실과 훼손의 위험이 있었다. 그래서 이 정보를 블록체인에 저장해서 분실이나 훼손을 방지하고, 정보가 중앙에 집중되는 것을 막아보자고 만들어진 것이 바로 NFT다.

　NFT를 흔히 대체 불가능한 토큰Non-Fungible Token이라고도 한다. 암호화폐가 익명성이 보장되는 인터넷상의 현금이듯, NFT는 블록체인에 기록된 등기권리증이라고 이해하면 쉽다. 구성원들이 공동 관리하는 형태로 탈중앙화되어 있기에 이들의 동의 없이는 수정하기 어렵고 분실의 위험도 없다.

비트코인에 이어 2021년 NFT가 뜨거운 관심을 받았다. NFT의 대표적인 사례로 〈매일: 첫 5,000일Everydays: The First 5,000 Days〉이라는 작품이 있다. '비플Beeple'이라는 예명으로 활동하는 그래픽 디자이너 마이크 윈켈만Mike Winkelmann이 13년 동안 제작한 디지털 그림 총 5,000개를 콜라주해 만든 작품이다. 이 작품은 2021년 크리스티 경매에서 6,934만 6,250달러(약 790억 원)에 낙찰됐는데, 이는 NFT 경매 사상 최고가이며, 현존하는 예술가 가운데서도 세 번째로 높은 경매가를 기록했다.

그림은 물론 다양한 분야의 유일무이한 속성을 지닌 것은 무엇이든 블록체인에 매핑해 NFT, 즉 디지털 자산을 형성할 수 있다. 현재 많은 사람이 NFT를 사고팔 때 보이는 공통된 현상이 있다. NFT를 구매하고도 자신이 '무슨 일을 했는지' 잘 모른다는 것이다. 그럼 이제부터 NFT 거래를 이해해보자.

다음 페이지의 그림은 크리스티 경매 사이트에 등록된 〈매일: 첫 5000일〉그림 정보다. 대부분의 사람이 이 사이트에서 썸네일 사진과 구매하기 버튼만 집중해서 보는데, NFT 매매 사이트에서는 썸네일 사진보다 중요한 게 그림 아래에 있는 정보다. 여기에는 토큰 아이디, 스마트 계약 주소 등이 등록되어 있다. 이것이 블록체인에 기록된 등기권리증을 찾아갈 수 있게 해주는 인덱스index 정보, 즉 NFT를 찾을 수 있는 정보다.

■ 크리스티 경매 사이트

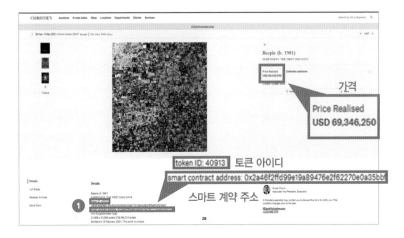

■ 이더스캔 검색창에 입력된 NFT 스마트 계약 주소

■ NFT 미디어 데이터, 즉 원본 디지털 그림이 있는 곳의 인터넷 주소

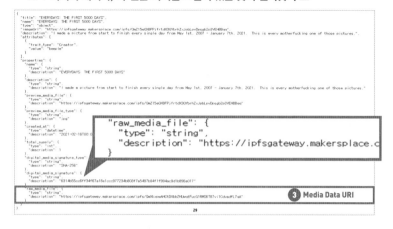

```
"raw_media_file": {
  "type": "string",
  "description": "https://ipfsgateway.makersplace.c
}
```

③ Media Data URI

인터넷에서 특정 정보를 검색할 때 구글 검색기를 이용하듯, 블록체인에도 검색기가 있다. 줄여서 이더스캔etherscan이라고 하는데 이것을 이용하면 블록체인에서 내가 원하는 정보를 찾을 수 있다. 이더스캔 검색창에 스마트 계약 주소, 전자지갑 주소, 토큰 아이디 등을 입력하고 찾기 버튼을 누르면 몇 단계를 거쳐 〈매일: 첫 5000일〉의 NFT, 즉 등기권리증을 찾을 수 있다.

이 사이트 캡처 화면을 보면 맨 위에 작품 제목인 〈매일: 첫 5000일〉이 쓰여 있고, ①이라고 쓴 곳에 토큰 아이디, 지갑 주소, 스마트 계약 주소 등이 나와 있다. 이 정보가 블록체인에 등록되어 있는 등

Lesson 3 | 블록체인 네이티브, 다음 세상의 주인이 되다

기권리증을 찾아갈 수 있게 해주는 정보다. 이 정보를 ②번의 검색창에 입력하면 몇 단계를 거쳐서 ③번의 실제 790억 원짜리 원본 그림이 있는 곳의 인터넷 주소를 확인할 수 있다. 이 주소를 웹 브라우저 주소창에 입력하면 300메가바이트짜리 원본 그림을 볼 수 있다. 해상도가 뛰어나서 그림 하나하나를 실감 나게 감상할 수 있다.

여기까지 온전히 할 수 있어야 3세대 블록체인인 NFT를 제대로 이해했다고 볼 수 있다. 이 과정을 이해하지 못하니까 공인중개사 사무실에 가서 사진만 보고 건물을 사는 식의 황당한 일이 벌어지곤 한다. 만일 NFT의 실제 인터넷 주소를 입력했는데 내가 본 썸네일이 아니라 다른 게 검색된다면 엉뚱한 건물을 산 셈이다. 해당 인터넷 주소로 검색했을 때 아무것도 나오지 않으면 건물도 없는데 등기권리증만 산 셈이다. 대부분의 NFT 거래소 약관들은 이런 경우를 사용자 책임으로 규정하고 있으니 주의해야 한다.

갈수록 중요해지는 NFT 원본

많은 사람들이 "도대체 NFT가 뭐고, 소유권을 블록체인에 등록한다는 게 무슨 의미이기에 그렇게 비싸게 거래되나요?" 하고 묻는다. 이유는 단순하다. 젊은 세대가 디지털 콘텐츠를 소비하는 행태가 바뀌어서 그렇다.

사진을 예로 들어보자. 예전에는 가족사진을 찍으면 인화해서 집에 걸어놓곤 했는데, 지금은 어떠한가. 필자도 최근에는 사진 인화라는 것을 해본 일이 거의 없다. 디지털 액자에도 먼지만 쌓이고 있다. 요즘 젊은 세대들은 찍은 사진을 자랑삼아 바로 소셜 미디어에 올리기 바쁘다. 올리면 그 순간부터 사람들이 퍼다 나르느라 원본에 대한 개념이 희미해진다. 이때 NFT는 원본의 소유자를 명확히 하면서 자랑하고 싶은 욕망까지 동시에 충족시켜주는 역할을 한다. 그래서 최근 기업들이 NFT와 소비자의 욕망을 결합하는 방식으로 대단히 발 빠르게 움직이고 있는 것이다.

■ 세레나 윌리엄스의 트위터 계정

다음 그림은 테니스 선수 세레나 윌리엄스Serena Williams의 트위터 계정이다. 세레나 윌리엄스의 남편은 우리나라의 디시인사이드와 비슷한 미국의 초대형 소셜 뉴스 커뮤니티 사이트 '레딧Reddit'을 만든 엄청난 부자다. 그는 아내 윌리엄스에게 매우 기발한 선물을 했다. 바로 크립토펑크Cryptopunks다. 크립토펑크는 픽셀화된 아바타 이미지를 뜻하는데, 이 디지털 미술품은 현재 총 1만 개가 있다. 그중 자기 아내와 비슷하게 생긴 크립토펑크를 거액에 사서 선물한 것이다.

세레나 윌리엄스는 남편에게 받은 선물을 자랑스럽게 자신의 프로필 사진에 올렸고, 사람들은 NFT에 들어가 그것이 세레나 윌리엄스의 소유가 맞다는 것을 확인하고는 부러움의 댓글을 남겼다. 세레나 윌리엄스가 얼마나 뿌듯했겠는가.

현재 트위터 계정에는 나름의 차별화된 기호가 있다. 유명인들의 트위터나 페이스북에는 이름 옆에 파란색 체크무늬가 있다. 누구나 신청한다고 만들어주는 것이 아니라 계정주의 글이 많이 리트윗되고 팔로워가 늘어나면 영향력 있는 사람이 되었다는 의미로 해당 계정이 도용당하지 않도록 기업 측에서 보호해주는 표식이다.

그런데 트위터가 이와 유사한 서비스를 프로필 사진에도 해주겠다고 나섰다. 현재 프로필 테두리는 동그란 형태인데 해당 프로필의 NFT를 자동으로 확인해서 사진이 원본이면 테두리를 육각형으로 바꿔주겠다는 것이다. 트위터가 이 서비스를 공지하자마자 마크 주커버그Mark Zuckerberg는 인스타그램에서도 동일한 서비스를 제공하겠다고 발표했다. 아크로뱃 리더기를 만드는 어도비 회사에서도 자신들의 리더기에서 NFT를 쉽게 만들고 확인할 수 있게 만들겠다고 발표했다. 우리나라의 라인이나 카카오도 예외는 아니다.

이런 서비스들이 확대되면 인터넷 세상에서 디지털 원본과 복사본이 확연하게 구분될 것이다. 그러면 게시물의 '좋아요'와 공유 횟수에 매우 큰 의미를 부여하는 소셜 미디어 사용자들은 더욱더 원본을 소유하고 싶을 것이다. 그래서 글로벌 인터넷 기업들이 지금 바쁘게 움직이고 있는 것이다. 디지털 웹툰을 만드는 업체들도 이미 NFT 시장에 진출했다. 종이 만화는 초판본이나 한정판 개념이 있지만 디지털 만화인 웹툰에는 그런 개념이 없었는데, NFT를 붙이면 초판본이나 한정판이라는 개념을 부여할 수 있다.

나이키도 움직이기 시작했다. 한정판 나이키 운동화가 가상의 운동화 형태로 출시되기 시작한 것이다. 나이키는 실제로는 존재하지 않고 컴퓨터상으로만 보이는 신발과 앱을 함께 판매하고 있는데, 해당 앱을 사용하면 내 발에 그 신발을 착용한 모습이 증강현실 기능을 통해 보인다. 실제로 내가 그 신발을 착용하고 걷는 모습도 볼 수 있고, 나는 그것을 찍어서 소셜 미디어에 올려 자랑할 수 있다. 이렇게 가상공간의 새로운 버추얼 패션 제품들이 NFT를 활용해 만들어지고 있는 것이다.

　명품 업체들도 예외는 아니다. 불가리, 까르띠에, 루이비통, 크리스찬 디올, 프라다 같은 명품 기업들은 기존의 종이로 된 품질보증서를 NFT로 대체하고 있다. 이제 NFT는 디지털 세계의 물건뿐만 아니라 현실에서 만든 다양한 상품과도 접목하고 있으며, 기존에는 불가능했던 여러 사업적 기회들을 만들어내고 있다.

어떤 경험을 제공하느냐에 따라 비즈니스 성패가 갈린다

현재 NFT에 투자하거나 NFT로 비즈니스를 하고 싶어하는 사람은 많다. 그런데 많은 업체들이 NFT로 비즈니스 모델을 만들 때 간과하는 게 있다. NFT 이름만 붙인다고 되는 것이 아니라 무엇보다 NFT 자체가 좋아야 성공한다는 것이다.

　성공하는 NFT에는 두 가지 요소가 있다. 하나는 원본 콘텐츠 자체가 좋아야 한다. 나이키 운동화는 일단 원본이 좋다. 가상의 운동화라도 나이키라는 상징성이 있다. 세레나 윌리엄스가 소유한 크립토펑크는 NFT 개념을 최초로 만들어냈다는 역사적 상징성이 있는 콘텐츠다. 좋은 NFT의 또 다른 중요 요소는 원본 콘텐츠로 누릴 수 있는 색다른 경험이 많이 제공돼야 한다는 점이다. 비싼 아파트가 되려면 아파트 자체도 좋아야 하지만 주변의 교통, 교육, 편의시설이 잘 갖춰져 있어야 하는 것처럼 말이다.

그래서 나는 좋은 NFT란 양질의 원본 콘텐츠와 함께 대체 불가능한 경험을 끊임없이 제공해 탄탄한 커뮤니티를 구축하는 NFT라고 정의한다. 이런 정의에 부합하면서 가장 성공한 것이 유가랩스Yuga Labs의 프로젝트다. 유가랩스는 '지루한 원숭이 요트 클럽BAYC, Bored Ape Yacht Club'이라는 그림을 제작한 후 이에 NFT를 붙여 팔았는데, 단순히 판매에만 몰두하지 않고 이것으로 누릴 수 있는 대체 불가능한 경험을 많이 제공하는 데 집중했다. 예를 들어, NFT가 붙은 원본 BAYC 그림을 가진 사람만 크루즈 칵테일 파티에 참여할 수 있게 한다든지, 여러 셀럽과 만날 기회를 주선한다든지 하는 색다른 경험들을 제공한 것이다.

NFT 투자나 NFT 비즈니스를 설계하는 사람이라면 좋은 원본 콘텐츠를 확보해야 할 뿐만 아니라 원본을 가진 사람들에게 어떤 대체 불가능한 경험을 제공할지를 반드시 고민해야 한다. 그런데 지금 국내에 나오는 대부분의 NFT는 '지루한 원숭이 요트 클럽' 등을 단순히 모방하는 데 그치는 것 같아 안타깝다.

진정한 블록체인 네이티브가 되고 싶다면

웹 2.0을 대표하는 FAANG_{Facebook·Amazon·Apple·Netflex·Google}은 심각한 사회윤리적 문제를 여럿 가지고 있다. 독과점, 개인정보 남용, 표현의 자유 통제 등으로 숱한 논란도 일으키고 있다. 일부 사람들은 웹 3.0이 이들 기업의 여러 문제를 해결하기 위해 회사가 벌어들인 수익을 이용자들과 공유하는 인터넷 시대라고 이야기한다. 그런데 이익 공유가 웹 3.0의 전부라고만 생각한다면 잘못이다. 그렇다면 유튜브는 이미 웹 3.0 기업이라는 평가를 받았어야 한다. 하지만 현실은 그렇지 않다.

블록체인의 네 가지 본질을 다시 한번 정리해보자. 첫째, 소유와 운영에 참여한다. 둘째, 의견이 불일치할 때는 인터넷 투표를 통해 다수결 원리에 따라 합의한다. 셋째, 모든 정보는 투명하게 공개한다. 넷째, 이익은 공유한다. 이러한 블록체인의 특징에 비추어 유튜브의 현실을 보자. 이익은 콘텐츠 제작자들과 공유하지만, 유튜브의 운영에 사용자가 참여할 수는 없다. 또 유튜브 관련 정보들이 과연 투명하게 공개돼서 정보의 비대칭성이 사라졌는가 하면 그렇지도 않다.

웹 3.0 시대가 되면, 우리가 현실에서 신원을 입증하던 것이 분산 디지털 신원 인증_{DID, Decentralized IDentifiers}으로 바뀌고, 등기는 모두

NFT로 대체될 것이다. 그러면 우리가 만든 콘텐츠에 대해서는 명확하게 '이것이 누구 것이다'라는 꼬리표가 붙게 된다. 우리가 쓰는 돈은 암호화폐로 바뀌어 이익 공유의 수단으로 활용될 것이며, 모든 회사는 스마트 계약 형태로 자동화될 것이다. 그런데 이 모든 것에 대해 열의를 갖기보다 단순히 이익을 나눠 갖는 일에만 관심을 둔다면 절대로 블록체인 네이티브가 될 수 없다. 반드시 운영에도 적극적으로 참여해서 사회가 조금 더 나은 방향으로 가는 데 기여하겠다는 마음이 있어야 진정한 블록체인 네이티브가 될 수 있으며, 우리 사회도 웹 3.0 시대로 진입할 수 있다.

NFT를 넘어 블록체인 네이티브가 되는 길은 무엇보다 세상에 대한 깊은 관심과 열의가 있어야 가능하다. IT와 금융, 경영 등 여러 분야를 많이 공부해야 한다. 블록체인은 단순한 화폐 혁명이 아니라 인터넷 거버넌스 혁명이며, 코인은 단순히 디지털 현금이 아닌 내가 운영에 참여할 수 있고 그 대가로 분배받는 수익이자 일종의 조합원증임을 명심하자. 건강한 블록체인 비즈니스를 위해서는 기업도 개인도 파괴적으로 혁신하는 DNA가 반드시 필요하다.

"블록체인 네이티브는
'기여'와 '소통'을 체질화한 사람이다"
김미경 × 김승주

김미경 이번에는 《세븐테크》에서 알려주신 블록체인과는 성격이 다른 블록체인을 얘기해주신 것 같아요. 블록체인 네이티브가 기술적인 개념은 아닌 거죠?

김승주 맞습니다. 이번에는 기술이 아닌 블록체인의 철학을 전하고 싶었어요. 그래서 협동조합과 비교해 협동조합의 철학을 이해하는 사람을 블록체인 네이티브라고 명명했습니다. 블록체인 네이티브는 단지 블록체인을 기술적으로 잘 다루는 사람이 아니라 블록체인 철학을 잘 이해하고 체질화한 사람을 뜻합니다.

모든 블록체인 비즈니스는 기본적으로 직접 운영에 참여하지 않으면 의미가 없습니다. '참여'하는 것이 무엇보다 중요하죠. 항상 서비스를 연구하고 개선 방향을 고민하고 의견을 개진하도록 노력해야 합니다. 나와 다른 의견이 있으면 적극적으로 설득해서 합의해야 하고요. 그래야 서비스가 집단 지성을 기반으로 좋은 방향을 향해 움직입니다. 이게 바로 블록체인 철학입니다. 그러니 참여하는 만큼 돈을 버는 것이지요.

김미경   기존과는 다른 개념의 자본주의식 보상이네요.

김승주   그렇죠. 주식회사가 주식 보유수 대비 의결권을 갖는다면, 협동조합은 평등하게 한 표씩 의결권을 갖고 이익도 기여도에 따라서 공평하게 나눕니다.

루나·테라 사태가 일어났을 때 많은 분이 "내가 디파이 저렇게 될 줄 알았어. 탈중앙화한다더니 개인이 장난쳐서 저러는 거 아니야?"라고 말했습니다. 그런데 당시 루나·테라의 데이터를 분석해보면 코인 보유자들 중 적극적으로 의견을 개진한 사람이 거의 없었습니다. 의견을 내는 사람이 대표밖에 없었으니 문제가 발생한 거죠.

김미경 사람들이 경영권을 가진 블록체인이라고 생각하지 않고 그 냥 삼성 주식을 산 것처럼 생각했군요. 우리가 블록체인 세 상에서 살려면 거기에 맞는 사고방식과 책임과 의무를 다 해야겠네요.

김승주 그렇습니다. 1세대 블록체인 네이티브는 블록체인을 이용 해서 금융기관을 협동조합형으로 만든 후 집단 지성을 통 해 건전한 방향으로 이끌고자 한 사람들입니다. 2세대 블 록체인 네이티브는 기존 인터넷 플랫폼 기업의 거버넌스 와 이익 공유 체계를 보다 바람직한 형태로 바꾸려고 노력 하는 사람들이고요. 3세대 블록체인 네이티브는 이걸 국가 의 신원 인증이나 등기 업무에까지 확장시키는 네티즌들이 죠. 앞에서 스마트 계약이라는 용어를 썼지만 이건 기술적 수단일 뿐이고 블록체인 세상에서 살려면 적극적으로 자기 의견을 개진해서 기업의 운영 방향을 좋게 바꾸려는 노력 이 필요합니다.

김미경 저희 회사도 얼마 전에 학습 차원에서 NBC_{NFT Business Club}를 만들어 NFT를 발행한 적이 있어요. 250명이 몇 개 조로 나 뉘어 NBC에 걸맞은 NFT를 발행하고, 우리끼리 나누고, 다시 우리가 열심히 기여해서 NFT 가치를 올리는 일을 하고 있는데 마치 조합원 250명이 있는 것과 똑같더라고요.

김승주 대표님은 태어날 때부터 블록체인 정신을 가지고 태어나신 것 같아요. 그런데 블록체인의 본질이 협동조합 철학을 몸에 배게 하는 것이라고 말하면, 그럼 주식회사가 모두 협동조합으로 바뀌는 것이냐고 묻는 분들이 있습니다. 그건 아니죠. 둘 다 공존하면서 서로의 장점을 취합해 더 좋은 형태로 가는 거예요. 주식회사의 여러 폐단, 이를테면 대주주 위주의 운영이나 이익의 집중 같은 문제를 해결하고, 협동조합에서 부족할 수 있는 책임감을 보완해서 절충안을 찾아가는 게 웹 3.0의 블록체인이 나아갈 방향입니다.

김미경 지금 모든 기업은 웹 2.0과 3.0이 혼재돼 있어요. 우리 회사도 웹 2.0으로 운영되고요. 그런데 우리 회사에서 지난 1월부터 시작한 새벽 기상 챌린지 커뮤니티는 웹 3.0으로 갈 만하다고 생각했어요. NBC도 그분들의 의견을 참고해서 만든 거고요.
저희 커뮤니티 멤버 중에 자기 매장을 가진 분이 많아요. 그래서 오프라인 매장을 모아 도장 깨기 식으로 경제 생태계를 만들자는 의견이 나오더라고요. 그걸 보면서 다들 블록체인 네이티브가 되어가는구나 생각했습니다.

김승주   그분들은 계속 웹 3.0을 공부하면서 전문성을 강화했기 때문에 가능했을 거예요. 전문성이 뒷받침되지 않으면 운영에 참여하기가 쉽지 않거든요. 모두 집단 지성으로 전문 경영인의 능력을 발휘하겠다는 것 아닙니까? 이 책을 읽는 분들이 우리 집안은 과연 블록체인 철학으로 움직이는지 한번 돌아보면 좋겠어요. 나만 열심히 일하고 이익은 배우자와 아이들만 가져가는 것은 아닌지, 이런 것들을 생각해볼 수도 있죠.

김미경   블록체인 세상으로 변해가면서 점차 슈퍼 개인이 될 수 있는 기술 기반이 조성되고 있어요. 그렇다면 개인별 실력 차이가 더 드러나지 않을까요? 사실 중앙집권 사회에서는 기여를 안 해도 살 수 있었잖아요.

김승주   맞습니다. 예전에는 솔직히 남들에게 묻어가도 됐지만 지금은 적극성이 필요합니다. 내가 산 주식의 가격이 떨어졌다면 화를 낼 시간에 주주총회에 가서 소액 주주 신분으로

라도 의견을 개진하라는 거죠. 그래야 자신이 플랫폼의 일부가 되어간다는 걸 느낄 수 있어요. 이런 방식에 익숙해질 때 좋은 세상이 될 겁니다.

김미경 이런 건 웹 3.0형 플랫폼이라고 해야 할까요? 각자의 수익을 즉각 실현할 수 있는 블록체인 환경이 등장하기 시작했는데, 이게 개인에게 실제로 또 다른 부를 형성할 기회라고 볼 수 있나요?

김승주 지금 우리는 웹 3.0 초입에 온 것 같습니다. 지금은 여러 가격 거품이 빠지고 있는데 이제부터는 옥석을 잘 가려야 해요. 그런데 투자나 취업을 염두에 두고 커뮤니티에 들어가려고 한다면, 내가 받을 이익보다 내가 얼마나 기여할 수 있을지를 먼저 생각해봐야 합니다. 그러려면 그 분야에 대한 공부는 필수가 되겠지요.

김미경 어느 분이 미래 사회의 N잡을 이렇게 말하더라고요. 예컨대, 내가 새벽 기상 커뮤니티에도 가입했고 영화나 운동 커뮤니티에도 가입했다면 그 각각에 기여하고 받은 보상을 모두 합친 게 급여가 될 것이라고요.

김승주 이제 단순히 콘텐츠만 만드는 게 아니라 운영에도 적극적으로 참여해야 하니까 사실 더 힘들어질 수 있습니다. 그런데 운영에 참여하기가 귀찮다고 유튜버나 블로거로만 활동하는 분들이 많은데, 만약 구글이나 네이버가 회사를 잘못 운영해서 그 서비스를 종료하면 유튜버나 블로거라는 직업 자체가 순식간에 사라지는 거예요. 그래서 내가 N잡러가 되는 것 이상으로 중요한 점이 그 서비스가 지속적으로 운영되는 것입니다. 그러니 우리가 집단 지성의 일원으로서 적극적으로 운영에 참여해야죠.

김미경 유튜브가 우리 사회에 기여한 공로는 사실 대단합니다. 그런데 유튜브를 경험하면서 쌓인 불만이 웹 3.0의 토대가 되었잖아요. 지금 유튜브는 유튜버에게 지급하는 보상이 너무 적어요. 만약 누군가 웹 3.0의 기여 보상 프로그램이 적용된 프로젝트 플랫폼을 만들어서 구독자 50만 이상인 유튜버들에게 어필한다면 분명히 모두 ㄱ쪽으로 옮길 거예요.

김승주 완벽한 웹 3.0은 아니지만 기존의 유튜브보다 조금 발전된 형태의 블록체인 기반 유튜브가 있습니다. 디튜브DTube, Decentralized Tube라고 하는 건데요. 이 시스템은 유튜버뿐 아니라 리트윗을 한 사람, 본 사람, '좋아요'를 누른 사람들에게도 조금씩 보상을 나눠줍니다. 이렇게 새로운 가치를 창조하는 걸 '큐레이션'이라고 하는데, 기여에 대한 보상이 따라야 좋은 콘텐츠가 상위권을 차지할 수 있고 생태계 전반도 좋아집니다.

김미경 디튜브의 반응이나 효과는 어떤가요?

김승주 실제로 그 철학을 이해하고 좋은 방향으로 가야 하는데, 사실 폐단이 있긴 해요. 보상에만 집착하는 사람들이 야한 영상이나 코인 관련 자극적인 영상을 만드는 쪽으로 가거든요. 그래서 블록체인 네이티브가 되려면 그에 걸맞은 윤리 공부도 필요하다고 봅니다.

김미경 그렇죠. 새로운 개념의 커뮤니티를 만들려면 반드시 그 프로토콜 안에 윤리가 들어가야 해요.

김승주 그런데 아무 대가 없이 오픈소스를 만들어서 공유하는 사람들도 있어요. 자신의 기여로 인터넷 환경을 좋게 만들겠다는 올바른 윤리 의식과 철학을 지닌 사람들이죠. 물론 현재 블록체인 생태계에는 보상을 받고자 하는 욕심만 너무 앞서서 부작용이 많이 나타나고 있습니다.

사실 블록체인 네이티브가 된다는 건 블록체인 네이티브 정신을 자신의 DNA에 녹여내는 일입니다. 유행 타듯 흉내만 내는 것이 아니라 기여와 소통으로 완전한 체질 개선을 이루는 것이죠. 스스로가 통째로 바뀌어야 성공합니다.

김미경 지금 환경에서는 블록체인을 공부하기에 NFT 커뮤니티가 가장 적절한 공간인 것 같아요. 블록체인 세상이 웹 3.0으로 완성되기까지 시간이 얼마나 걸릴지 모르지만요.

김승주 거듭 강조하지만, 블록체인이라는 용어에 친숙해지고 실제 사용법을 아는 분들이라면 반드시 커뮤니티 활동을 해야 합니다. 단순히 가입해서 남들이 뭘 하는지 지켜보는 차원이 아니라 역할을 부여받아 실제로 체험해보는 게 중요합니다. 그러다 보면 곧 블록체인 네이티브가 될 수 있을 거라 확신합니다.

김미경 지금 우리가 블록체인 네이티브의 철학을 이해해야 하는 이유는 나를 위해서라기보다도 미래 세대와 함께 살아가기 위해서인 것 같습니다. 앞으로 우리 아이들에겐 웹 3.0 세상이 당연해질 테니, 부모 세대가 이걸 이해하는 게 매우 중요하다고 생각해요. 물론 우리가 블록체인 네이티브로서 더 넓은 세상을 경험하며 좋은 디지털 생태계를 만드는 데 기여할 수 있다면 굉장한 기쁨과 보람을 느낄 수 있겠지요. 많은 분들이 이 세계에 얼른 합류하셨으면 좋겠다는 생각이 듭니다.

WEB 3.0

NEXT ECONOMY

슈퍼 개인들의 새로운 무대, 메타버스

이승환

메타버스 · AI 전문가

현재 소프트웨어정책연구소에서 메타버스, AI 연구에 매진하고 있으며 그동안 삼성경제연구소, KT전략기획실, 한국전자통신연구원에서 디지털 전략과 정책을 연구해왔다. 대통령직인수위원회, 대통령직속 정책기획위원회, 대통령직속 국가교육회의 및 여러 중앙부처와 삼성전자, 현대자동차, 삼성인력개발원, LG인화원, 롯데인재개발원 등 다수의 기업에서 강연과 세미나를 진행했으며, 가상융합경제 발전전략 수립 공로로 과학기술정보통신부 장관상을 수상했다. 지은 책으로 《메타버스 비긴즈》, 《메타버스 초보자가 가장 알고 싶은 최다질문 TOP 45》, 《메타버스와 함께 가는 문화예술 교육》 등이 있다.

메타버스 시대의 진정한 주인공은 슈퍼 개인이다. 슈퍼 개인에게 최고의 순간은 아직 오지 않았다. 메타버스를 만들어내는 지능형 도구들이 넘쳐나는 지금, 누구나 자신만의 공간을 확보해서 빛나는 상상력을 펼칠 수 있다. 그곳에 우리 모두 '디자인드 바이 미 인 메타버스Designed by Me in Metaverse', '파워드 바이 미Powered by Me'라는 표식을 남겨보자.

메타버스, 도대체 왜 필요한가요?

"인터넷은 알겠는데 메타버스는 모르겠어요." 메타버스 전문가인 내가 가장 많이 듣는 말 중 하나다. 그러면 나는 그분들에게 인터넷이 무엇이냐고 묻는다. 대부분은 제대로 설명하지 못한다. 우리의 삶을 통째로 바꾼 혁명적인 변화를 쉽게 설명한다는 것은 결코 쉬운 일이 아니다.

옥스퍼드 사전은 인터넷을 이렇게 정의한다. '전 세계에 걸쳐 원거리 접속이나 파일 전송, 전자메일 등의 데이터 통신 서비스를 받을 수 있는 컴퓨터 네트워크 시스템.' 상당히 건조하다. 우리 삶의 방식을 완전히 바꾼 인터넷이 정말 이 정도로만 설명될 수 있을까?

1995년 미국 CBS의 〈데이비드 레터맨 쇼〉에 출연한 빌 게이츠는 인터넷이 왜 혁명인지를 아주 실감 나게 설명했지만, 당시 사람들은 비웃었다. 텔레비전과 라디오, 잡지가 있는데 왜 인터넷 커뮤니티에서 정보를 얻냐는 것이었다. 1년에 많아봤자 편지 한두 통을 보낼 뿐인데 왜 이메일 아이디를 만들어야 하냐고 반문했다. 지금 사람들은 초기 인터넷을 보며 던졌던 질문을 메타버스에 하고 있다.

"도대체 메타버스가 왜 필요한가요?"

"이메일로 주고받으면 되는데 왜 아바타를 만들어요?"

"메타버스 공간에서 대체 뭘 해요?"

"줌으로도 충분한데 왜 군이 메타버스에서 회의를 해요?"

새로운 것이 등장하면 사람들이 보이는 반응은 으레 똑같다. 하지만 대다수 사람들이 인터넷의 필요성을 잘 모를 때 인터넷 혁명을 주장했던 빌 게이츠는 2021년 말에 이렇게 말했다. "앞으로 3년 이내에 대부분의 회의는 전부 메타버스에서 할 것이다."

가상공간에 특이점이 오기 시작했다

아래 그림에서 광고 시장의 변화를 살펴보자. 1995년 이후 인터넷이 활성화되면서 인터넷 광고 시장은 급속히 성장한다. 인터넷을 중심으로 기업들의 시가총액도 바뀌기 시작한다. 노란색 그래프가 인터넷 시장의 광고 매출 성장 추이, 주황색 그래프는 2010년 카카오톡의 등장과 함께 시작된 모바일 시장의 광고 추이다. 이 그래프를 보면 모바일 시장 다음으로 어떤 변화가 어떻게 올지 궁금하지 않은가? 인터넷 혁명 이후, 어떤 세상이 펼쳐질까?

세상의 변화를 이해하려면 현재 우리가 어떤 방식으로 연결되어 있는지 이해해야 한다. 지금은 대부분 카카오톡으로 연락을 주고받는데, 여기에는 상당한 한계점이 있다. 첫 번째는 '순차적 소통'이다. 카카오톡으로 메시지를 보내도 상대는 즉각 대답하지 않는다. 네트워크는 연결되어 있지만 상대가 읽지 않으면 소통은 끊

■ 인터넷 광고의 성장에 따른, 국내 각 매채별 광고시장의 매출 추이

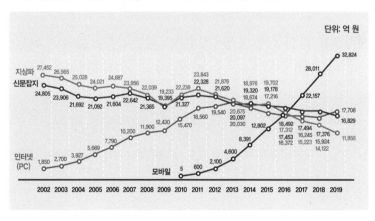

긴 상태다. 이러한 순차적 소통에는 한계가 존재할 수밖에 없다.

두 번째 한계는 '공존감 부족'이다. 카카오톡으로 아무리 열심히 만나도 공존감을 느끼기는 어렵다. 오프라인 공간에서는 같이 있는 것만으로도 서로의 상황이나 맥락을 이해할 수 있는데, 카카오톡에서는 함께 있다고 느끼기 어렵다. 행동의 제약도 따른다. 카카오톡으로 몇 시간 수다를 떨다가도 결정적인 상황에서는 "만나서 얘기하자"가 된다. 이게 연결의 한계점이다.

코로나19 이후로 줌 회의는 정말 유용한 미팅 방식으로 자리 잡았지만 한편으로는 줌 피로 현상이 심해지고 있다. 많은 사람이 나를 쳐다보는 평면적 만남에서 나는 대체 누구를 쳐다봐야 할지 혼란스러워진다.

최근 250명이 참가하는 온라인 세미나에서 내가 발표를 한 일이 있다. 첫 번째 발표자의 강연 중간 로그인을 했는데 화면이 모두 꺼져 있는 게 아닌가. 심지어 강연자의 화면도 꺼져 있어 목소리만 들을 수 있었다. 나중에 그분께 여쭤보니, 다른 참가자들이 모두 화면을 끈 상태에서 혼자 화면을 켜는 것이 어색해 꺼버렸단다. 그날의 세미나는 250명이 목소리로만 연결되어 있었던 것이다.

그날, 나는 너무너무 힘들었다. 공존감을 느끼지 못하니 강연이 제대로 되지 않았다. 꺼진 화면을 보며 혼잣말을 하는 느낌을 받았다. 그래서 어떤 세미나에서는 강제로 화면을 켜게 하는데, 카메라를 눈썹 위로 비추는 등 꾀를 쓰는 사람들이 많다. 그 상태로는 여전히 공존감을 느끼기 어렵다. 이렇듯 헛헛한 연결이 앞으로도 지속될까?

디지털 연결의 시작점에는 비트bit가 있다. 비트는 일종의 점이다. 0 아니면 1이기 때문에 비트가 하나밖에 없으면 아무 의미가 없다. 그런데 아무것도 아닌 점이 모이면 선이 된다. 그래서 텍스트를 전송할 수 있고 아날로그 음성을 디지털로 바꿀 수 있다. 이 선들이 모여 면이 되면 이미지를 만들 수 있고, 이미지 안에 움직임을 만들 수 있으며, 영상을 주고받을 수 있다. 우리는 이런 방식으로 연결돼 있으며 그 덕에 가장 기본적인 형태, 즉 통화나 카카오톡으로 메시지나 영상을 주고받을 수 있다.

면이 모여 공간을 구성하는 가장 쉬운 예시는 바로 게임이다. 그런데 이 공간이 이제는 게임을 넘어 아주 특이한 공간, 지능화된 공간으로 변하고 있다. 연결의 진화 과정에서 우리는 지금 이 단계에 와 있다.

이전까지는 새롭게 등장하는 모든 디지털 서비스를 전부 인터넷 혁명이라는 말로 포장할 수 있었다면, 이 진화된 공간 안에서 벌어지는 일들은 너무나 특이하고 큰 변화여서 인터넷 혁명으로 아우르기가 어려워졌다.

지금도 가상공간으로 융합, 수렴되는 기술들이 속속 개발되고

165

있다. 블록체인과 클라우드로 대표되는 데이터 기술, 5G가 몰고 온 네트워크 혁신, 인공지능과 XR 기술의 놀라운 발전 등이 대표적이다.

이처럼 메타버스는 우리 삶에 새로운 공간을 만드는 기술이자 공간을 채우는 기술이며, 이 공간에 있는 데이터를 전송하는 기술이다. 이 다양한 혁신 기술들이 지금 메타버스 공간으로 속속 모여들고 있다.

"다음 20년은 공상과학 세상과 같을 것이다"

현재 구글은 현실과 가상을 넘나드는 학습을 통해서 자율주행을 완성해가고 있다. 구글 모기업인 알파벳의 자율주행 사업부가 지난 5년간 학습 차원에서 실제 도로를 달린 거리가 2,000만 킬로미터라고 한다. 구글은 가상공간 속 도로 환경에서도 자율주행차를 운행했는데, 이 가상공간은 단순한 도로가 아니라 물리법칙이 구현되어 현실과 모든 것이 똑같다. 이곳에서 자율주행차는 하루에 3,200만 킬로미터를 주행하고 4만여 가지 교통 상황을 실험한다. 이제 메타버스를 활용한 자율주행 기업과 그렇지 않은 기업의 경쟁력은 비교 자체가 불가능해졌다.

여기서 가상공간을 가능하게 만든 도구가 엔비디아 옴니버스 NVIDIA Omniverse다. 옴니버스는 시뮬레이션이 가능한 3D 플랫폼으로, BMW는 전 세계 공장 31곳에 엔비디아 옴니버스를 활용한 가상 공장을 운영할 계획이다. 가상 공장에 현실 공장과 똑같은 시설을 만들고 모든 실험과 테스트를 마친 후, 문제점과 보완점을 실제 생산에 반영하는 것이다. 이미 2년 전부터 이런 과정을 통해 생산성을 30퍼센트 높이고 있다.

BMW뿐만이 아니다. 전 세계 모든 글로벌 자동차 기업들이 이미 이처럼 지능화된 공간을 활용하고 있다. 이제껏 우리가 알던 가상공간은 게임이나 커뮤니티 공간, 텍스트나 음성을 주고받는 공간에 불과했지만, 지금 산업 현장에서는 우리 상식을 뛰어넘는 일들이 벌어지고 있다.

엔비디아 CEO인 젠슨 황Jensen Huang은 2년 전에 옴니버스를 발표하면서 "지난 20년이 놀라웠다면, 다음 20년은 공상과학과 같을 것"이라고 했다. 미래학자 로저 제임스 해밀턴Roger James Hamilton은 "우리는 현재의 2D 세상보다 3D 가상세계에서 더 많은 시간을 보낼 것"이라고도 했다. 또 3D 게임엔진 회사인 유니티Unity의 CEO 존 리치텔로John Riccitiello는 현재 3~4퍼센트 정도인 3D 콘텐츠 비중이 앞으로 50퍼센트를 넘어갈 것이라고 전했다. 우리가 가까운 미래에 지능화된 가상공간에서 더 많은 시간을 보낼 것이라는 의미다.

글로벌 기업들이 정의하는 메타버스

메타버스라는 단어는 1992년 출간된 닐 스티븐슨Neal Stephenson의 SF 소설 《스노 크래시》에서 처음 등장했다. 가공, 추상을 의미하는 메타와 현실 세계를 의미하는 유니버스의 합성어다.

메타버스를 이해하려면 단어 뜻을 아는 것만으로는 부족하다. 그런데 지금 메타버스 전문가 100명을 모아놓고 메타버스가 뭐냐고 물으면 다들 비슷한 듯 다른 이야기를 한다. 개념이 날마다 진화하기 때문에 한마디로 명확히 정의하기 어려운 것이다. 따라서 지금 메타버스를 정의하는 가장 현명한 방법은 실제 메타버스를 만드는 글로벌 테크 기업들의 입장을 듣는 일인 것 같다.

글로벌 컨설팅 그룹 맥킨지는 '아직 정의되지 않은' 메타버스를 자신들이 정의해보겠다며 "인터넷의 다음 세대이며, 가상과 현실이 융합되어 경계가 사라진 삶의 공간"이라 표현했다.

페이스북은 회사명을 '메타'로 바꾸면서 자신들이 생각하는 메타버스의 정의를 이렇게 밝혔다. "물리적으로 서로 다른 공간에 있는 사람들이 함께 만들고 탐색할 수 있는 가상공간의 집합체." 친구도 만나고 일도 하고 뭔가를 배우고 쇼핑을 하는 등 현실에서처럼 다양한 일을 하는 가상공간이라는 뜻이다. 물리적으로는 떨어져 있는 두 사람이 AR 글래스를 쓰고 메타버스에서 만나 체스를 두는 식이다.

현재 메타버스 글로벌 생태계를 이끌고 있는 마이크로소프트는 어떤 정의를 내렸을까? "사람과 사물의 디지털 표현이 가능한 디지털 공간", "새로운 버전 또는 새로운 비전의 인터넷"이다. 마이크로소프트는 혼합현실 플랫폼인 '메시Mesh'를 발표하면서 메타버스의 세 가지 가치를 공존감, 함께 경험하기, 모든 곳으로부터의 연결이라고 밝혔다. 표현은 조금 다르지만 메타와 유사하다.

엔비디아는 "상호작용하고 몰입하며 협업할 수 있는 공유 가상 3D 세계", "물리적인 우주가 공간적으로 연결된 세계들의 집합인 것처럼 메타버스도 세계의 묶음"이라고 했다. 유니티 CEO 존 리치텔로는 "메타버스는 다양한 사람들이 운영하는 공간을 서로 방문하며 살아가는 일종의 소우주"라고 했는데, 이 역시 가상공간의 집합체와 의미가 유사하다.

현실과 가상의 구분이 사라진다

글로벌 기업들은 메타버스를 가상과 현실이 융합된 공간에서 사람과 사물이 상호작용을 하며 경제적, 사회적, 문화적 가치를 창출하는 세계라고 인식한다.

지금 우리는 지구라는 행성에서 살고 있지만 이미 아주 다양한 용도로 가상 세계가 만들어져 있고, 지금도 만들어지고 있으며, 앞으로는 더 많이 만들어질 것이다. 그런데 이 가상 행성들은 만들어진 배경도, 생활 방식과 돈을 버는 방식도 모두 다르다.

오른쪽 그림은 메타버스 시대의 모빌리티 사용 시간을 나타낸 그래프다. 온라인과 오프라인을 대조해서 세계 평균을 나타낸 것으로, 카카오톡이 출시된 2010년에는 온라인에서 생활하는 시간이 대략 10퍼센트 정도였으나 2021년에는 38퍼센트로 늘어난다. 2030년에는 52퍼센트로 온라인과 오프라인이 역전된다. 온라인에서 보내는 시간이 훨씬 많아지고 그중에서도 가상공간에서 지내는 시간이 증가한다.

2022년 1월 현대자동차는 메타 모빌리티라는 새로운 비전을 발표했다. 가상공간이 로봇을 매개로 현실과 연결되면 사용자가 마치 현장에 있는 듯 생생한 대리 체험을 할 수 있다. 예를 들면 운행 중인 자율주행차 내부에서 아빠와 딸이 여행을 하는 일이 가능하다. 자율주행차가 가상공간 접속이 가능한 스마트 디바이스가 되어, 탑승자가 차량 내부에 구현되는 가상공간에서 여행하는 식이다. 이처럼 사용자의 필요에 따라 자동차가 엔터테인먼트 공간, 회의실, 3D 비디오 게임을 즐기는 플랫폼이 되기도 한다.

실제로 우리 주변에는 이미 메타버스로 출근하는 사람들이 있

■ 온라인 vs 오프라인에서 보내는 평균 시간의 전 세계적 변화

온라인에서 보내는 시간

3D 가상공간

오프라인에서 보내는 시간

출처: ARK Investment Management LLC(2021), "Big Ideas 2022"

다. 대표적인 기업이 인터넷 부동산 '직방'이다. 직방은 2021년 초만 해도 강남역사거리에 있는 큰 빌딩을 사용하면서 매달 수천만 원의 임대료를 냈는데, 지금은 350명 직원 전체가 30층짜리 가상건물인 '메타폴리스'로 출근한다. 오프라인 사무실은 필요 없다.

직원들은 이 가상건물로 출근해서 엘리베이터를 타고 자기 자리로 이동해 업무를 보고 회의실에서 회의도 한다. 구직자들도 가상건물에서 면접을 보며, 합격자에게는 노트북과 장비를 보내준다. 출퇴근 스트레스가 없으니 만족도가 매우 높고, 어디서든 일할 수 있으니 노트북 하나 들고 제주도로, 해외로 떠나는 사람도 있다. 어디서든 충분히 업무가 가능하니 얼마나 좋은가. 회사도 임대료 부담을 줄일 수 있고 전 세계 곳곳의 인재를 채용할 수 있다. 다음 페이지의 이미지가 바로 직방의 가상건물 메타폴리스의 모습이다.

직방은 최근 메타폴리스 건물명을 '프롭테크 타워'로 바꾸고 자신들의 근무 시스템을 '소마'라는 앱으로 만들어 사업을 확장하고 있다. 덕분에 직방 한 곳만 사용하던 공간이 지금은 20개 회사에서 2,500명이 근무하는 공간으로 바뀌었다.

이처럼 메타버스에서 일하는 경우는 스타트업이나 직원 수가 적은 기업에만 해당되는 일이 아니다. 직원이 2,500명 정도인 게임회사 컴투스Com2uS 또한 현재 '컴투버스'라는 가상공간을 구축 중이다.

2022년 기준, 미국의 기업 리뷰 사이트인 글래스도어가 선정한 '전 세계에서 가장 일하기 좋은 기업' 1위는 엔비디아다. 많은 사람들이 예상한 구글이 7위, 그보다 순위가 높은 4위는 클라우드 기반

■ **직방의 가상건물, 메타폴리스**

의 부동산 회사인 eXp리얼티다. 글로벌 기업인 eXp리얼티는 직원 수가 전 세계에 7~8만 명이나 되고 이들의 출신 국가만 20개국에 달한다. 이곳 직원들은 코로나 시기 이전부터 100퍼센트 가상 근무 를 했다. 페이스북이 사명을 바꾼 메타는 이미 2021년 영구 재택근 무를 허용했다. 이전에는 '워크 플레이스'라는 일종의 줌 서비스 공 간에서 일해왔다면, 2021년에는 '호라이즌 월드Horizon Worlds'라는 가 상 세계를 만들어 2022년 말까지 전체 월간 사용자 수 28만 명을 목표로 하고 있다. 호라이즌 월드는 아바타를 통해 업무, 쇼핑, 파 티 등을 할 수 있는 메타버스 플랫폼이다.

마이크로소프트는 협업 플랫폼인 '팀즈Teams'를 가지고 있으며, 현재 사용자가 2억 7,000만 명 정도. 최근 이들은 기존 2D 기반 의 팀즈를 3D 협업 플랫폼인 '메시 포 팀즈Mesh for Teams'로 업그레이 드해서 공식 론칭할 계획을 세웠다. 메시 포 팀즈에서는 자신의 아 바타로 가상공간에서 일할 수 있으며 언어가 달라도 실시간 통역 덕분에 아무 제약 없이 소통할 수 있다. 물리적으로 다른 공간에 있는 사용자들이 한 방에 있는 것처럼 느낄 수도 있다. 이제 우리 가 원하든 원하지 않든, 줌 링크를 전달받듯 이곳의 링크를 받을 날 이 곧 올 것이다.

앞으로 메타버스는 또 하나의 삶의 공간

전 세계적으로 영구 재택근무를 선언하는 기업들이 꽤 늘고 있다. 많은 기업이 100퍼센트 가상 근무와 100퍼센트 현실 근무 사이에서 어떻게 비율을 조절할지 고민하고 있다.

직장인들이 가장 선호하는 업무 방식은 '워케이션workcation'이다. 낮에는 일하고 업무시간 이후에는 현지에서 휴양하는 것인데, 최근 다양한 기업이 이 방식을 도입하고 있다. 한화생명은 양양 브리드호텔을 원격 근무지로 정해, 한 층 전체를 업무공간으로 꾸미고 직원들이 바다를 보며 근무할 수 있게 했다. CJ그룹은 제주에 'CJ ENM 제주점'을 열고 제주도 한달살이 워케이션을 지원하며, 토스는 남해에서 워케이션을 운영한다.

워케이션에서 중요한 포인트는 가상공간에서 일한다는 점이다. 글로벌 소프트웨어 기업 세일즈포스Salesforce는 7만 명 직원들의 워케이션 장소로 캘리포니아 스콧밸리 레드우드 숲속에 있는 9만 평 규모의 휴양지 이용 계약을 체결하기도 했다.

네이버는 최근 4,900억 원을 들여 사옥을 새로 지었지만, 조사 결과 주5일 출근하고 싶다고 말한 직원은 2퍼센트밖에 되지 않았다. 필요할 때만 출근하고 싶다는 직원이 52퍼센트, 나머지는 영구 가상근무를 희망한다고 했다. 결국 네이버는 직원들에게 선택권을 주고 편한 방식으로 일하게 했다.

확실히 지금 우리 사회에는 돌이킬 수 없는 비가역적 변화가 일어나고 있다. 일본전신전화공사 NTT는 재택근무가 기본이고 출근은 '출장'이라서 회사에 나오면 출장비를 준다. 카카오도 그렇다. 에어비엔비도 영구 재택근무를 허용했고 SK텔레콤은 거점 오피스인 '스피어'를 만들어 직원들이 저마다 원하는 장소에서 일을 한다. 이러한 혁신이 곳곳에서 이루어지고 있다.

서울특별시 여성능력개발원이 "출근 방식을 선택할 수 있다면 메타버스로 출근하겠는가?"라고 설문을 한 결과, 2021년에는 65퍼센트가 원한다고 답했고 2022년 실시한 비슷한 조사에서는 그렇다는 답변이 78퍼센트까지 올라갔다. 직장인 커뮤니티 블라인드에서 실시한 "평생 재택근무 또는 연봉 3,000만 원 인상 중 어느 쪽을 선택하겠는가?"라는 설문에서도 65퍼센트가 재택근무를 선택하는 결과가 나왔다. 이제 돈보다 사무실로 출근하지 않는 가치가 더 중요해진 것이다.

물론 다른 의견도 존재할 것이다. 직방 직원 350명 중에도 가상근무가 못마땅한 사람이 있겠지만, 변화를 받아들이지 못하면 직방이라는 회사를 더 이상 다닐 수 없을 것이다. 한편 모든 직원이 사무실로 출근해 경영진이 지켜보는 앞에서 일하는 것을 경영 원칙으로 삼는 회사는 이러한 사규를 계속 고집할 수 있을까?

메타버스는 더 이상 게임 공간이 아니다. 업무, 공부, 취미, 사업, 커뮤니티 등 삶의 다양한 요소가 현실과 다름없이 존재하는 곳이다. 취향이나 선택의 문제가 아니라는 뜻이다.

누가 메타버스에서 돈을 벌까

이러한 변화에 빠르게 적응해 돈을 버는 사람들이 이미 생겨나고 있다. 게임 플랫폼 로블록스에서는 크리에이터들이 스튜디오라는 도구를 통해 게임과 아이템을 만들고 판매해서 실제로 돈을 번다. 2022년 9월 〈오징어 게임〉이 공개된 지 일주일 만에 로블록스 스튜디오에는 오징어 게임을 바탕으로 만든 게임이 300개나 출시됐고, 그다음 주에는 1,000개가 나왔다. 일반 기업이라면 사업계획서를 쓰는 시간도 안 되는 짧은 기간 동안 크리에이터들이 아주 빠르고 다양하게 부가가치를 만들어낸 것이다.

이들이 사용하는 코딩은 사실 그렇게 어려운 수준이 아니다. 우리가 한글 프로그램으로 다양한 문서를 만들어내는 것과 같다. 현재 메타버스에서 수익을 창출하는 사람은 대부분 MZ 세대들이다. 아무래도 젊은 세대들이 좀 더 적극적으로 메타버스에서 부가가치를 생산해내는 것이다.

지금 메타버스에서 생산되는 것은 게임만이 아니다. 로블록스의 가상 패션디자이너인 루크 뱅가드는 각도에 따라 색상이 변하는 시그니처 3D 아이템 컬렉션으로 유명한데, 그가 만든 아이템은 출시 6개월 만에 50만 개 이상이 판매되기도 했다.

사실 대다수 기업은 가상세계에서 직접 상품을 만들지 않는다. 기업은 기획을 하고 자금을 댈 뿐, 실제로 만드는 사람은 따로 있다. 개인사업자인 루크 뱅가드는 자신의 홈페이지를 통해 의뢰를 받는 식으로 여러 기업이나 개인과 작업한다.

루크 뱅가드는 구찌와도 협업해서 엄청난 수익을 올렸다. 현대차가 로블록스에서 만든 작품 중에도 '크리에이티드 by 루크 뱅가드'가 있다. 기획은 현대자동차가 했지만 실제로 만든 창작자는 다양한 크리에이터들이다. 가상세계에서 막대한 돈을 버는 것은 전부 개인이라는 말이다. 우리가 알았던 게임 공간이 대부분 돈을 쓰는 공간이었다면 이제는 돈을 버는 공간이 되었다는 것이다.

제페토도 그런 세상이다. 제페토는 네이버제트가 운영하는 AR 아바타 서비스로, 우리나라의 대표적인 메타버스 플랫폼이다. 크리에이터는 제페토 스튜디오를 통해 자신이 원하는 디지털 자산을 제작, 판매해 수익을 얻을 수 있다.

제페토 크리에이터 중 대표적인 인물이 렌지다. 제페토 스튜디오가 오픈했을 때, 사용자 입장에서 자신이 상상했던 옷을 직접 만들 수 있다는 데 흥미를 느낀 렌지는 아이템 개발자가 되면서 삶이 바뀌었다. 제페토와 나눈 인터뷰에 따르면, 지금까지 100만 개 이상의 아이템을 판매했고 월 매출액은 1,500만 원 정도라고 한다. 렌지는 3D 전공자가 아니다. 로블록스 크리에이터 루크 뱅가드도 컴퓨터공학 전공자가 아니다.

우리는 보통 컴퓨터 전공자들이 게임을 개발한다고 생각한다. 물론 전문가들이 코딩을 해서 만들지만, 가상세계 안에 또 다른 가상세계들이 많이 생겨나면서 새로운 도구들이 만들어졌고, 이 도구들은 보통 사람들도 쉽게 이용할 수 있다.

제페토 크리에이터로 독보적 입지를 구축한 렌지는 '매니지먼트 오'라는 가상회사를 만들고, 2022년 1월에는 '렌지드'라는 회사를 창립하기에 이른다. 투자를 받아 오프라인 사무실도 내는 등 기업 규모가 점점 커지고 있다.

나도 제페토에서 강의를 할 수 있다. 그때 참가자들이 주는 가상의 재화를 현금화할 수도 있고, 커뮤니티를 만들어 입장료를 받을 수도 있다. 수익 모델은 다양하다. 아바타를 통해 콘텐츠를 만들어 유튜브에 올릴 수도 있다. 즉, 메타버스에는 돈을 벌 수 있는 다양한 가상도구가 계속 생겨나고 있고, 이것을 활용할 수 있는 분야도 점점 확장되고 있다.

상상할 수 있는 모든 일이 이루어진다

SK텔레콤이 만든 메타버스 플랫폼 '이프랜드'도 새롭게 주목받는 가상 행성이다. '샌드박스Sandbox'라는 블록체인 기반의 메타버스에서는 나의 모든 디지털 자산을 내가 직접 만들 수 있고 NFT로 소유 증명도 가능하다. 이프랜드에는 실제로 매우 다양한 직업군이 활약하고 있다. 이곳은 경제활동이 대단히 세분화되어 있는데 건물을 잘 짓는 사람이 있는가 하면, 가상 콘서트에서 사용되는 폭죽을 잘 만드는 사람도 있다. 아바타 의상 디자이너, 가상 공간 인테리어 전문가 등 다양한 직업이 계속 등장하고 있다.

'디센트럴랜드'도 많은 주목을 받고 있는 메타버스다. 개인이나 기업이 이곳의 땅을 사서 자신들만의 공간을 구축하고 다양한 경제활동을 벌일 수 있다. 이곳과 샌드박스의 가상 부동산 소유자는 2022년 한 해 동안 40퍼센트나 증가했다고 한다. 다음 그림은 2021년 상반기에 올라온 디센트럴랜드의 카지노 채용 공고인데, 실제로 이 공고를 통해 채용된 직원이 현재 근무 중이라고 한다.

가상세계에 NFT 서점을 차린 사람도 있다. 자신이 쓴 책을 전시하고 사람들에게 소개하며 판매하는데, 중간 거래가 없으니 수익이 많아진다. 종이책을 쓰면 저자는 인세 10퍼센트 정도를 받는데 가상공간에서는 수익의 95퍼센트 이상을 가질 수 있다.

■ 디센트럴랜드가 메타버스에서 진행한 카지노 채용 공고

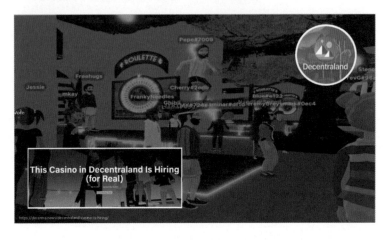

앞에서 메타가 만든 가상세계 '호라이즌 월드'로 직원들이 출근한다고 했는데, 호라이즌에는 업무 공간뿐 아니라 놀이 공간도 많다. 디지털 자산을 만드는 스튜디오도 있어서 이곳에서 디지털 아이템이나 게임을 제작, 판매할 수도 있다. 메타의 CEO인 마크 주커버그는 호라이즌 안에 있는 모든 디지털 자산을 NFT와 결합하겠다고 했다. 수익 배분 정책까지 마련되어 있다.

메타는 상당히 많은 서비스를 가지고 있다. 페이스북은 전 세계에서 30억 명이 사용하고 있고, 메신저 앱인 '왓츠앱WhatsApp'도 20억 명이 쓰고 있다. 인스타그램은 12억 명이 사용 중이니, 모두 합치

면 62억 명이 메타의 고객인 셈이다. 전 세계 인구가 79억 명 정도이니 어마어마한 수치다. 그런데 메타는 앞으로 10여 년에 걸쳐 이 모든 사람을 차근차근 호라이즌 월드로 이주시킬 계획을 하고 있다. 메타뿐 아니라 수많은 기업이 이러한 노력을 하고 있으며 우리는 앞으로 원하든 원하지 않든 다양한 가상공간에 들어갈 일을 점점 마주하게 될 것이다.

최근 메타는 더욱 흥미로운 시도를 하고 있다. 지금까지는 크리에이터들이 스튜디오 기능을 통해 디지털 자산을 만들었는데 앞으로는 인공지능으로 보다 쉽게 디지털 자산을 만들 수 있게 한 것이다. 이때 사용되는 도구가 빌더 봇Builder Bot이다. 디지털 자산을 만들고 싶으면 빌더 봇에게 명령만 하면 된다. "빌더 봇, 하늘과 바다를 만들어. 지금 잔디를 깔아줘" 하는 식이다. 가상공간을 채우는 스튜디오가 인공지능을 만나 더욱 빠르게 진화하니, 이제 누구나 쉽고 빠르게 자신의 디지털 소유물을 만들 수 있게 될 것이다.

음악의 패러다임을 바꾸다

음악 스트리밍 기업 '스포티파이Spotify'는 로블록스 사용자라면 누구나 크리에이터가 될 수 있는 경험을 제공하겠다고 밝힌 바 있다.

음악을 듣지만 말고 직접 만들어보라는 것이다. 스포티파이는 가상 비트 제작 스테이션에서 누구나 음원을 만드는 공간과 공연할 수 있는 스테이지를 마련했다.

인공지능 음악 전문 기업 이모션웨이브는 디지털 뮤지션 프로듀싱 플랫폼 '에임플AIMPLE'을 출시했다. '대중에게 영향력 있는 AI 기반의 디지털 뮤지션'을 뜻하는 에임플은 누구나 메타버스에서 음악을 만들 수 있도록 디지털 뮤지션 생성부터 콘텐츠 창작, 앨범 발매와 유통, 매니지먼트까지 지원하는 메타버스 기반 NFT 엔터테인먼트 플랫폼이다.

예전에는 뮤지션이 되려면 작사, 작곡을 잘하거나 노래를 잘 부르거나 춤을 잘 춰서 대형 기획사 오디션에 합격한 후 음반을 만드는 방식이 일반적이었다. 그런데 이 방식에 도전하기 어려운 사람들이 이모션웨이브를 통해 꿈을 이룰 수 있게 되었다. 에임플의 AI가 작사와 작곡을 도와주면 가상의 연주자를 만들어서 연주하게 만든 후, NFT를 활용해 그 곡과 연주자에 대한 소유권을 증명할 수 있다. 그렇게 만든 내 음원을 누군가 구입하면 나와 이모션웨이브가 수익을 배분한다.

이런 식으로 뮤지션, 아이돌, 댄서, 모델 등 나만의 상상 속 뮤지션을 직접 프로듀싱하고 수익을 내는 일이 가능해졌다. 현재 다른 방식으로 음악을 아주 쉽고 빠르게 만들어주는 도구들도 계속해서 진화하고 있다. AI 음악 작곡 스타트업 '포자랩스POZALabs'의 AI는 곡 하나를 만드는 데 2분에서 5분 정도 걸린다. AI 작곡은 빠르고 정확하고 저렴하다는 것이 포자랩스의 캐치프레이즈다. 포자랩스 CEO는 "메타버스 시대에는 가상 가수도 등장할 것이다. 누구든지 음악을 만들고 자신의 목소리를 입혀 음악 콘텐츠를 만들 수 있다"라고 했다. 비전공자라서 못한다는 말은 더 이상 통하지 않는 시대가 도래하는 것이다.

'에이미문Aimy Moon'이라는 버추얼 휴먼의 직업은 AI 작곡가다. 현재까지 다양한 케이팝 아티스트들의 앨범 17장에 음악 프로듀서로서 참여했고, 솔로 정규앨범 등 1,000여 곡 이상의 AI 음악을 발표한 유명 아티스트다. 얼마 전 싱글앨범을 공개할 때는 뮤직 NFT를 발행하기도 했다. NFT는 완판되었으며, 향후 NFT를 구매해 커뮤니티에 들어오는 사람들에게는 다양한 혜택과 함께 음반 수익도 배분할 계획이다.

과거 우리가 MP3로 다운로드 받은 음악은 변하지 않는 것이었다. 그런데 새롭게 나오는 NFT 음악은 변한다. 아침저녁으로 재생되는 곡들이 조금씩 달라지기도 한다. 기본 프레임은 같은데 취향이나 시간대에 따라 연주가 바뀌는 음악들도 만들어지고 있다.

우리가 가상 인간을 처음 만난 때가 1998년이다. 사이버 가수 '아담'이 그때 데뷔했다. 아담의 첫 음반은 20만 장 판매됐으나 2집을 내자마자 활동을 못 하게 됐다. 개발자들이 아담에게 들여야 하는 시간과 비용이 너무 막대해서 손익이 맞지 않았던 것이다.

25년이 흐른 지금은 '이세돌'이라는 가상 세계 아이돌 그룹이 인기를 끌고 있다. 이세돌은 '이 세계 아이돌'의 줄임말로 게임 스트리머 '우왁굳'이 기획한 프로젝트를 통해 만들어진 6인조 버추얼 걸그룹이다. 2021년 12월 디지털 싱글앨범 〈RE:WIND〉를 발매하며 정식 데뷔했는데, 데뷔와 동시에 벅스와 가온 등 오프라인 음원 차트 1위를 차지했다. 이세돌의 인터뷰 내용도 매우 재미있다. "아담 선배님과 우리는 달라요. 가상현실 기기만 착용하면 언제든지 직접 만날 수 있으니까요."

이세돌은 라이브 공연도 하고, 정상급 아이돌만 누릴 수 있다는 지하철 축하 광고 대상이 되기도 했다. 관련 댓글들을 보면 정말 놀라운 내용이 많다. "처음 볼 때만 해도 내가 이세돌에 이렇게 빠질 줄 몰랐다. 이게 정말 메타버스인가?", "VR로 어떻게 이런 영상을 만들었지? 영상도 소름 돋고 노래도 소름 돋는다." 이세돌 덕분에 메타버스를 실질적으로 체감하는 사람들이 많아진 것이다.

현재 전 세계의 유튜브 영상 슈퍼챗 매출 순위를 살펴보면 1위부터 13위 사이에 실제 사람이 두 명밖에 없다. 슈퍼챗 수익 모델들 사이에서도 아바타가 실세라는 것이다.

'원 아바타 멀티 유즈'가 가능해지다

버추얼 휴먼을 만들 때도 우리는 보다 현실적인 캐릭터를 만들고 싶어한다. 2021년 2월, 게임회사 에픽게임즈는 누구나 쉽고 빠르게 실물과 흡사한 가상 인간을 만들 수 있는 저작 도구 '메타휴먼 크리에이터'를 무료로 배포했다. 사실 이런 도구는 이미 상당히 다양하게 출시돼 있어서 우리는 가상인간을 만들어 쓸 수도 있고, 이미 만들어진 가상 인간을 빌려 쓸 수도 있다.

미국 폭스사가 제작한 〈얼터 에고Alter Ego〉는 아바타들이 라이브 공연을 펼치는 노래 경연 대회 방송이다. 아바타 캐릭터들이 관객과 감정적으로 교류하고 심사위원들의 라이브 심사가 진행되는데, 결승전에는 엄청난 관객이 몰려 눈물을 흘리고 앙코르를 외치기도 했다. 우리나라의 MBN에서도 〈아바타 싱어〉라는 무대를 방영한 바 있다.

이처럼 메타버스는 AI와 결합하면서 다양한 분야로 확산되고 있다. 웹툰의 밑그림을 그려주는 AI도 개발되었다. 2021년 네이버에서 발표한 웹툰 AI 페인터는 딥러닝 기술을 통해 누구나 쉽게 채색할 수 있도록 도와주는 소프트웨어. 밑그림이 있으면 AI 페인터가 알아서 채색을 하니 웹툰이 완성되기까지가 한결 수월해진다.

텍스트를 웹툰으로 만들어주는 AI도 있다. "옛날에 호랑이 세

마리가 살았습니다"라고 입력하면 이 텍스트를 웹툰으로 만들어준다. 이렇게 웹툰이 만들어지면 다시 원하는 대로 색상과 형태를 수정할 수 있다. 최종적으로 완성된 웹툰을 NFT로 판매할 수도 있고, 아바타를 활용해 다양한 수익 모델을 만들 수도 있다. 흔히 '원 소스 멀티 유즈one source multi-use'라고 하는데, 이제 '원 아바타 멀티 유즈'를 할 수 있게 된 것이다.

가상현실, 외로움과 고립까지 해결하다

가상세계에서 매우 독특한 공간 중 하나가 낚시터다. 낚시를 하면서 힐링도 할 수 있어서다. 한국 기업이 만든 가상의 낚시터가 있는데 실제 국내의 유명한 낚시 명소를 모두 가상으로 만들었다. 이 가상 낚시터의 사용자는 99퍼센트가 외국인이고, 이곳에서 낚시를 가장 많이 하는 이용자는 영국에 사는 신경인지장애 노인이다.

이제 가상공간은 경제적 가치를 넘어 문화적, 사회적 가치도 생산하고 있다. 〈타임〉이 선정한 2021년 최고의 발명품 중 하나도 가상현실 플랫폼이다. 요양시설에 있는 노인들을 위한 가상현실 플랫폼 렌데버Rendever는 가상공간에서 경험과 추억을 공유하고 버킷리스트를 하나씩 달성하는 등, 노인들의 사회적 고립과 외로움을 가상현실로 해결해준다. 요양시설에 머무는 노인 두 명 중 한 명이 우울증이나 소외감을 느끼는데 렌데버로 노인들의 행복감을 40퍼센트 정도 끌어올릴 수 있다니, 얼마나 대단한가? 이처럼 메타버스는 불가능한 모든 상상이 실현되는 곳이다. 먼저 세상을 떠난 가족을 만날 수도 있고, 현실에서 이루지 못한 꿈을 이룰 수도 있다. 최근에는 고인이 된 가수들의 콘서트도 많이 열리고 있다. 그래서 가상공간은 디지털 기술 개발의 특이점이자 혁명일 수밖에 없다. 기존의 인터넷과는 완전히 차원이 다른 세상이기 때문이다.

메타버스 시대에 슈퍼 개인으로 사는 법

지금은 작고하신 이어령 교수님이 내가 발표한 세미나에서 기조연설을 해주신 일이 있다. 그때 교수님께서 "메타버스는 인류가 타는 마지막 버스가 될 것"이라고 하셨다. 인류가 처음 탄 것은 말이다. 다음에는 자동차, 기차, 비행기를 탔고, 지금은 우주선을 탈 수 있다. 이제 인류가 탈 수 있는 마지막은 메타버스밖에 없다니, 그곳에 무궁무진한 가능성이 있다니, 당시 교수님의 통찰에 감탄했던 기억이 있다.

많은 이들이 메타버스에 관심을 갖는 지금이 메타버스에 대한 기대가 정점인 시기라고 할 수 있다. 그런데 이 시기가 지나면 환멸을 느끼기 쉽다. 앞으로 긴 혁명의 시간이 진행되면서 상당히 많은 문제점이 드러날 것이기 때문이다. 기업으로 따지면 옥석이 가려지고, 사라지는 서비스도 많을 것이며, 그 와중에 실제로 수익을 만들어내며 사랑받는 서비스도 생길 것이다.

인터넷 혁명의 시간 동안 우리가 가장 부러워했던 기업은 애플과 구글이다. 애플과 구글이 만든 모든 소프트웨어나 기기에는 이런 문구가 있다. '디자인드 바이 애플 인 캘리포니아Designed by Apple in California', '파워드 바이 안드로이드Powered by android.'

메타버스와 웹 3.0의 시대에 우리는 현실을 넘어 내가 할 수 있는 것들을 스스로 찾아야 한다. 전공을 했든 말든 그런 것은 더 이상 문제가 되지 않는다. 다양한 분야와 영역에서 엄청난 지능형 도구들이 생겨나고 있고 그 도구는 더욱 진화할 것이다. 그리고 이 도구를 활용할 수 있는 공간은 계속해서 확장될 것이다. 이 모든 조합을 내 것으로 만들어야 한다. '디자인드 바이 미 인 메타버스 Designed by Me in Metaverse', '파워드 바이 미Powered by Me'라는 문구를 남겨야 한다.

메타버스를 경험해본 많은 사람들이 이 경험을 사소한 것으로 치부하는 경향이 있다. "내가 제페토 해봤는데, 별거 없던데?" 하지만 눈앞의 미래와 먼 미래, 빛과 그림자를 함께 보는 안목이 있어야 결국 나만의 경쟁력을 갖출 수 있다.

생각해보자. 내가 유튜브를 누구보다 빨리 알았다면, 그것을 일찌감치 배워 활용했다면 지금 어떤 성과를 맺고 있을지. 그런데 그런 혁명이 또 오고 있다.

유튜브가 한창 뜰 때, 드디어 크리에이터들의 시대가 왔다고 환호했다. 지금 잘나가는 유튜버들은 수익이 엄청나다. 각각의 크리에이터들에게는 지금까지가 전성기였다고 할 수 있다. 하지만 우리에게 최고의 순간은 아직 오지 않았다. "우리는 도구를 만들고 다시 도구는 우리를 만든다"는 마셜 맥루한의 말이 실감 나는 지금, 모두 하루빨리 메타버스에 올라타기를 바란다.

"먼저 불편해본 사람이
더 많은 기회를 얻을 수 있다"

김미경 × 이승환

김미경 메타버스가 뭔지 모르는 사람도 없지만 제대로 아는 사람도 없는 것 같습니다. 범위가 너무 넓어서인 것 같은데, 어떻게 접근하는 게 좋을까요?

이승환 지금 자신의 관심사와 메타버스를 연관 짓는 것이 가장 좋겠죠. 예를 들면 저는 디센트럴랜드 안에서 책을 낼 수 있어요. NFT를 발행해서 책 판매 수익을 나눌 수도 있고, 독자들 의견을 책에 반영하면서 소통할 수도 있습니다.

김미경 저는 AI 작곡을 해보고 싶은데, 그러고 보면 메타버스에서 활용되는 기술들은 모든 첨단과학이 다 통합된 것 같아요.

이승환 기술이 전부 분산되면 제 역할을 못 합니다. 많은 분이 메타버스와 XR을 동일시하는데, XR은 공간을 만드는 기술일 뿐이에요. 그런데 아무리 가상공간을 만들어도 공간만 있으면 금방 흥미가 떨어지겠죠. 그 안에서 할 수 있는 일이 있고 상호작용이 이루어지고 부가가치를 만들 수 있어야 재미가 지속됩니다. 그리고 이런 점들도 소유를 증명할 수 있을 때 의미가 생기고요. 그런 의미에서 지금은 디지털 패러다임의 전환, 가상공간의 특이점이 온 시기라 하겠습니다.

김미경 저도 메타버스에서 실시간으로 대면하면서 일하는 것을 자주 상상해봐요. 사실 줌, 카카오톡, 슬랙으로 일하면 시간도 오래 걸리고 소통도 빨리 안 돼서 정말 불편하거든요. 강의도 마찬가지일 테니 저도 서둘러야겠네요. 사실상 모든 일상이 메타버스로 옮겨가서 다시 현실과 연결되는 것 같습니다.

이승환 맞습니다. 이제부터는 전공의 싸움이 아니라 상상력의 싸움이에요. 상상을 실현하는 도구들이 많이 개발되었거든요.

김미경 그런 상상력을 키우기 위해, 우선은 메타버스에 적응해야 할 것 같아요. 간단하게는 제페토 계정을 만들어 그 안에서 직접 활동하는 경험이 중요한 것 같습니다. 그런 경험의 차이가 격차를 만들지 않겠어요?

이승환   그렇습니다. 그런데 메타버스를 경험하고도 여전히 이런 변화를 별것 아니라고 생각하는 분들이 많습니다. 메타버스에서 누릴 수 있는 수많은 공간과 활동 중에서도 나에게 맞는 것을 찾아야 하는데 남들이 다 간다는 곳에 한두 번 가보고 실망해서 다시 찾지 않는 분들이 많죠. 만약 지금까지의 경험이 만족스럽지 않았다면 좀 더 적극적으로 자신의 취향을 찾아야 합니다. 손가락만 움직이지 말고 아바타로 낚시도 하고 운동도 하고 일도 해보는 거죠.

김미경   이 경험을 적극적으로 하는 분들은 메타버스 플랫폼을 정말 잘 활용하는 것 같아요. 제가 아는 분도 쇼핑몰 플랫폼을 론칭해서 지금 막바지 작업을 하고 있는데, 필요한 엔진을 만들 땐 엄청 고생을 했지만 막상 완성되니 엄청 뿌듯해하더라고요. 그 안에서 쇼핑, 결제, 배송까지 일사천리로 된다고요.

이승환 맞아요. 예를 들어보면, 다이슨 제품이 그렇게 좋다고 하는데 고객 입장에서는 매장 직원의 말만 듣고 덜컥 사기가 어렵잖아요. 그래서 다이슨이 가상 매장을 열어 그곳에서 고객들이 직접 제품을 체험하고 성능을 느낄 수 있게 서비스하고 있습니다.

김미경 메타버스에서의 경험으로 소비자들의 소비 욕구를 증가시킬 수 있다면 기업들이 모두 도전하겠네요.

이승환 요즘은 오프라인에서 물건을 체험하고 온라인에서 저렴하게 구입하는 소비자들이 정말 많잖아요. 소비자들이 제품을 실제로 충분히 경험하지 못해서 생기는 현상이죠. 그런데 가상세계에서 만족할 만한 체험을 할 수 있다면 그 자리에서 바로 사게 될 겁니다.

김미경 제가 사업을 시작하던 초기에는 오프라인 수입이 90퍼센트였는데, 코로나 시기를 거치면서 회사 수익의 90퍼센트가 온라인에서 발생했습니다. 앞으로는 모든 수익이 메타버스에서 나올 수도 있겠다 싶더라고요. 지금 2D를 보면 정말 밋밋하거든요.

이승환 확실히 모든 무게중심이 메타버스로 이동하고 있습니다. 얼마 전에 주커버그가 튜링 테스트에 대해 언급하기도 했고요. 튜링 테스트란 기계의 지능을 판별해서 인간과 얼마나 비슷한지 확인하는 시험이에요. 주커버그가 가상공간에 대해 튜링 테스트를 한다는 거예요. 우리가 지금까지 봤던 메타버스 공간은 보자마자 가상이라는 것을 확실히 알 수 있었지만, 앞으로는 저 공간이 실제인지 아닌지 구분하기가 점점 어려워질 겁니다.

김미경 그 정도로 가상과 현실이 흡사해진다니 놀랍네요.

이승환 조만간 가상공간에서 악수하는 일이 정말 아무것도 아닌 세상이 올 겁니다. 지금도 햅틱 글로브를 끼고 가상공간에서 만나면 사람 사이에 촉각이 느껴집니다. 슈트를 입으면 상대의 어깨를 토닥여줄 수도 있고요. 이런 웨어러블 기기들이 계속 발전하고 있습니다. 모두 인류가 꾸준히 쌓아온 혁신의 결과죠.

김미경 메타버스 정책도 마련되어야 할 텐데, 법과 제도를 준비하는 것도 힘들겠어요.

이승환　그게 정말 문제입니다. 내 아바타가 나도 모르게 사고를 칠 경우, 처벌하거나 책임을 물을 때 아바타에게 해야 할지 나에게 해야 할지도 문제가 되지요. 결국 인간의 기본권부터 시작해서 인류가 만들어온 온갖 제도의 수정이 불가피해질 것입니다.

김미경　지금은 유튜브로 돈을 벌면 내 계정에 관한 모든 책임은 내가 지는데 메타버스는 상황이 다른가요?

이승환　가상에서의 행동 결과를 현실에서 그대로 인정할 수 있는가에 대한 문제가 있습니다. 2016년에 가상현실에서 성폭행 사건이 발생한 일이 있었습니다. 가상현실에서는 상대의 손과 움직임이 다 보이거든요. 그런데 어떤 분이 거기서 너무 나쁜 경험을 한 거예요. 햅틱 글로브를 끼지 않아서 촉각은 느끼지 못했지만 상황 자체만으로도 겁을 먹은 거죠. 이게 당시 심각한 문제로 부각되었습니다.

그래서 얼마 전 호라이즌 월드에서 거리두기 기능을 추가했어요. 아바타 간 최소 거리를 설정하는 기능인데요. 성희롱 처벌 기준도 나라마다 제각각인데, 여러 국적의 사람들이 만날 때 규정을 어떻게 적용해야 할지도 중요한 이슈가 되지요. 법적 규제는 정말 까다로운 문제입니다.

김미경 그렇지 않아도 디지털 범죄는 정책이 따라가기 힘든데, 메타버스는 참 만만치 않겠네요.

이승환 메타버스에도 빛과 그림자가 있습니다. 제가 가능한 한 좋은 면을 많이 소개해드리려고 새로운 도구와 가치를 말씀드렸지만 그만큼 대가도 치러야 합니다. 수많은 저작권 이슈도 예견돼 있고요.

김미경 또 우려되는 것 중 하나가, 메타버스 세상에서는 빈부격차가 더 심해질 것 같아요. 우리가 흔히 "내 몸이 열 개면 좋겠어"라고 하는데 그게 진짜 실현되는 것 아닙니까? 내 아바타가 열 명이면 열 명이 모두 돈을 벌 수 있잖아요. 그러면 메타버스 세상을 적극적으로 활용하는 사람과 그렇지 않은 사람 간의 격차가 더 벌어질 것 같아요.

이승환 당연합니다. 그것도 메타버스의 그림자라 할 수 있습니다.

김미경 그럼 메타버스가 우리 삶에서 본격화하는 시점을 언제로 생각하시나요?

이승환   기술의 발전 속도는 엄청나게 빨라요. 그런데 제도 면에서 제동이 많이 걸릴 것 같습니다. 빌 게이츠는 3년 후쯤이면 기업의 모든 회의가 메타버스에서 이루어질 거라고 했는데, 아무래도 업무 환경에서의 변화가 더 빨리 올 것 같습니다. 많은 사람들이 관심 갖고 있는 AR 글라스는 2, 3년 안에 나온다고들 하고요.

김미경   저는 AR 글라스가 정말 기대돼요.

이승환   그런데 AR 글라스도 리스크가 있어요. 최근에 페이스북에서 레이밴 스토리라는 스마트 선글라스를 만들었어요. 촬영 기능까지 있어서 지금 내가 있는 공간을 바로 촬영해서 인스타그램이나 페이스북에 올릴 수 있습니다. 그런데 이 글라스를 아무리 좋은 의도로 만들었어도 데이터 유출 문제가 생길 수 있죠. 상대가 원하지 않는 정보가 기록될 수 있으니까요.

가상공간에서 활동한다는 건 나의 말, 몸짓, 옷차림, 시선까지 모든 활동 내역과 생체 데이터가 기록된다는 뜻이기도 하잖아요. 어쩌면 그동안 인터넷상에서 유출되던 개인정보와는 비교도 안 될 만큼의 리스크가 발생할 수도 있습니다.

김미경 생체정보까지 노출된다면 문제가 정말 심각하네요.

이승환 그렇습니다. 시선 추적과 움직임 추적을 통해서 지금 내 시선이 어디에 있는지, 나의 움직임이 어떠한지, 내가 그 순간 무슨 말을 했는지도 알 수 있으니까요. 한편으로는 그렇게 많은 데이터를 제공하는 사람들 덕분에 더 좋은 서비스가 제공되는 것도 사실이고요. 그래서 빛과 그림자가 분명히 존재한다는 겁니다.

김미경 이제 다들 이러한 세상에 잘 적응하는 게 숙제겠네요. 그럼 우리가 어느 정도로 스스로를 혁신해야 슈퍼 개인으로 건강하게 살아갈 수 있을까요?

이승환 일단 두려움을 버릴 필요가 있습니다. 초기 인터넷 때도 그랬지만 낯선 도구가 등장하면 누구나 어려워하고 불편해합니다. 하지만 초기 인터넷 시대에도 그 두려움과 불편함을 누구보다 빨리 극복한 사람들이 새로운 기회를 선점했어요. 지금도 마찬가지예요. 먼저 기꺼이 불편함을 경험해야 앞자리를 차지할 수 있고, 더 많은 기회를 얻을 수 있을 겁니다.

WEB 3.0

NEXT ECONOMY

웹 3.0 커뮤니티는 어떻게 비즈니스가 되는가

에리카 강

블록체인 커뮤니티 전문가

커뮤니티 빌딩 브랜드 '크립토서울' 대표. 스탠퍼드대학교에서 국제정책학 전공으로 석사 학위를 받고 대기업 전략실에서 일하던 중, 블록체인을 접하게 되었다. 블록체인에 대한 인식이 거의 전무하던 시기부터 활동을 시작했다. 이더리움, 코스모스, 폴카닷 등 글로벌 블록체인 프로젝트의 국내 커뮤니티 빌드업에 기여했으며, 2018년부터 3년째 국내에서 블록체인 기술 컨퍼런스 '비들 아시아'를 주관했다.

웹 3.0 커뮤니티에서는 무엇보다 신뢰가 중요하다. "신뢰할 수 없는 사회에 대한 신뢰 구축Building Trust in Trustless Society"이라는 문구는 웹 3.0 커뮤니티 업계에서 매우 소중한 지침이다. 블록체인 기술 자체에는 사람의 손길이 많이 필요하지 않지만, 결국 모든 일은 사람이 한다. 한 번의 실수로 공든 탑이 무너지지 않도록 꾸준히, 정성스럽게 신뢰를 쌓을 때 나만의 커뮤니티를 탄탄하게 구축할 수 있을 것이다.

웹 3.0의 길잡이가 되어주는 '커뮤니티 빌딩'

기존에도 있었지만 웹 3.0 시대에 더욱 중요해진 개념 중 하나가 바로 '커뮤니티'다. 웹 3.0의 핵심인 탈중앙화가 가능하려면 그만큼 많은 참여자가 필요하고, 참여자들이 모이는 곳이 바로 커뮤니티이기 때문이다.

나는 2018년 초부터 커뮤니티 빌딩 기업인 '크립토서울'에서 일하면서 웹 3.0 커뮤니티에 관한 관심이 갈수록 뜨거워지는 것을 시시각각 느꼈다. 커뮤니티에도 두 부류가 있는데, 크게는 웹 2.0에서 진화한 커뮤니티와 웹 3.0에서 자생한 커뮤니티로 나눌 수 있다. 웹 2.0에서 진화한 커뮤니티는 기본적으로 팔로워 층이 견고

하지만 웹 3.0 구조로 변하면서 크고 작은 혼란과 마찰이 생겨나고 있는 것이 현실이다.

커뮤니티의 중요성을 알아보기 전에, 먼저 '커뮤니티 빌딩'이 무엇인지 살펴보자. 내가 일하는 크립토서울이 바로 커뮤니티 빌딩 기업이다. 여기서 빌딩은 확장이란 뜻으로 이해하면 된다. 커뮤니티를 빌딩한다는 건 한마디로 웹 2.0과 웹 3.0 사이에서 웹 3.0이 더 안전지대임을 안내하는 길잡이 역할을 한다는 뜻이다. 이벤트에 참여하거나 인센티브를 받을 기회 등을 수시로 제공하면서 사람들이 커뮤니티에 계속 관심을 갖도록 만드는 것이 나의 역할이다. 커뮤니티는 무엇보다도 지속성이 중요하기 때문이다.

나는 영어 콘텐츠 번역, 언론홍보, 공식 소통방 운영, 웹 2.0 업계와의 연결 등 다양한 역할을 하면서 새로운 커뮤니티 빌딩 기회를 만들어내기 위해 노력한다. 웹 3.0 커뮤니티는 진입 장벽이 여전히 높은 편이고 대중적으로 확장하려면 갈 길이 멀기 때문이다.

나는 웹 3.0에서 자생하는 커뮤니티도 만들고 있다. 아직 팔로워 층이 두텁진 않지만 웹 3.0의 가치와 철학을 믿는 이들을 대상으로 중립적인 커뮤니티를 구축하는 것이 나의 목표다. 웹 3.0 커뮤니티는 토큰 프로젝트, NFT 프로젝트 등을 통해 자생하는 경우가 많다. 토큰을 무료로 주는 에어드롭 이벤트 등을 통해 팔로워를 모으기도 하고, SNS 등을 활용해 기본 틀을 구축하고 이후 오프라인으로 진출한다.

커뮤니티 운영자들은 무슨 일을 할까

다음 페이지의 그림은 인사이트 큐레이션 서비스 '디파이 코리아
DeFi Korea'의 공식 텔레그램 단톡방이다. 디파이 코리아는 2020년부
터 운영된 커뮤니티로 디파이 및 블록체인에 대한 이해를 돕고 소
통을 지원한다. 다양한 방법으로 다수의 프로젝트를 소개하고 업
계 전반의 관련 뉴스와 인사이트를 공유하기도 한다. 우리나라에
서는 특히 디파이에 대한 자료가 부족한 편이라 전반적인 이해도
가 낮은데, 디파이 코리아가 이러한 부분을 채우려고 많이 노력하
고 있다.

가장 대표적인 예가 AMAAsk Me Anything라는 질의응답 세션이다.
해당 프로젝트의 대표에게 질문지를 주고 실시간으로 답변을 받아
한국어로 번역해 커뮤니티에 공유하는 방식이다. AMA를 주최하
면서 커뮤니티에 대한 관심을 유발하고, 인센티브를 제공하기 위
해 에어드롭 이벤트도 종종 연다. 에어드롭이란 선택된 사람에게
일정 비율의 암호화폐를 지급하는 것이다. 이렇게 깜짝 이벤트를
열면 사람들이 우르르 몰리는데, 이런 식으로 신규 멤버를 모으면

서 커뮤니티 규모를 키워나가 기도 한다.

해외 프로젝트의 경우 주로 영어로 소통하기 때문에 언어 장벽이 발생할 수밖에 없다. 이 때 한국인 매니저가 번역을 도 와준다. 요즘은 프로젝트 규모 가 전반적으로 너무 커져서 매 니저 한 명으로는 여러 질문에 응대하기가 벅차고, 나라마다 시 차도 고려해야 해서 몇 사람이 상주하면서 질문에 답변한다. 물론 보상은 당연히 주어진다.

해외 커뮤니티 매니저들이 나 커뮤니티 빌더들과 함께 만드는 사적 교류의 장도 있다. 그동안 쌓은 레퍼런스와 신뢰를 기반으로 하는 '커뮤니티의 커뮤니티'인 셈이다. 각 나라를 연결해주는 UN처럼, 비록 국제기구는 아니지만 UN 같은 성격을 가진 연합 커뮤니티도 있다. 대규모 국제행사를 기획할 때나 어려움이 있을 때 이곳에 도움을 요청하는데, 커뮤니 티 빌더들끼리 오랫동안 쌓아온 단단한 신뢰 관계 덕에 실질적인 노하우나 정보를 많이 주고받는다. 나 역시 '커뮤니티의 커뮤니티'로부터 많은 도움을 주고받는다. 아마 커뮤니티는 시간이 지날수록 웹 3.0 생태계에서 더욱 무시할 수 없는 위상을 갖게 될 것이다.

커뮤니티 매니저, 웹 3.0 시대의 필수 전문가

웹 3.0에서 커뮤니티의 중요성이 커지면서 이제는 커뮤니티 매니저라는 하나의 직업까지 탄생했다. 처음에는 자신이 좋아하는 프로젝트나 투자한 프로젝트를 키우기 위한 일종의 자원봉사로 시작한 사람들이 대다수지만, 점차 웹 3.0 생태계의 필수 인력으로 자리 잡고 있다.

현재 각 나라마다 커뮤니티 매니저가 상당수 생겨나고 있다. 이들은 커뮤니티를 키우면서 자체 토큰이나 US달러 등으로 인센티브를 받는다. 인센티브를 받으니 책임감도 커지고 커뮤니티 빌딩을 위한 노력도 더욱 열심히 하게 된다. 업무가 점점 체계화되는 것은 기본이다. 한때는 잘못된 정보를 유포하는 이들도 있었지만 요즘은 정화가 많이 되었고, 국가별 커뮤니티 매니저가 등장하면서 소통방식이 일원화되니 프로젝트의 콘셉트 역시 점차 조화를 이루고 있다.

커뮤니티 매니저에게 가장 중요한 역할이 소통인 만큼, 영어 실력과 커뮤니케이션 능력은 필수다. 그 외에도 불특정 다수를 상대로 시차를 넘나들며 발생하는 다양한 이슈를 처리할 수 있는 유연한 대처 능력도 갖춰야 한다. 웹 3.0 시대는 모든 것이 빠르게 움직이고 변화하는 만큼 커뮤니티 내에서 발생하는 새롭고 다양한 사안에 민감하게 대처할 수 있는 의연함도 중요하다.

커뮤니티 매니저는 지금 막 주목받기 시작한 직군인 만큼 이들에 관한 자료가 거의 없다. 그래서 특정 상황에서 어떻게 대처해야 하는지, 어떻게 이 분야로 커리어를 쌓아야 할지 등을 묻는 사람들이 많지만, 명확히 답하기가 쉽지 않다. 나도 여전히 배우고 있는 만큼, 이 직군에 관심이 있는 사람들이 있다면 빠르게 합류할 것을 추천한다. 함께 멋진 직군을 만들어간다는 생각으로 서로의 고민과 노하우를 나누다 보면 웹 3.0 시대에 반드시 필요한 인재로 성장할 수 있을 것이라고 믿는다.

규모보다 책임감, 수입보다 신뢰

그동안 해왔던 대규모 마케팅과 홍보가 더 이상 큰 효과를 발휘하지 못하는 시대로 접어들면서, 규모는 작아도 개개인끼리 소통하고 철학을 공유하면서 신뢰 관계를 쌓는 것이 더욱 중요해졌다. 사실 규모는 시간의 문제다. 커뮤니티 구성원들이 저마다의 역할에 충실하면서 함께 커뮤니티를 키워나간다는 책임감을 가진다면 생태계는 점점 커질 수밖에 없다.

현재 운영되는 NFT 커뮤니티를 보면 프로필 사진이 다 똑같거나 거의 비슷한 경우가 많다. 이러한 커뮤니티는 우리끼리 같은 취향을 보유했다는 동질감을 심어주어 서로를 결속시킨다. 이처럼 웹 3.0 커뮤니티에서는 기본적으로 온라인상의 존재감, 정체성이 중요하다. 다음 장에서 보듯 나도 온라인상에서는 다섯 개의 이미지로 나를 드러낸다. 이 중에는 내가 직접 구매한 것도 있고, 내가 신뢰하는 브랜드를 얼굴 위에 겹친 것도 있으며, 내가 만든 캐릭터도 있다. 이렇게 나를 드러낼 수 있는 다양한 이미지를 프로필에 올리면, 프로필만 보고도 내가 무엇을 선호하는지 드러낼 수 있다.

웹 3.0에서는 군이 나의 정체를 직접 드러내지 않고도 자신의 또 다른 자아를 다양하게 보여줄 수 있고 창의성 있게 나를 표현할 수도 있다. 현실에서 가질 수 없는 또 다른 자아를 가지고 행복하게 살아가는 것은 웹 3.0 생태계에 발을 들인 사람만이 누릴 수 있는 특권이다.

다음 페이지에 있는 나의 프로필 사진 중 가장 왼쪽에 있는 이미지는 이더덴버 콘퍼런스에서 제법 큰돈을 주고 구매한 NFT '버피

콘bufficorn'이다. 이렇게 내가 좋아하는 것을 NFT로 구매하고 프로필 사진에 올리며, 같은 관심사를 가진 사람들과 유대감이 생기면서 또 하나의 커뮤니티가 형성되기도 한다. 웹 3.0 커뮤니티는 이런 식으로 탄생하는 경우가 많다.

커뮤니티를 만들 때는 확실한 개성을 추구하고, 구성원들과 소통하면서 그들의 욕구를 잘 파악해야 한다. 꾸준한 활동과 이벤트로 개개인의 참여와 관심을 끌어내는 일도 무척 중요하지만, 서로 신뢰를 쌓는 것이 가장 중요하다. 모든 활동이 진정성 없는 일회성 이벤트로 끝나지 않아야 한다.

이러한 웹 3.0 커뮤니티는 과연 얼마나 지속될 수 있을까? 아직은 서로 손을 잡고 암흑 속을 걷는 듯한 상태여서 성공을 확신할 수는 없다. 현재 운영되는 웹 3.0 커뮤니티 중에도 서로 신뢰를 쌓지 못해 비난을 받거나, 완전히 무너지는 사례가 분명 많다. 커뮤니티가 한 번 신뢰를 잃으면 또다시 기회를 가질 수 없기 때문에 나 또한 사명감을 가지고 차근차근 신뢰를 쌓아가는 중이다.

커뮤니티는 원래 톱다운top-down 방식이 아니라, 각자의 책임감이 막중한 상태에서 모든 것을 함께 만들어가는 바텀업bottom-up 방식으로 운영되는 조직이다. 따라서 자신의 역할에 희열을 느끼는 사람들이 많다. 이들 핵심 구성원들과 기여자들이 커뮤니티 생태계를 서서히 키워나가기 때문에 결코 하루아침에 확장되지 않는다. 나는 갑자기 성장하는 커뮤니티는 절대 신뢰하지 않는다.

그러니 웹 3.0 커뮤니티를 형성하는 데는 공이 많이 들 수밖에 없다. 오랜 시간에 걸쳐 소통하고 욕구를 파악하는 일이 너무나 중요하다. 자신이 이 커뮤니티에서 무엇을 원하는지, 어떤 역할을 하고 싶은지 끊임없이 질문하면서 함께 만들어가는 유연성 있는 조직이 진정한 웹 3.0 커뮤니티다. 역동적인 커뮤니티에서는 누구도

가만히 있지 않고, 가만히 있어서도 안 된다. 모두가 함께 배우고 참여해야 한다. 구성원들이 활발하게 움직이는 커뮤니티가 오래가는 법이다.

이를 위해 빼놓을 수 없는 것이 인센티브다. 지속적인 수익화를 위해서는 인센티브가 반드시 있어야 한다. 커뮤니티가 언제까지 비영리로만 존재할 수는 없다. 그래서 웹 3.0 커뮤니티는 구성원들이 수익을 기대할 수 있도록 다양한 인센티브를 제공하는 실험을 많이 해야 한다.

커뮤니티를 내실 있게 키우는 방법

크립토서울에서 일하면서 지난 5년간 커뮤니티를 키우기 위해 온갖 실험을 한 결과, 다양한 채널을 활용해야 한다는 결론을 얻을 수 있었다. 예전에는 페이스북, 유튜브, 카카오톡, 블로그 등을 주로 활용했지만, 요즘은 트위터나 디스코드도 많이 활용한다.

2021년 클럽하우스에서 개최한 '리틀 비들 크립토 어돕션Little Build Crypto Adoption 2021' 콘퍼런스가 있다. 가상자산 분야에서 일하는 사람들과 다양한 이야기를 나눌 수 있었는데, 반응이 너무 좋았다. 내 소셜 미디어의 팔로워와 팔로잉 수가 모두 어마어마하게 느는 걸

보면서, 클럽하우스를 통해서도 커뮤니티가 형성될 수 있음을 실감했다. 자신만의 커뮤니티를 만들고 싶다면 어떤 채널을 활용하든 다양한 소통의 창을 열어놓도록 하자. 대신 유튜브 활동은 가장 기본으로 해야 한다. 나 역시 현재 크립토 업계의 주요 리더와 빌더 52인을 인터뷰해 시리즈로 발행한 적이 있는데 반응이 매우 좋았다. 업계 사람들도 미처 몰랐던 정보를 얻어간다고 말해주어 개인적으로 매우 보람 있는 작업이었다. 이런 식으로 정보도 공유하고 좋은 사람들을 소개하는 것이 커뮤니티의 역할이라고 생각한다.

나는 오프라인의 중요성도 강조하는 편이다. 웹 3.0 커뮤니티라고 무조건 온라인에서만 프로그램을 진행하는 것은 아니다. 온라인만큼이나 오프라인 참여도 중요하다. 온라인과 오프라인은 서로를 보완하면서 함께 가야 한다. 나는 주기적으로 오프라인 행사를 여는데, 인간의 관계는 온라인만으로 온전히 채울 수 없기 때문이다.

다음 페이지에 등장하는 그림은 커뮤니티의 성장 과정을 보여준다. X축이 신뢰인데 신뢰가 쌓일수록 그래프 곡선이 상승하는 것을 알 수 있다. 신뢰가 쌓일수록 규모가 점점 확장되는 것이 커뮤니티의 기본 성장 과정이다. 그만큼 커뮤니티에서는 신뢰가 중요한데, 신뢰를 쌓는 가장 기본 조건은 개인 간의 믿음이다. 나를 믿어달라고 커뮤니티 멤버들에게 호소하는 식으로는 신뢰가 형성되지 않는다. 한 사람 한 사람의 마음을 파고들어야 한다. 그러니 커뮤니티의

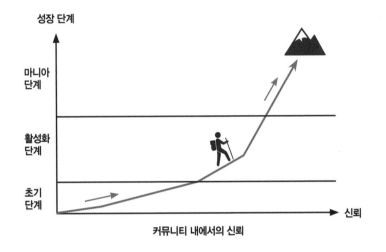

■ 커뮤니티 내에서 자신만의 신뢰를 쌓는 과정

성장 단계

마니아
단계

활성화
단계

초기
단계

신뢰

커뮤니티 내에서의 신뢰

성장 과정이 처음에는 더딜 수밖에 없다. 대신 어느 순간 빠르게 치고 올라가는 시기가 온다.

웹 3.0 커뮤니티를 키우는 방법으로 내가 추천하는 것은 그랜트 grant 프로그램이다. 그랜트란 일종의 보상을 말한다. 메인 프로젝트 대신 다양한 활동을 수행하면서 특정 미션을 달성해 그랜트를 받는 것이다. 나 역시 여러 커뮤니티에 기여하는 만큼 많은 그랜트를 받고 있다. 커뮤니티 멤버들이 재미를 느낄 밈을 만들거나, 커뮤니티 홍보 글을 자국어로 번역하거나, 행사를 주최하고 그랜트를 받을 수도 있다. 나는 한국에서 행사를 주최하고 그랜트를 받기도 한다. 특히 개발자 행사 주최는 상당한 노력이 필요한 일인데, 이 일을 잘 성사시킴으로써 높은 신뢰를 쌓고 그랜트를 받을 수 있으니 나에게도 좋은 기회인 셈이다. 처음에는 단순히 특정 분야에 관심을 갖던 개인 투자자들이 그랜트를 꾸준히 받으며 생태계에서 중요한 역할을 하는 멤버로 성장하는 경우도 있다.

커뮤니티에서는 토큰도 발행할 수 있다

웹 3.0 커뮤니티를 키우는 또 다른 방법은 '소셜 토큰' 발행이다. 소셜 토큰은 인플루언서, 브랜드, 콘텐츠 제작자 등 소셜 가치를 제공하는 주체가 발행해서, 커뮤니티에 기여한 사람들에게 인센티브 형식으로 지급하는 토큰이다. 일종의 사회적 토큰인 소셜 토큰은 개인 토큰과 커뮤니티 토큰으로 나눌 수 있다. 개인 토큰은 나를 중심으로 발행하는 토큰이고, 커뮤니티 토큰은 나를 중심으로 만들어진 커뮤니티에서 발행하는 토큰으로, 규모가 다르다.

다음 페이지 하단에 보이는 여성은 아티스트로, 자신의 작품 활동을 후원받기 위해 토큰을 발행했다. 누군가가 토큰을 사면 이 아티스트의 작품 활동을 후원하는 서포터즈가 되는 것이다. 이 아티스트가 워낙 웹 3.0 커뮤니티에서 오래 활동하며 신뢰를 쌓은 덕에, 토큰은 상당히 반응이 좋았다.

외쪽 위로 보이는 분홍색 원은 유명 가수가 발행한 토큰이다. 자신의 음원을 이 토큰으로 구매할 수 있게 했는데, 이것도 반응이 매우 좋았다. 사실 토큰 발행에는 여러 구설수가 따르지만, 개인적으로는 대단히 용기 있는 도전이라고 생각한다.

지금 이 시간에도 많은 커뮤니티에서 매우 다양한 시도들이 이루어지고 있다. 심지어는 아파트를 사야 하는데 자금이 부족하니 도와달라며 토큰을 발행한 사람도 있다. 이 사람은 웹 3.0 커뮤니

■ 웹 3.0 커뮤니티에서 발행된 다양한 토큰

티에서 매우 활발하게 활동했는데, 그동안 많은 정보를 공유하며 커뮤니티 성장에 기여한 덕분에, 이 사람이 발행한 토큰도 반응도 좋았다. 결국 이 사람은 아파트를 구입하는 데 성공했고, 그의 유명세와 신뢰도는 더욱 올라갔다.

이렇게 개인적 목적이나 소소한 재미를 위해서 토큰을 발행하기도 하고, 본격적인 커뮤니티 활동을 위해서 발행하기도 한다. 왼쪽 이미지 하단이 내 이름을 따서 발행한 에리카 토큰이다. 현재 유니스왑Uniswap이라는 이더리움 블록체인에서 운영하는 탈중앙화 거래소에 상장된 상태다. 나는 커뮤니티 활동을 좀 더 활발하게 하면서 이 토큰을 의미 있게 쓸 수 있는 사용처를 많이 추가하려고 노력하고 있고, 이것이 소셜 토큰의 당면 과제라고 생각한다.

지금은 소셜 토큰이 어떻게 사용될지, 활용처를 늘려갈 수 있을지, 사용되는 만큼 가치를 부여할 수 있을지 실험하는 단계다. 내가 토큰을 발행한 이유도 현재 여러 분야에서 활동하고 기여하는 만큼 인센티브가 필요하다고 느꼈기 때문이다. 5년 동안 지속적으로 활동해오면서 신뢰를 많이 쌓은 만큼, 이제는 때가 되었다고 생각했다. 물론 앞으로 이것을 어떻게 유지하고 확장해 나갈지는 더 치열하게 고민해야 한다.

무한한 가능성을 가진, 쭉쭉 커나가는 소셜 토큰의 세계

소셜 토큰은 다오만큼이나 아직 초기 단계에 있다. 아직 이렇다 할 결과를 논하기에는 이르지만 소셜 토큰 생태계는 그야말로 쭉쭉 커나가고 있다. 소셜 토큰을 발행하는 방법으로도 웹 3.0 커뮤니티를 키울 수 있는데, 지금도 다양한 커뮤니티에서 여러 시도를 하고 있다. 소셜 토큰 구매자들만 참석할 수 있는 특별 행사를 연다든가 토큰 소유자에게만 멘토링 서비스를 해주는 식으로 특화된 콘텐츠나 이벤트 등을 벌이는 식이다. 토큰 소유자들은 토큰의 가치를 느끼며 또다시 토큰을 사고, 이것을 활용하며 커뮤니티에서 함께 성장하는 선순환을 경험하고 있다.

오른쪽 그림은 업계에서 발행된 여러 유명 소셜 토큰 현황이다. 아직은 초기 단계여서 가짓수가 많지는 않다. 내가 토큰을 론칭할 때 주변 인플루언서들이 나의 소셜 미디어 계정을 많이 팔로우하기 시작했는데, 아마 나의 소셜 토큰이 어떻게 진행될지 궁금해서였을 것이다.

음악 카테고리에 있는 분홍색 'RAC'는 앞에서 언급한 유명 가수가 발행한 토큰이다. 이처럼 유명 인사들이 웹 3.0 생태계에 유입되면서 점점 많은 팬들의 지지를 받고 있다.

실명 대신 프로필 사진으로만 활동하는 유명 NFT 아트 콜렉터

중에 웨일 샤크Whale Shark도 있다. 이 사람 또한 '웨일 커뮤니티'를 만들어서 자신의 커뮤니티 토큰을 발행했다. 웨일 토큰을 가진 사람들은 이 커뮤니티에서 활동하면서 정보를 공유하고 NFT 업계의 값진 정보들을 얻을 수 있다. 소셜 토큰의 가격이 내려가면 발행자와 구매자 모두에게 손해인 만큼 커뮤니티의 성장을 위해 각자 노력하게 되고, 그 과정에서 유대감은 더욱 커진다.

기술적으로 토큰을 발행하는 것은 누구나 할 수 있지만, 그렇다고 아무나 토큰을 발행해서는 안 된다. 웨일 샤크처럼 NFT 세계를 깊게 이해하는 사람이 커뮤니티 토큰을 발행하는 것은 환영할 만한 일이지만, 웹 3.0에 대한 기본적인 이해가 없는 사람이 토큰을 발행하면 기존 팔로워들이 불편해할 수밖에 없다. 사실 소셜 토큰 발행은 매우 조심스러운 일이어서, 먼저 충분한 소통이 이루어지지 않으면 두 번 다시 토큰을 발행할 기회를 얻지 못할 수도 있다.

신뢰 없는 사회에서 슈퍼 개인이 된다는 것

도서상품권, 게임 머니, 별풍선 등 특정 서비스 내에서 쓸 수 있는 화폐는 우리 주변에 많이 있지만, 이것들의 발행 주체는 대부분 기업 또는 정부였다. 이제는 개인이 화폐 발행 주체가 되는 시대가 왔다. 소셜 토큰이 성장한다는 것은 슈퍼 개인이 등장하기 시작했다는 의미와 같다.

우리는 어떻게 웹 3.0 커뮤니티를 주도할 수 있을까? 우리는 웹 3.0이라는 거대하고 새로운 무대에 밀려오는 수많은 개인과 다른, 대체 불가능한 존재가 되어야 한다. 나 자신이 슈퍼 개인이 되어 대체 불가능한 나만의 브랜드를 구축해야 한다. 그렇게 스스로를 단련하는 사람만이 웹 3.0 커뮤니티에서 살아남을 수 있다.

거듭 강조하지만, 웹 3.0 커뮤니티에서 신뢰는 너무나도 중요하다. 신뢰는 한 번의 실수로도 완전히 무너질 수 있기에 매사 신중해야 한다. "신뢰할 수 없는 사회에서 신뢰를 쌓기"라는 말은 웹 3.0 커뮤니티 업계에서 매우 중요한 지침으로 활용된다. 사실 블록 체인 기술 자체는 코드로만 움직이기 때문에 인간의 손길이 필요하지 않지만, 결국 모든 일은 사람이 하는 것이기에 조심스럽게 차근차근 신뢰를 쌓아야만 커뮤니티를 주도할 수 있다.

웹 3.0 커뮤니티에는 워낙 다양한 플레이어들이 존재하기 때문에 자신이 어떤 이들과 결이 맞는지, 누구와 협업하는 것이 도움이 되는지도 계속 실험해야 한다. 커뮤니티 업계는 분명 기회가 많은 곳이지만, 그만큼 치열한 곳이기도 하다. 상대가 과연 함께 일할 만한 인물인지 평판 확인도 확실하게 해야 한다.

어느 분야나 마찬가지겠지만 커뮤니티 세계에도 선점 효과가 있다. 남보다 먼저 경험하는 것이 중요하다. 많은 부분에서 시행착오를 겪으면서 몸으로 직접 이치를 깨달아야 한다. 이론으로 배우는 데는 한계가 있다. 기획력, 열정, 창의성으로 무장하고 끊임없이 도전하는 사람이 결국 웹 3.0 커뮤니티에서 성공할 것이다.

누구나 웹 3.0의 주인공이 될 수 있다

웹 3.0 커뮤니티 특유의 문화를 익히고 싶다면 우선 트위터, 디스

코드 등 새로운 플랫폼에 가입하고 일단 어디라도 활동해보는 것이 좋다. 특히 트위터는 신원을 드러내지 않고 가볍게 시작할 수 있어서 어렵지 않다.

웹 3.0에는 아직 법적 규제가 많지 않다. 정부도, 업계도 이제 막 배워가는 단계여서 그렇다. 그래서 실험정신과 합법성 사이에서 균형을 잡는 게 중요하다. 도전은 하되 '이건 좀 아닌 것 같다' 하는 부분은 적당히 끊어야 한다. 나의 모든 활동이 투명하게 드러나는 공간인 만큼, 탄탄한 신뢰를 쌓고 싶다면 모든 활동을 합법적인 범위 내에서 하는 것이 좋다.

당부하고 싶은 것은, 지금 당장 뜨는 용어들만 좇지 말라는 것이다. NFT나 다오가 화제라고 이 두 가지만 찾는 사람들이 있는데, 웹 3.0에는 정말 수많은 트렌드가 존재한다. 인기 있는 키워드만 따라가지 말고 먼저 업계 전반을 이해하려고 노력해보자.

웹 3.0 커뮤니티를 대하는 자세는 기본적으로 '공부'여야 한다는 점은 아무리 강조해도 지나치지 않다. 일희일비하지 말아야 한다. 이 커뮤니티는 장기적으로는 나의 움직임이자 문화 그 자체다. 절대 가격에 집착해서는 안 된다. 가격은 내려갈 수도 있고 올라갈 수도 있다. 그래서 이 업계의 베테랑들은 절대 가격 때문에 우왕좌왕하지 않는다. 업계 사람들은 시장이 좋지 않은 지금을 오히려 호재로 본다. 거품이 걷히고, 뜨내기들이 사라지고, 차분한 분위기에서 찬찬히 활동하면서 자신만의 신뢰를 쌓을 기회로 여기기 때문이다.

나 또한 지금이야말로 내 커뮤니티가 빛을 발할 기회이자 옥석이 드러나는 좋은 시기라고 생각한다. 반짝 뜨고 마는 커뮤니티는 진정한 커뮤니티가 아니다. 경기와 상관없이 활동할 수 있는 커뮤니티가 진짜 커뮤니티다.

커뮤니티 세계에서는 자신만의 가치를 더할 방법을 고민하는 자세도 필요하다. 지금은 아무래도 개발자들의 역할이 큰 만큼 그들이 좀 더 대우를 받고 있지만, 비개발자도 충분히 활동할 수 있다. 나도 개발자가 아니지만 나만 할 수 있는 역할을 찾아 지금까지 노력해왔고 그에 대한 보상을 받아왔다. 오히려 개발자들을 연결시켜주는 나의 역할이 커뮤니티의 존재를 완결하는 것이 아닐까 생각하며 자부심을 느끼고 있다. 웹 3.0은 우리 모두를 품을 수 있는 정말 매력적인 무대임을 잊지 말자. 누구나 자기만의 가치를 마음껏 드러내며 웹 3.0 시대가 원하는 인재가 될 수 있다.

"웹 3.0 커뮤니티를 키우는 8할은 신뢰와 애정, 철학이다"

김미경 × 에리카 강

김미경　크립토서울에서 일을 시작하신 지는 얼마나 됐나요?

에리카 강　현재 5년 차입니다. 제가 시작할 때만 해도 커뮤니티는 아예 없었고, 당시 트렌드였던 가상화폐공개를 하기 위해 홍보 작업을 많이 했어요. 정보 전달을 위해 만든 순수한 커뮤니티가 점점 스터디 모임 형태를 갖추긴 했지만 실질적으로 체계를 갖춘 곳이 없어서 시작하게 됐습니다.

김미경　앞으로도 커뮤니티는 웹 3.0에서 더 많은 실험이 다양하게 이루어져야 할 것 같아요. 지금도 실험 단계인 거죠?

에리카 강 네. 이제 시작이죠. 앞에서 언급한 소셜 토큰도 론칭한 지 1년이 채 안 됐기 때문에 성공과 실패를 논하기에는 아직 이릅니다.

김미경 소셜 토큰은 잘만 운영되면 개인 커뮤니티를 유지하기에 가장 이상적인 경제 생태계인 것 같아요. 소셜 토큰에 대해 다시 한 번 간략하게 설명해주세요.

에리카 강 커뮤니티가 꾸준히 유지되기 위해서 참여자들 또는 기여자들에게 일종의 인센티브를 주는 겁니다. 자체 토큰을 발행해 참여자에게 역할을 부여하고 활동을 격려하는 거죠.

김미경 NFT보다 세세하게 챙겨줄 수 있네요.

에리카 강 그렇죠. NFT는 보유하는 것만으로도 혜택이 있지만 액세스 코드access code 형태여서 상징적 의미가 좀 더 크다면, 토큰은 정확하게 수량화할 수 있고 NFT보다 좀 더 구체적으로 활용할 수 있습니다.

김미경 얼마 전에 미국인 인플루언서가 유튜브에 출연해서 조회수가 대폭 상승하니까 그 사람의 토큰 가격이 덩달아 오르는 것을 봤어요. 흡사 개인 주식처럼 보이더라고요. 토큰 보유자들의 응원 덕분에 토큰의 가치가 올라간 것인데, 이제 개인이 플랫폼이자 회사가 되어가는 것 같습니다. 개인의 가치와 영향력이 웹 3.0 시대로 갈수록 확실히 강해지는구나 하는 느낌을 받았거든요.

에리카 강 맞는 말씀입니다. 개인의 주관이나 성향이 명확하고 투명해지면서 그것을 브랜드화할 수 있게 된 거예요. 제가 발행한 토큰도 값이 올랐는데, 제가 콘퍼런스도 주최하고 활발하게 활동하다 보니 제 토큰을 사시는 분들이 최근에 많아졌기 때문이죠.

김미경 토큰 발행은 미국에서 한 거죠?

에리카 강 저는 유니스왑이라는 탈중앙화 거래소에만 상장했는데, 발행과 관련된 법적 규제는 아직 없습니다.

김미경 그런데 사실 법적 규제는 있는 게 좋잖아요. 금융계에서 인정하는 법적 장치가 있어야 진짜 생태계가 구축될 텐데, 언제쯤 될까요? 아니, 될 수는 있을까요?

에리카 강 사실 저희는 갈수록 금융계에서 많은 관심을 보이는 것을 체감하고 있습니다.

김미경 얼마 전 SKT에서 웹 3.0에 맞춰 디지털 지갑을 발행한다는 기사를 읽었습니다. 대기업이 점점 이쪽으로 움직이고 기존 금융권에서도 눈여겨본다면 중요한 부분부터 하나씩 해결되지 않을까요?

에리카 강 그렇겠죠. 시간은 좀 걸리겠지만요. 사실 기존 금융의 틀 안에서 어떻게 유연성 있게 활용될지는 저도 잘 모르겠어요. 미국에서도 그런 점 때문에 골머리를 앓고 있고요.

김미경 우리보다 훨씬 앞서 있는 실리콘밸리에서 무슨 수를 내겠죠. 그런데 저는 웹 지형을 살펴보면 미국이 앞서가는 게 아니라 실리콘밸리만 앞서가는 것 같아요. 미국의 시골은 우리보다 훨씬 더 시골이거든요. 인터넷도 하지 않고요.

에리카 강 동의합니다. 최근 미국 전문가들을 만나보면 그들이 오히려 한국을 높이 평가합니다. 금융 규제 부분도 한국이 더 앞서갈 거라고 생각하고요. 우선 지금은 국경을 넘어 서로 배워가는 단계가 아닐까 생각합니다.

김미경 지금 미국에는 개인 토큰이나 소셜 토큰을 발행하는 사람들이 많이 있나요?

에리카 강 많지는 않습니다. 미국에서도 현재 중앙 거래소에 등록되지 않았다는 이유로 주목받지 못하고 있는 실정입니다. 저는 미국이 오히려 더 규제를 원한다고 생각합니다.

김미경 현재 활성화되어 있는 동호회나 인터넷 카페와 웹 3.0 커뮤니티의 차이점을 궁금해하는 분들이 있을 것 같아요.

에리카 강 커뮤니티 형태에는 큰 차이가 없고, 운영 형태와 방식이 다릅니다. 인터넷 포털의 카페는 누구나 마음껏 참여할 수는 있지만 카페지기나 핵심 멤버가 지정돼 있어서 유연성 있게 변할 수 있는 구조는 아니잖아요. 톱다운 방식이 어느 정도 남아 있다고 생각해요. 물론 웹 3.0 커뮤니티에도 그런 면이 없진 않지만, 일단 기회를 좀 더 주고 기여하는 만큼 보상이 있다는 점이 가장 큰 차이점입니다.

그래서 지금의 카페 형태를 좀 더 확장할 필요가 있다고 생각해요. 저는 카페 간의 협업도 확장이라고 생각하는데, 시너지를 낼 수 있는 여러 방식을 고민할 수 있습니다. 예를 들어 두 카페에서 각자 토큰을 발행해 양쪽 토큰을 모두 보유한 사람에게 특별한 보상을 주는 식으로요.

김미경 이미 카페나 오픈채팅방을 운영하는 분들이 웹 3.0 커뮤니티로 넘어가려면 무엇을 공부하고 어떤 단계를 거쳐야 할까요?

에리카 강 앞에서 언급한 여러 플랫폼에 참여해보길 강력하게 추천해요. 문화적인 부분은 실제로 경험해보지 않으면 배울 수 없거든요.

김미경 먼저 문화를 알아야 설계와 운영 방식을 제대로 익힐 수 있겠네요.

에리카 강 맞습니다. 결국은 웹 3.0 커뮤니티 사람들을 내 커뮤니티로 흡수할 수 있어야 합니다. 본인의 현재 커뮤니티 내에서 기존 팔로워들과 활동하는 건 어떻게든 되겠지만, 이걸 웹 3.0 커뮤니티로 확장하려면 결국 기존의 구성원들을 데려와야 하거든요. 그래서 웹 3.0 문화를 먼저 이해해야 합니다.

김미경 만약 40대, 50대가 주축인 기존 커뮤니티에서 갑자기 기여와 보상을 강조한다면 이들이 적응하는 데 시간이 필요하지 않을까요?

에리카 강 물론 필요합니다. 사실 변화라는 건 젊은 세대도 받아들이기 힘들어하잖아요. 그래서 누구보다 빨리 웹 3.0 흐름에 올라타야 한다고 생각합니다.

김미경 지금 웹 2.0 플랫폼에 속해 있는 커뮤니티는 어떻게 해야 웹 3.0의 요소를 잘 담을 수 있을까요?

에리카 강 문화는 자연스레 스며들어야 한다고 생각합니다. 이미 활동 중인 팬덤이나 팔로워들은 아무래도 기존 시스템에 익숙해져 있을 테니 무언가가 대대적으로 변하면 거부 반응이 있을 겁니다. 최근 NFT 프로젝트들도 그런 면에서 마찰이 있었어요. 이러한 거부감을 줄이려면 모든 것을 교육을 통해 사전에 알려줘야 합니다. 새로운 요소의 장점을 하나하나 소개하고 차근차근 도입하면서 커뮤니티를 유지하면 그 장점들이 자연스레 증명되니까요. 그래서 커뮤니티를 키우려면 시간을 충분히 들여야 합니다.

김미경 웹 3.0 커뮤니티에서 가장 중요한 리더십 역량은 과연 무엇일까요?

에리카 강 일관성이라고 생각합니다. 제가 앞에서 신뢰를 굉장히 강조했는데, 신뢰는 결국 일관된 활동에서 나오기 때문이죠. 사실 이쪽 업계에는 너무 많은 기회와 유혹이 함께 존재해요. 사기꾼도 당연히 많고요. 그래서 자신의 철학이나 신념에 따라 일관성 있게 활동하지 않으면 금방 흔들립니다.

김미경 구체적으로 어떤 유혹인가요?

에리카 강 상당한 인센티브를 내세우며 부당한 요구를 하는 일이 많습니다. 불법까지는 아니지만 자신의 신념과 반대되는 요구를 받는 경우가 대부분인데, 이때 거절하지 않으면 나에 대한 잘못된 인식이 생겨요. "이 사람은 보상만 해주면 내가 제안하는 대로 다 하는구나" 하는 식으로요. 그러면 결국 성공하지 못하겠죠.

김미경   웹 2.0의 팬덤과 웹 3.0의 커뮤니티 구성원의 차이는 무엇인가요?

에리카 강   웹 3.0 커뮤니티가 좀 더 역동적이라고 생각합니다. 커뮤니티 구성원은 자신이 좋아하는 인플루언서와 함께하면서 투표권을 갖고 의견도 제시하면서 주도권을 가질 수 있거든요. 저도 제가 좋아하는 아티스트의 NFT 작품을 산 적이 있는데, 그 아티스트의 가치와 제가 구매한 작품의 가치가 함께 상승한다고 생각해요. 상당히 유기적인 관계를 맺는 거죠. 이것이야말로 웹 3.0 커뮤니티의 엄청난 매력이라고 생각합니다.

김미경   웹 3.0에서는 정말 새로운 문화와 구성원에 대한 철학과 애정이 중요한 것 같습니다. 이제 웹 3.0 생태계에 맞는 플랫폼도 많이 개발되겠죠?

에리카 강   그럼요. 지금도 블록체인 기술을 도입한 플랫폼들이 많이 등장하고 있어요. 당장은 디지털 지갑 연결이 원활하지 않다는 문제점이 있지만, 곧 해결될 거라고 생각합니다.

김미경 마지막으로, '커뮤니티 빌더'의 길을 가고자 하는 분들에게 격려 한마디 해주세요.

에리카 강 처음 도전할 때는 누구나 막막한 심정일 겁니다. 하지만 일단 용기를 가지는 게 중요하다고 생각해요. 뭐든 일단 시작하면 문이 하나씩 열릴 테니까요. 이 길의 가치는 제가 장담할 테니 너무 두려워하지 마시고 꼭 한번 도전해보길 바랍니다.

김미경 저도 에리카 강의 커뮤니티에 가입해서 열심히 커뮤니티 문화를 배워보도록 하겠습니다. 모두 용기를 가지고 열린 마음으로 새로운 문화를 접해보시길 바랍니다.

WEB 3.0

NEXT ECONOMY

웹 3.0 시대를 지배할 슈퍼 콘텐츠와 크리에이터

윤준탁

디지털 콘텐츠 전문가

개인 가치와 브랜딩을 위한 NFT 서비스를 개발하는 스타트업 '비트블루'의 창업 멤버이자 CSO. IT 분야 컨설팅 및 디지털 경제 관련 다양한 콘텐츠를 제공하는 브랜드 '에이블랩스'를 운영 중이다. LG CNS와 중앙일보에 테크 칼럼을 정기 연재 중이며 《웹 3.0 레볼루션》, 《한 권으로 끝내는 디지털 경제》 등을 출간했다.

콘텐츠는 힘이 세다. 웹 3.0 시대의 크리에이터는 더욱 힘이 세다. 튼실한 '슈퍼 팬'을 거느린 이들은 스스로 플랫폼을 선택하고 소유권을 행사하며 자신의 팬과 직접 소통한다. 굳이 웹 2.0에 남을 이유가 없으니, 웹 3.0을 무대 삼아 자신과 팬 '모두의 성공'을 위한 콘텐츠 생산에 집중할 수 있다. 이른바 '슈퍼 콘텐츠'의 탄생이다.

콘텐츠가 왕이다

콘텐츠 크리에이터들이 지금 웹 3.0을 주목하고 있다. 세상이 아무리 새롭게 바뀐다 해도 결국 마지막까지 살아남는 것은 콘텐츠이기 때문이다. 이번 장에서는 웹 3.0 시대에 나를 표현하는 수단이자 세상을 혁신하는 핵심으로서의 콘텐츠에 대해 알아보겠다.

'뜨는' 콘텐츠를 알아보고 '앞으로 뜰 만한' 콘텐츠를 만들고 싶다면 먼저 콘텐츠가 무엇인지 이해해야 한다.

콘텐츠는 한마디로, 소비자에게 제공하는 정보이자 저작물, 창작물이다. 우리가 하루 종일 접하는 모든 것이 콘텐츠다. 유튜브, 틱톡, 인스타그램, 페이스북, OTT 영상, 음악 스트리밍, 게임은 온라인 콘텐츠에 해당하고 책, 잡지, 신문, 거리의 현수막, 버스나 지하철 광고는 오프라인 콘텐츠라 할 수 있다.

콘텐츠의 범위는 정말 넓지만, 우선 네 가지로 구분할 수 있다. 첫 번째는 기사, 소설, 칼럼 등의 텍스트다. 두 번째는 광고 사진이나 온라인의 인물 사진 같은 이미지다. 세 번째는 영화 OST, 팟캐스트 같은 사운드, 마지막은 텍스트와 이미지와 사운드가 결합된 영상이다. 영상은 현재 소비되는 콘텐츠 중 가장 큰 영역을 차지한다.

"콘텐츠가 왕이다." 이 말은 웹 2.0 시대를 아주 잘 보여준다. 웹 3.0에서도 이 기세는 그대로 이어질 것이다. 그런데 우리가 온라인에서 접하는 콘텐츠는 모두 데이터로 이루어져 있다. 우리가 사진이나 영상을 찍어서 소셜 미디어에 올리면 이 콘텐츠들이 데이터로 저장된다. 그럼, 웹 2.0 시대에 왕 대접을 받던 데이터들은 지금 다 어디에 있을까?

내 마음대로 쓸 수 없는 나의 데이터

사진을 찍거나 영상을 만들어 내 컴퓨터나 스마트폰에 저장하면 내 소유의 콘텐츠이자 데이터가 된다. 그런데 대부분의 콘텐츠는 유튜브나 인스타그램 같은 플랫폼에 올라가 많은 사람에게 소비된

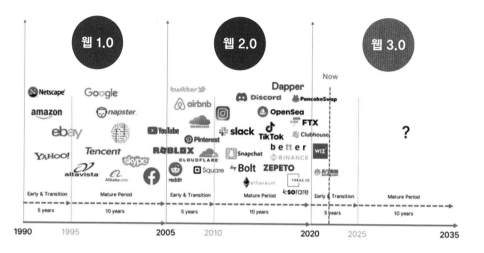

다. 그러면 이 데이터는 플랫폼 기업의 소유가 된다.

지난 시기를 한번 돌아보자. 위의 그림을 보면, 1990년대부터 2005년까지 약 15년 동안 웹 1.0 시대를 보냈음을 알 수 있다. 여기서 1990년부터 1995년까지의 5년간을 흔히 시작기, 전환기라고 부른다. 이때 상당히 많은 기술이 발달했고 많은 기업이 생겨났다가 사라졌다. 현재 잘나가는 아마존이나 이베이, 야후 같은 기업도 이 시기에 탄생했고, 지금은 사라진 넷스케이프도 이때 등장했다.

2005년부터 2010년까지 또 한 번의 전환기가 찾아왔다. 현재의 웹 2.0 시대를 만든 유튜브, 페이스북, 트위터가 이 시기에 탄생하는데, 이들이 2020년까지 엄청난 발전을 이루며 우리 삶을 바꾼다. 이후 2020년부터 2025년까지의 5년간을 웹 3.0 전환기라고 본다. 지금 탄생하는 기업들이 지속적으로 성장할 수 있다면 아마 2025년 이후 세상을 이끌어갈 기업이 되어 있을 것이다.

그래서 이 그림은 아마 2035년은 돼야 완성될 것이다. 뒷부분에 어떤 기업이 포함될지 아직은 알 수 없다. 2020년 전후로 등장한 블록체인이나 웹 3.0 기업들이 살아남아 성숙한 시장을 만들어낸다면 2035년까지 이들의 지위가 높아질 것이라 추측할 수 있을 뿐이다.

우리는 지금까지 '무보수 노동'을 하고 있었다

웹 2.0 시대부터 쏟아진 콘텐츠들은 웹 1.0 시대와 다르게 사용자와 소통이 가능하다. 웹 1.0 시대에는 넷스케이프나 야후를 통해 뉴스나 정보를 읽을 수 있었지만, 거기까지였다. 그런데 웹 2.0 시대에 들어서면서 읽고 쓰고 공유까지 가능한 생태계가 만들어졌다. 특히 커뮤니티가 등장하면서 다양한 콘텐츠를 공유하고 상호 소통하는 일이 가능해졌다.

웹 2.0의 가장 큰 특징이라면 콘텐츠 생산자와 소비자가 하나가 되었다는 점이다. 웹 1.0 시대에 콘텐츠 생산자와 소비자가 엄격하게 구분되었다면, 웹 2.0에서는 누구나 콘텐츠를 생산하고 소비하는 역할을 동시에 하고 있다. 그래도 웹 2.0 플랫폼들의 비즈니스 모델은 '사용자 개인의 무보수 기여'와 '기업 중심의 수익 구조'로 설계되어 있다. 각 개인이 무보수로 다양한 콘텐츠를 생산하며 플랫폼 성장에 기여해도 모든 수익은 기업이 가져가고 있다.

나는 이른바 페이스북의 '헤비 유저heavy user'다. 그런데 페이스북에 올린 글이 '좋아요'를 아무리 많이 받아도 아무 수익도 받지 못한다. 오히려 페이스북이 수많은 사용자를 대상으로 광고 수익을 벌어들인다. 플랫폼은 나의 콘텐츠를 자유롭게 사용하고, 배포하고, 수정할 권리를 가지고 있다. 인스타그램이나 페이스북의 가입 약관에는 자신들이 사용자의 콘텐츠를 마음대로 쓸 수 있다는 조건이 명시되어 있다. 이곳에 올리는 콘텐츠는 내 것이 아니라 플랫폼 것인 셈이다.

여기서 주목해야 할 것이 알고리즘이다. 인공지능 알고리즘을 통해 좋은 콘텐츠를 선별해서 추천한다는 것이 플랫폼 기업의 입장인데, 크리에이터 입장에서는 이 알고리즘의 선택을 받지 못하면 사실 살아남기가 매우 힘들다. 유튜브에서도 급상승 인기 동영상에 노출되려면 상당한 실험을 해야 한다. 그러다 보니 크리에이터가 자신의 콘텐츠에 집중하지 못하고 알고리즘의 선택을 받기 위해 플랫폼 입맛에 맞는 콘텐츠를 생산하는 문제가 야기된다.

크리에이터가 플랫폼에 아무리 양질의 콘텐츠를 제공해도 광고 의뢰나 브랜드 협업 같은 간접적인 형태로 수익을 낼 뿐, 직접적인 대가를 얻는 것은 현실적으로 대단히 힘들고 액수도 굉장히 미미하다. 페이스북의 2022년 1분기 매출이 우리 돈으로 약 36조 원, 트위터는 약 1조 5,000억 원에 달하지만 이들의 막대한 광고 수익은 플랫폼 사용자들과 아무 상관이 없다. 개개인이 그야말로 플랫폼에 무보수로 기여하는 셈이다.

알고리즘이 크리에이터들을 착취하는 법

웹 2.0 시대의 크리에이터들은 플랫폼 알고리즘의 선택을 받기 위해 햄스터가 쳇바퀴 돌듯 활동하고 있다. 새로운 아이디어를 바탕으로 콘텐츠를 만들고, 주기적으로 포스팅하고, 알고리즘에 적응하는 일을 반복한다. 알고리즘에 어느 정도 적응하면 다시 새로운 아이디어를 내는 단계로 돌아가는, 쳇바퀴 도는 생활을 반복할 수밖에 없다.

이런 식의 콘텐츠 유통 구조에 우리는 이미 너무 익숙해져 있다. 우리나라 사람 대다수가 사용하는 강력한 플랫폼이 네이버 블로그인데, 여기서 우리가 얻을 수 있는 수익은 대단히 한정적이다. 네이버가 2009년에 수익 공유 서비스인 애드포스트를 도입한 지 벌써 13년이 흘렀지만, 블로그 사용자들은 여전히 수동적일 수밖에 없다. 네이버가 약관이나 운영 정책을 바꿔 수익률을 변경하겠다고 발표하면 그냥 따를 수밖에 없다.

네이버는 사용자가 블로그에 콘텐츠를 한 번 포스팅하면 몇 명이 들어와서 글을 읽었는지, 그에 따른 수익은 얼마인지를 보여준다. 그런데 그 수익이 과연 콘텐츠의 가치에 걸맞은 금액인지는 아무도 알 수 없다. 실제로는 상당한 파급력을 지닌 양질의 콘텐츠인데도 사용자가 가져갈 수 있는 수익은 극히 적을 수밖에 없도록 설계되어 있다.

또 다른 사례가 '셔터스톡Shutterstock'이다. 사진 애호가들이 많이 사용하는 이미지 거래 플랫폼인데, 여기서 사진을 한 장 판매하면 크리에이터는 수익의 1퍼센트, 많아야 10퍼센트를 받고 나머지는 전부 플랫폼이 가져간다. 내가 등록한 사진이 몇 장 판매되었는지는 알려주지만 누구에게 팔렸는지 확인할 수도 없다.

블록체인의 투명성은 이러한 구조를 바꿀 수 있다. 실제로 블록체인의 등장 이후, 콘텐츠 시장이 조금씩 달라지고 있다. 자체 생태계를 구축하고 연대 커뮤니티를 구성하는 모습들이 나타나고 있는 것이다.

오리지널 콘텐츠의 급부상과 플랫폼의 변화

최근의 콘텐츠 트렌드를 보면, 확실히 오리지널 콘텐츠가 점점 많이 생겨나고 있다. 음악, 게임, 영상뿐만이 아니다. 넷플릭스도 이제 오리지널 콘텐츠를 만들기 시작했다. 그만큼 콘텐츠의 중요성이 크다는 것을 플랫폼 기업들이 인식하기 시작했다는 뜻이다. 소셜 미디어에서 활동하는 인플루언서들도 오리지널 콘텐츠를 직접 만든다. 다른 영상이나 이미지를 가져와서 팔로워들에게 정보를 알려주는 것에 그치지 않고 자신이 해당 콘텐츠를 직접 제작하는 단계에까지 이르렀다.

이처럼 콘텐츠 크리에이터들의 영향력이 커지면서 플랫폼을 갈아타는 경우도 생기기 시작했다. 크리에이터들이 자신의 영향력을 더 잘 발휘할 수 있는 플랫폼을 직접 선택하는 시대가 온 것이다. 현재 가장 많은 사람들이 활용하는 영상 플랫폼은 유튜브와 트위치다. 그런데 영향력 있는 크리에이터들이 유튜브와 트위치 양쪽에서 활동하니, 트위치가 크리에이터와 거액의 독점계약을 맺고 유튜브에서는 활동하지 못하도록 제재하기도 한다.

또 다른 콘텐츠 트렌드는 플랫폼과 채널의 변화다. 지금까지는 플랫폼이나 채널을 통해서만 소비자와 팬을 만날 수 있었다면, 이제는 크리에이터가 소비자나 팬과 직접 소통할 수 있는 채널들이 생겨나고 있다. 콘텐츠를 만드는 '나'가 부각되고 "이 콘텐츠는 내 것"이라는 목소리가 커지면서 '나'의 존재가 갈수록 중요해지는 것이다.

이제 '나'의 존재와 역할은 콘텐츠 제작에서 끝나지 않고 커뮤니티와 생태계를 함께 만들어가는 방향으로 진화한다. 여기서 주목해야 하는 것이 개인 브랜딩이다. 대표적인 예가 자신의 일상을 동영상으로 촬영한 브이로그다. 브이로그는 등장한 지 얼마 안 된 형식이지만, 연예인이나 인플루언서뿐만 아니라 평범한 사람들도 브이로그를 찍어 업로드하는 경우가 부쩍 늘고 있다. 이러한 변화가 지속되면 앞으로는 수익 구조도 점차 달라질 수 있다. 현재 기업이 90퍼센트, 개인이 10퍼센트를 가져가는 구조라면 앞으로는 개인이 90퍼센트, 기업이 10퍼센트를 가져갈 수도 있다. 물론 이러한 변화가 하루아침에 생기진 않겠지만, 최소한 지금까지 플랫폼 기업들이 가져갔던 90퍼센트 수익을 80퍼센트, 70퍼센트로 줄여나가려는 노력이 필요하다.

한편, 웹 3.0 시대에 우리의 가슴을 뛰게 할 또 하나의 개념이 '슈퍼 팬'이다. 내가 활동하는 커뮤니티에서 1,000명의 팬을 만들었다면 이들이 각각 10만 원만 소비해도 나는 1년에 1억 원 이상의 수익을 올릴 수 있다. 1,000명이 되지 않아도 상관없다. 나에게 기꺼이 100만 원을 지불할 슈퍼 팬 100명을 가진 크리에이터가 앞으로 더 주목받는 시대가 올 테니 말이다.

곧 크리에이터 4.0 시대가 열린다

오른쪽 그림은 크리에이터의 진화 과정을 보여준다. 웹 1.0 시대에는 홈페이지나 플랫폼을 만드는 빌더 기업만 있었다. 구글, 야후, 넷스케이프 같은 기업이 빌더 역할을 했다. 웹 2.0 시대가 오고 인스타그램, 틱톡, 유튜브가 등장하면서 크리에이터들이 점점 늘어난다. 빌더의 영향력은 여전히 막강하지만 시간이 지날수록 크리에이터의 영향력 또한 커지는 것을 볼 수 있다.

하지만 여전히 소수의 플랫폼이 상당히 많은 수수료를 가져간다. 페이스북과 트위터는 100퍼센트를 가져가고, 구글 플레이스토어와 애플 앱스토어는 15~30퍼센트를 가져간다. 유튜브는 크리에이터들과 45퍼센트 정도의 수익을 공유하지만, 이 구조의 가장 큰 문제점은 전체 순위 5위 안에 드는 크리에이터가 벌어들이는 수익이 전체 크리에이터 수익의 95퍼센트라는 것이다. 유튜브 활동으로 1만 구독자를 만드는 것도 대단히 어려운 일이어서, 이런 구조에서는 대다수 크리에이터가 수익을 내지 못한다. 이것이 현재 크리에이터들의 현실이다.

■ 크리에이터들의 등장 시기와 진화 과정

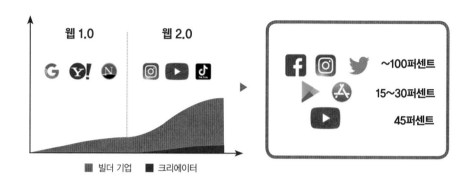

현재 전 세계적으로 5,000만 명 정도의 크리에이터가 활동하고 있다. 이들 중 200만 명 정도가 전문성을 바탕으로 수익을 올리고 있으며 나머지 유튜버들은 아직까지 별다른 수익을 내지 못하고 있다. 이들의 절반 정도가 유튜브에서 활동하고 그다음이 인스타그램, 트위치 순이다.

사실 웹 1.0 시대에는 크리에이터라는 개념이 없었다. 오프라인에 있던 데이터들이 온라인으로 옮겨가기 시작한 것이 웹 1.0 시기이고, 웹 2.0 시기부터 크리에이터가 등장했다. 그래서 2005년부터 활동한 크리에이터들을 '크리에이터 1.0' 세대라고 부른다. 이 당시, 사용자 제작 콘텐츠를 의미하는 UGCUser Generated Contents라는 용어가 등장했는데, 우리나라에서는 UCCUser Created Contents라는 용어를 더 많이 사용했다.

그런데 UCC 자체가 소비자와 상호작용하는 형태는 아니었다. 누군가 콘텐츠를 만들어서 올리면 사람들이 보긴 하지만, 단순히 새롭고 재미있는 영상을 보는 것에 그쳤다. 그러던 UCC 활동이 웹 2.0 시대가 시작된 2005년부터 활기를 띠게 되었고, 인스타그램이 탄생한 2010년 이후부터는 본격적으로 크리에이터 2.0 시대로 진입하면서 이른바 인플루언서들이 등장한다. 이들은 크리에이터로서 자신의 영향력과 정보를 전하는 형태로 활동을 하기 시작한다.

2020년부터는 크리에이터 3.0 시대가 열리면서 수많은 사람들이 유튜브에 참여하기 시작한다. 크리에이터 2.0 시대에 인플루언서로 활동하던 사람들은 보다 진화해서 1인 기업가 수준으로 거듭난다. 아마 2025년까지 웹 3.0 전환기가 진행되면, 그 후로는 크리에이터 4.0 시대가 열릴 것이다. 이때는 크리에이터들이 실제로 소유권을 갖게 될 것이다.

크리에이터가 플랫폼이 된다

웹 2.0 경제에서는 플랫폼이 막강한 영향력을 지니고 있기 때문에 크리에이터는 플랫폼에 종속될 수밖에 없다. 물론 웹 2.0 플랫폼이 콘텐츠 배포와 홍보, 결제 시스템 등을 전부 지원해주고 있기에 마냥 나쁘다고 할 수는 없다. 가치를 창출하는 것은 좋은 콘텐츠를 만드는 크리에이터들의 몫이지만, 이 과정에서 플랫폼은 반드시 필요하다. 하지만 결과적으로는 크리에이터들이 만든 좋은 콘텐츠가 벌어들이는 실제 수익의 대부분을 플랫폼이 가져가고 있다. 이것이 웹 2.0 시대의 경제 생태계다.

웹 3.0 시대의 경제 생태계에서는 플랫폼의 영향력이 점차 줄어들 것이다. 플랫폼의 개방성이 강조되고 크리에이터와 팬을 직접 연결하는 채널도 다양하게 늘어날 것이다. 이제는 크리에이터가 플랫폼을 직접 선택할 수 있으며, 외부 플랫폼을 넘어 스스로가 플랫폼이 되는 시대가 펼쳐진다. 자신의 팬들과 독자적인 커뮤니티를 이끌고 자신이 원하는 플랫폼으로 이동할 수 있는 시대가 웹 3.0 크리에이터 경제 생태계의 가장 큰 특징이 될 것이다.

이러한 변화는 사실 이미 시작되었다. 인스타그램 CEO인 아담 모세리Adam Mosseri는 2022년 5월 테드Ted 강연에서 '블록체인 기반의 크리에이터 주도 인터넷'이라는 주제로 발표했다. 웹 2.0 시대의 가장 대표적인 플랫폼의 CEO가, 역설적이게도 플랫폼의 영향력 감소를 언급한 것이다. 그는 "앞으로는 크리에이터가 특정 플랫폼에 종속되지 않는 시대가 올 것"이라며 블록체인과 웹 3.0을 언급했다. 또한 어떤 플랫폼도 특정 크리에이터와 팬을 소유하지 못할 것이라고 했다. 크리에이터들의 영향력이 그만큼 커지고 있다는 것을 본인 스스로도, 회사 차원에서도 느끼고 있다는 것이다.

아담 모세리에 따르면 앞으로 유튜브, 인스타그램, 페이스북 같은 플랫폼을 토큰 하나로 모두 사용하게 될 것이다. 내용만 보면 상당히 이상적인데 실제로 인스타그램에서 이런 구조를 정말 원하는지는 알 수 없다. 다만 웹 2.0 시대를 대표하는 플랫폼의 CEO가 지금 시점에서 웹 3.0 시대의 콘텐츠와 크리에이터의 미래를 언급했다는 것 자체가 많은 시사점을 준다.

크리에이터의 성공이 모두의 성공

콘텐츠 유통 시장에서도 이미 변화가 일어나고 있다. 미국의 뉴스레터 서비스인 '서브스택Substack'은 독자와 크리에이터를 직접 연결해주고 10퍼센트의 수수료를 가져간다. 서브스택의 유료 구독자 수는 2021년 말 기준으로 100만 명이 넘었고, 이곳에서 활동하는 상위 10위권 내의 작가들이 벌어들인 수입은 우리 돈으로 256억 원에 달한다. 〈뉴욕타임스〉 기자, 유명한 소설가들도 서브스택에 합류했다.

그런데 10퍼센트의 수수료만으로 과연 서브스택이 기업 경쟁력을 가질 수 있을까? 서브스택은 뉴스레터 구독자를 다른 플랫폼보다 더 많이 끌어모으면서 덩치를 키운 덕분에 그 정도의 수수료만으로도 유니콘 기업 대열에 합류했다. 단순히 글만으로 독자와 크리에이터를 연결하는 것이 아니라, 이제는 동영상이나 팟캐스트까지 서비스 영역을 넓히고 있다.

또 다른 구독 플랫폼인 '패트리온Patreon'은 수수료가 5~12퍼센트, '온리팬스OnlyFans'의 수수료는 20퍼센트 정도다. 이들의 특징이라면 크리에이터가 직접 자신의 후원 프로그램을 만들 수 있다는 것이다. 실제로 유튜브에서 활동하던 크리에이터들이 패트리온으로 많이 옮겨갔고, 유튜브에서 돈을 벌던 것보다 더 많은 수익을 올리고 있다. 네이버도 패트리온에 직접 투자한 바 있다.

현재 온리팬스에서 활동하는 크리에이터는 200만 명 이상으로, 2016년에 설립된 이후 지금까지 크리에이터에게 지급된 금액이 우리 돈으로 약 11조 2,000억 원에 달할 만큼 엄청난 수익을 가져가고 있다. 온리팬스는 한때 성인 콘텐츠가 많이 생성되면서 논란을 빚기도 했는데, 이를 정화하고자 요리사나 유명 운동선수를 직접 영입해서 양질의 콘텐츠를 생산하고 있다.

크리에이터들의 이러한 성공은 과연 그들의 능력만으로 이루어 낸 결과물일까? 그렇지 않다. 웹 1.0 시대부터 빌더들이 존재했고, 그들이 웹 2.0 시대에 플랫폼을 만들어냈으며, 이제는 블록체인 기반의 인프라와 기술을 사용자와 크리에이터에게 지원했기 때문에 이러한 성공이 가능했다. 그 덕분에 사용자도 크리에이터와 함께 성과를 공유하는 시대가 열렸다. 사용자는 크리에이터에게 자신의 애정을 전하는 것은 물론, 피드백을 직접 전달해 크리에이터가 더 좋은 콘텐츠를 만들 수 있도록 지원한다. 그러니 크리에이터는 좋은 콘텐츠 생산에 집중할 수 있다.

오른쪽 그림은 크리에이터, 사용자, 빌더 모두가 성공하는 웹 3.0 생태계를 보여준다. 바깥은 커뮤니티다. 크리에이터, 빌더, 사용자 모두가 커뮤니티 그 자체인 셈이다. 이들의 교집합이 보여주듯 웹 3.0에서는 모두의 성공이 모두의 수익이 되는 구조가 만들어진다. 결국 웹 3.0 시대로의 진화는 모두에게 지금보다 훨씬 많은 기회를 제공하는 변화의 시작이 될 것이다.

인기와 흥행의 상징이 된 2차 창작물

콘텐츠를 이야기할 때 빼놓을 수 없는 것이 창작물에 대한 권리다. 자신의 콘텐츠를 법적으로 보호받을 수 있는 권리를 지식재산권IP, Intellectual Property이라 하며 출판, 음악, 영화 등의 저작권과 상표 디자인까지 모두 포함해서 IP라고 부른다. 지금까지는 '닫힌' 형태로 유통되는 IP들이 많았다면, 앞으로는 개방된 '오픈소스' 형태의 IP들이 상당히 많이 등장할 것이다.

그런데 왜 IP가 중요할까? 지금까지 플랫폼에 의존했던 IP와 콘텐츠, 데이터에 대한 권리를 이제는 내가 직접 갖겠다는 의미이기 때문이다. 크리에이터가 IP를 직접 확보할 때 생태계가 더욱 크게 발전할 수 있다. 다음 그림은 'Jipsun 집순이'라는 유튜버가 tvN 드라마 〈호텔 델루나〉와 〈도깨비〉의 두 주인공을 합쳐서 만든 2차 창작물이다. 2차 창작물은 원래 법적 보호를 받지 못하지만, 만약

■ 모두가 성공할 수 있는 웹 3.0의 선순환 경제 생태계

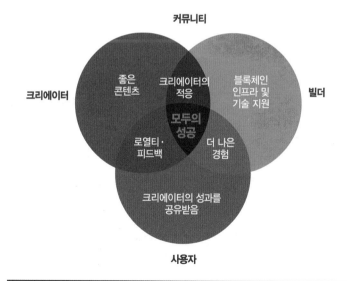

Lesson 6 | 웹 3.0 시대를 지배할 슈퍼 콘텐츠와 크리에이터

〈호텔 델루나〉와 〈도깨비〉의 IP를 가진 회사에서 오픈소스로 활용할 수 있게 해주면 2차 창작이 새로운 자산이 될 수도 있다.

2차 창작의 대표적 사례가 앞에서도 여러 번 소개된 BAYC다. 1만 개의 원숭이 이미지를 담은 NFT 컬렉션인데, 현재 NFT 시장의 최강자로 불리면서 웹 3.0 시대의 선구자 역할을 하고 있다. 실제로 BAYC는 단순히 1만 개의 원숭이 이미지로 구성된 콘텐츠에 그치는 것이 아니라, 하나하나 자신의 세계관을 갖는 생태계로 진화하는 중이다.

얼마 전, 어느 BAYC 소유자가 자신의 원숭이가 젠킨스이며, BAYC 세계의 관리인이라고 주장한 바 있다. 그러자 유명 작가가

■ 대중의 2차 창작 사례

참여해서 소설을 만들었고, 지금은 영화 시나리오 작업이 진행 중이다. 하나의 NFT로 탄생했던 이미지가 이제는 영화 주인공이 되는 상황이 펼쳐지고 있으며, 곧 뮤직비디오도 선보인다고 한다. 상당히 많은 유명 인사들이 BAYC를 가지고 있는데, 유명 래퍼인 에미넴Eminem과 스눕 독SnoopDogg이 함께 찍은 뮤직비디오에 자신들이 보유한 BAYC 캐릭터를 출연시키기도 했다.

BAYC를 소유한 기업이 BAYC와 자신들이 갖고 있는 다른 IP들을 합쳐서 모든 캐릭터가 등장하는 게임을 개발하기도 한다. 미국에서는 BAYC 레스토랑도 영업 중이며, 우리나라에도 곧 진출할 예정이라고 한다. BAYC라는 콘텐츠 캐릭터의 힘, NFT 기반의 2차 창작이 얼마나 무궁무진한지 알 수 있다.

기업들은 왜 2차 창작물을 환영할까

국내에는 누구에게나 자유롭게 2차 창작을 허용하는 '고스트 프로젝트'가 있다. NFT 소유자는 영리 활동을 포함해 마음껏 IP를 활용할 수 있다. 고스트 프로젝트 IP를 활용해 팝업 레스토랑을 열거나 티셔츠를 제작하고, 2차 창작물로 전시회를 개최하는 식으로도 생태계를 확장하고 있다.

유명 래퍼 마미손이 직접 진행한 NFT 프로젝트도 있다. 여기서 핵심은 마미손의 NFT 프로젝트에서도 NFT 소유권을 2차 창작자에게 전부 다 넘겨줬다는 것이다. 그래서 이 그림 소유자는 해당 그림으로 휴대전화 케이스나 애니메이션을 만드는 등 자신이 원하는 대로 활용할 수 있다. 2차 창작의 길이 점차 열리고 있다는 점을 이들 NFT 사례로 알 수 있다.

물론 이러한 2차 창작은 이전에도 있었다. 최근에 가장 각광받았던 사례가 IPX(전 라인프렌즈)의 IP 소유권 인정이다. IPX는 자신들의 캐릭터를 NFT로 만들어 판매한 후, 구입한 사람들의 소유권을 전부 인정해주고 2차 창작이 가능하도록 길을 열어주었다. 그 덕분

■ **NFT 커뮤니티를 기반으로 한 다양한 2차 창작 사례**

소설, 영화 시나리오

뮤직비디오

게임

레스토랑

에 해당 NFT 구매자들은 IPX에 등장하는 캐릭터로 자신이 원하는 사업을 펼칠 수 있었다.

샌드박스네트워크도 자신들이 개발한 NFT로 2차 창작대회를 열었다. 넥슨은 이미 2015년부터 2차 창작 관련 행사를 진행하고 있으며, 데브시스터즈 쿠키런도 OST나 폰트 등을 전부 2차 창작에 활용할 수 있도록 했다. 점점 많은 사람이 직접 그림을 그리거나 영상이나 웹툰을 만들어서 공유하는 생태계가 이미 구축되고 있는 것이다.

그런데 이미지나 영상보다 2차 창작이 절실하고 그에 따른 저작권이 중요한 영역이 음악이다. 아마 앞으로 가장 많은 변화가 일어날 분야도 음악 NFT일 것이다. 현재 작곡가나 가수에게 지급되는 수익은 10퍼센트 정도밖에 되지 않지만, NFT를 통해 뮤지션이 팬들과 직접 연결되면서 뮤지션의 수익도 함께 증가하고 있다. 지금 NFT를 구매하면 저작권료 수입의 일정 지분까지 가질 수 있는데, 앞으로는 소비자가 음악을 소유할 수 있도록 100퍼센트 판매도 가능해질 것이다.

여기서 중요한 점은 음악을 구입한 사람이 이를 다양한 용도로 활용할 수 있다는 것이다. 만약 내가 유튜브 채널을 운영한다면 소유한 음악을 배경음악으로 사용할 수도 있다. 뮤지션의 음악에만 그치지 않는다. ASMR, 자연의 소리, 일상 생활에서 나는 소리도 모두 콘텐츠로 만들어 판매할 수 있다.

IP, 아낌없이 개방하고 공유되다

웹 2.0 시대에 IT 기술 분야에서 큰 화두가 됐던 것이 오픈소스다. 지금까지 모든 IT의 발전은 오픈 소프트웨어가 있었기에 가능했다고 봐도 될 정도다. 안드로이드 플랫폼도 오픈소스로 만들어져 있다. 안드로이드 기반으로 상당히 많은 모바일 앱이 만들어졌는데, 지난 15년간 웹 2.0 시대의 오픈소스가 없었다면 이렇게 엄청난 생태계 발전은 이루어지지 못했을 것이다. 아마 앞으로는 오픈소스 IP 시대가 될 것이라고 전망해도 될 것이다.

물론 오픈소스 IP가 등장한다고 해서 기존의 저작권 시스템이 없어지거나 전복되지는 않는다. 하지만 점차 오픈소스 IP를 통해 새로운 콘텐츠를 만들고자 하는 사람들이 나타나면서 자신의 IP를 아낌없이 개방하고 공유하는 사례가 늘어날 것이다. 이처럼 콘텐츠와 IP의 공동 소유와 확장이 이루어지면 웹 3.0 시대는 웹 2.0 시대와는 많이 다른 형태로 발전할 것이다.

여기서 웹 3.0 콘텐츠의 특징 세 가지를 다시 한 번 살펴보자. 첫 번째, 소유와 보상의 변화다. 콘텐츠를 소유한 만큼 나에게 들어오는 수익과 보상이 증가한다. 더 이상 플랫폼에 종속될 필요가 없다. 두 번째, 2차 창작이 가능하다. 하나의 IP와 콘텐츠가 수없이 확장될 수 있고, 이 IP를 통해 자신만의 커뮤니티를 함께 만들어나갈 수 있다. 세 번째, 블록체인 기술이 동반된다. 웹 3.0 콘텐츠가 실제로 만들어지고 작동하기 위해서는 블록체인 기술이 반드시 필요하다. 블록체인 기술을 통해 명확한 보상과 투명성, 저작권이 확보되어야 소유권과 여러 결제 수단을 운영할 수 있기 때문이다.

직접형 참여와 간접형 참여

크리에이터들이 팬을 보유하는 가장 기본적인 방법은 첫 번째, '팔로워'를 갖는 것이다. 인스타그램이나 페이스북에서 팔로워를 많이 가지면 광고 수익을 얻을 수 있다. 하지만 광고 수익으로 플랫폼마다 천차만별이고 광고 수익이 자신의 가치를 온전히 드러내지도 못한다는 한계가 있었다. 두 번째는 구독자 숫자를 늘리는 것이다. 지금은 구독자를 대상으로 여러 단계의 구독 요금제를 설정해 크리에이터가 좀 더 많은 직접 수익을 얻는 상태다.

마지막 방식으로 등장한 것이 이른바 슈퍼 팬이다. 슈퍼 팬이란 크리에이터의 멤버십 토큰을 소유한 사람이다. 이들은 단순히 구독료만 내는 것이 아니라 멤버십 토큰을 통해 크리에이터가 만들어내는 콘텐츠의 가치와 수익을 공유한다. 웹 3.0 시대에는 이런 슈퍼 팬이 상당한 역할을 할 것이다.

그렇다면 우리는 웹 3.0 콘텐츠 생태계에 어떻게 참여할 수 있을까? 크게는 직접형 참여와 간접형 참여로 나눌 수 있다. 직접형 참여란 내가 직접 나만의 콘텐츠를 만드는 것이다. 내가 쓴 글이나 촬영한 이미지를 NFT로 제작해서 판매하거나 소유하는 방식이 있고, 콘텐츠 생태계에 직접 참여하는 방식도 있다. 그냥 단순히 의견을 내고 투표하는 것이 아니라 다오에 직접 뛰어들어서 콘텐츠 생태계를 한번 만들어보는 것이다.

간접형 참여는 NFT를 구매하거나 NFT를 소유하는 커뮤니티에서 활동하는 것이다. 내가 직접 NFT를 만들지는 않지만 NFT를 소유한 사람들과 함께 커뮤니티 활동을 하면서 새로운 가치를 만들어내는 식이다. 블록체인 기반의 서비스를 직접 사용하는 것도 간접형 참여라 할 수 있다. 인스타그램이나 유튜브, 트위터 등이 이미 웹 3.0 생태계에서 새로운 형태로 나타나고 있으니, 이 서비스들을 한번 사용해보는 것도 무척 도움이 될 것이다.

기존 플랫폼을 대체하는 신개념 서비스들

지금 이 시간에도 기존의 플랫폼을 대체할 서비스들이 상당수 출시되고 있다. 웹 3.0 전환기인 2020년부터 2025년까지는 상당히 많은 서비스 회사가 생겼다가 사라질 것이다. 이런 서비스들이 아직 기존의 웹 2.0을 완전히 대체하기는 어렵겠지만 NFT나 데이터 분산 등을 실현한 서비스들은 이미 등장했다.

인스타그램을 대체할 NFT 전용 소셜 네트워크로 손꼽히는 것이 '쇼타임Showtime'이다. 여기서는 자신이 직접 만든 NFT나 보유한 NFT를 인스타그램처럼 노출할 수 있다. NFT용 인스타그램이라고 생각하면 된다. 트위터를 대체하는 소셜 미디어로는 '렌스터Lenster' 가 있다. 트위터처럼 짧은 글을 공유할 수 있는데, 현재의 트위터는 사용자에게 어떠한 보상도 주지 않지만 렌스터에 올리는 콘텐츠들은 하나의 토큰으로 발행되어 보상을 받을 수 있다.

아직은 이러한 서비스를 이용하는 데 어려운 점이 많은 것이 사실이다. 속도가 느리거나 콘텐츠 양이 부족하다는 미숙한 점도 있다. 그래도 이런 서비스들이 등장과 소멸을 거듭하면서 기존의 플랫폼을 대체할 확실한 서비스로 자리매김할 것이라고 확신한다.

나는 블로그를 대체하는 '미러Mirror'를 이용하면서 매우 새로운 경험을 할 수 있었다. 미러에서 블로그 게시물을 작성한 후 버튼을 클릭하면, 해당 게시물을 곧바로 NFT로 만들 수 있다. 나는 인스타그램 CEO의 강연 영상을 글로 정리해서 미러에 올리기만 했는데, 만약 이 글을 NFT로 발행했다면 많은 사람들이 와서 읽을수록 수익이 발생할 것이다. 이런 식으로 크리에이터가 특정 콘텐츠를 NFT로 발행하면 독자가 전체 혹은 일부를 구매할 수 있고, 이 수익을 독자와 나눌 수도 있다.

미러에서 제공하는 여러 기능 중에는 크라우드 펀딩도 있다. 내가 연재하고 싶은 콘텐츠로 크라우드 펀딩을 진행하면 연재물로 발생하는 수익에 대한 지분을 가질 수 있다. 자신이 보유한 다른 NFT를 가져와서 미러에서 발행할 수도 있다.

여기서 가장 중요한 것은 수익 배분 설정이다. 크리에이터는 자신의 콘텐츠가 활용되는 만큼 자신의 NFT를 구매한 사람들에게 원하는 만큼 수익을 배분할 수 있다. 미러에서도 크리에이터가 암호화폐를 직접 발행해서 팬들에게 판매하거나 나눠줄 수 있다.

음악 산업에서도 변화가 시작되었다. 이제 음악도 직접 제작해서 NFT로 발행하는 서비스가 등장했다. 예컨대 트위터의 아르페지Arpeggi 서비스에서는 전문 지식이 없어도 다른 사용자가 만들어둔 다양한 샘플이나 효과음을 이용해 자신만의 음악을 쉽게 작곡할 수 있다. 완성된 음악은 '민트 유어 송'이라는 기능을 통해 NFT로 만들어 다른 사람에게 판매할 수 있다. 소유권이 명확하기 때문에 내가 원하는 용도로 마음껏 사용할 수도 있다.

갈수록 커지는 슈퍼 팬의 역할

지금까지 소개한 내용은 대부분 온라인에 한정된 것들이었다. 그런데 NFT나 커뮤니티가 오프라인에서 작동하는 사례도 있다.

미국에 플라이피시 클럽Flyfish Club이라는 유명 클럽이 있다. 세계 최초의 NFT 멤버십 전용 프라이빗 클럽인데, 이곳에서는 NFT를 보유한 사람들만 특정 레스토랑을 이용할 수 있다. 식사 모임과 각종 행사 등 직접 만나는 커뮤니티 활동에 NFT 콘텐츠를 사용하는 것이다.

영화 제작에서도 이러한 방식이 활용된다. 지금까지는 크라우드 펀딩 정도가 일반적이었다면, 이제는 좀 더 직접적인 참여가 이루어지고 있다. 영화 시나리오 일부를 대중에게 공개해 참여자들이 캐릭터 설정이나 시나리오 작업, 음악, 디자인 등에 참여하는 식이다. 참여자들의 활동은 모두 블록에 기록되거나 활동한 만큼 NFT나 토큰으로 기여도를 확인받아, 이후 영화에서 발생하는 수익의 일부를 가져갈 수 있다.

이보다 좀 더 단순한 참여형 콘텐츠로는 크리에이터 플랫폼을 들 수 있다. 크리에이터로 활동하고 싶지만 본인이 나서기에는 실력이 부족하다고 느끼는 사람이라면, 자신이 좋아하는 크리에이터를 지원할 수 있는 서비스를 활용하면 된다. 웹 3.0 소셜 네트워크 플랫폼을 표방하는 '온리원'이 새롭게 떠오르는 대표적인 참여형 플랫폼인데, 크리에이터가 직접 NFT나 콘텐츠 토큰을 발행하면 여기에 원하는 만큼 투자할 수 있다.

온리원에는 '슈퍼 팬 NFT'도 있다. 크리에이터가 단 한 개의 NFT만 발행하는 것이다. 그래서 이 NFT를 가지면 크리에이터의 활동 수익에서 크리에이터가 설정한 만큼 수익을 나눠 받을 수 있다. 이 NFT를 갖는다는 것이 크리에이터의 '찐팬'이라는 증거가 되는 셈이다.

다양한 활동 콘텐츠로 돈 벌기

지금부터는 내 활동의 가치를 높여주는 보상 콘텐츠에 대해 살펴보자. 웹 3.0 시대에 주목받는 것이 'X2Ex to Earn'이다. 여기서 X는 '무엇something'을 뜻하는데, 어떤 것이라도 될 수 있다는 의미가 담겨 있다. 게임이 될 수도 있고 일하는 것이 될 수도 있으며, 그냥 걷는 것이 될 수도 있다. 무엇이든 그 행동만큼 벌어들이는 경제활동이 'X 하면서 돈 벌기'다.

예를 들어보자. 게임으로 돈을 버는 것은 P2EPlay to Earn 모델이다. 과거에는 무료로 게임을 하거나 게임에서 이기기 위해 유료 아이템을 구입했다면, P2E에서는 게임을 하면서 내가 직접 보상을 받는다. 2021년 탄생한 게임 '엑시인피니티'가 대표적인데, NFT로 게임 캐릭터를 설정하면 실제 게임을 하면서 수행하는 여러 활동에 대해 보상받을 수 있다. 단순히 게임 캐릭터를 갖는 게 아니라 실제로 지갑에 있는 재화와 아이템을 전부 내 것으로 인정받는다. 엑시인피니티는 현재 280만 명이 사용하는 글로벌 게임으로 성장했다.

'벤지 바나나스'는 원래 P2E 구조로 만든 것이 아닌, 앱스토어에서 다운받아서 하는 일반적인 게임이었다. 현재 다운로드 수가 5,000만이 넘는데, 여기서 NFT가 입장권 역할을 하고 있다. 일단은 사용자를 확보한 후에 P2E 구조가 나중에 생성된 것이다.

X2E은 단순히 게임에 그치지 않고 음악, 건강관리, 교육 등 다양한 산업에서 활용할 수 있다.

최근에는 걷는 행동으로 보상받는 M2E~Move to Earn~, W2E~Walk To Earn~이 각광받으면서 스테픈~Stepn~, 코인워크~CoinWalk~, 스니커즈~SNKRZ~ 같은 프로젝트들이 급부상하고 있다. 모두 내가 걷는 만큼 실제로 수익을 올릴 수 있는 서비스들이다. 단순히 신발을 사는 것이 아니라 신발이 하나의 게임 아이템 내지 콘텐츠가 되고, 그것들을 보유한 개수와 업그레이드 정도에 따라 내가 받는 보상이 달라진다.

음악 쪽에서도 L2E~Listen to Earn~가 등장하기 시작했다. 음악을 듣는 만큼 보상받는 활동인데, 음악을 하나의 콘텐츠로 인식하게 된 결과다. 멜론이나 스포티파이 같은 음악 스트리밍 서비스에서는 우리가 한 달 구독료를 지불할 뿐, 음악을 듣는다고 보상을 받지는 않는다. 그런데 탈중앙화 음악 공유 스트리밍인 '오디우스~AUDIO~'나 '르네상스~Renaissance~'에서는 음악을 듣는 만큼 나와 창작자에게 더 많은 보상을 제공한다.

L2E의 장점은 청취자의 경험이 매우 다양해진다는 것이다. 다양한 장르의 음악을 들을수록 더 많은 창작자들이 이 서비스로 몰려들고, 창작자들이 몰려들수록 더 다양한 음악을 서비스할 수 있으니 또다시 사용자가 몰려든다. 자연스레 저작권 수입이 증가하고, 창작자와 사용자 모두에게 더 많은 보상이 주어진다.

■ 왼쪽은 대표적 P2E 게임인 엑시인피니티. 오른쪽은 P2E 구조가 나중에 도입된
  게임인 벤지 바나나스

X2E의 핵심은 무조건적 보상이 아니라 콘텐츠와 커뮤니티에 집중하도록 만든다는 것이다. 지금도 다양한 X2E이 출시되어 있는데, 잠을 자면서 발생하는 수면 데이터를 콘텐츠로 인식해서 이익을 얻는 모델도 있고, 영상을 시청하면 보상을 주는 프로그램도 있다. 좋아하는 연예인의 팬으로 활동하면서 수익을 얻는 L2ELike to Earn도 있다.

단, X2E이 성공하려면 보상과 사용이 적절한 균형을 이루어야 한다. 보상받은 것을 어딘가에 또 사용해야 하므로, 사용처가 너무 부족하거나 많아지면 X2E 생태계가 무너질 수 있다.

커뮤니티에서 즐길 수 있는 콘텐츠를 지속적으로 만들어내는 것 또한 X2E의 성공을 위한 필수 요소다. 단순히 게임사나 서비스 개발사가 콘텐츠를 제공하는 것이 아니라, 커뮤니티 참여자들이

함께 새로운 콘텐츠를 만드는 것이 X2E 구조가 유지될 수 있는 핵심이다.

사실 지금까지의 X2E은 너무 보상에만 초점이 맞춰져 있었다. 그래서 보상을 노리는 사람들의 놀이터가 된 측면도 있다. 결국 오래 유지되는 서비스는 사용자가 재미와 의미를 찾고, 창작자의 활동과 콘텐츠 자체가 지속적인 네트워크 가치로 전환되는 서비스다. 그래서 X2E은 X&Ex and E 형태, 즉 무언가를 하고 나서 돈을 버는 구조로 바뀌어야 한다. 보상보다 사용자와 창작자의 핵심 활동에 먼저 집중해야 한다. 사용자와 창작자 간의 지속적인 교감과 활동을 유도하고 기존의 불합리한 구조를 해결할 수 있어야 X&E라는 지향에 도달할 수 있을 것이다.

웹 3.0 시대를 아우르는 '크립토 이코노미'

웹 3.0 시대에 실제로 콘텐츠에 대한 보상과 결제가 이루어지는 체제를 '크립토 이코노미crypto economy'라고 한다. 암호화폐 사용이 활성화된 경제 시스템을 의미하는데 지금은 시가총액 1,000조 원 정도로 규모가 많이 줄었지만 2021년 말에는 2,400조 원에 달할 정도로 암호화폐 시장의 규모는 엄청났다. 사실 2,400조 원이라고 해도 전체 글로벌 경제에서는 2퍼센트가 되지 않지만 말이다.

아직도 암호화폐를 사기라고 생각하는 사람들이 있는데, 크립토 이코노미는 NFT나 앞으로 진행될 탈중앙화 서비스에서 데이터를 저장하고 결제하는 굉장히 중요한 역할을 할 것이다. 사실 지금 암호화폐를 바라보는 대부분의 시선은 주식이나 종이 화폐가 처음 등장했을 때와 유사하다. 주식이 처음 등장했을 때, 기업 주식을 사면 주식만큼 그 회사 지분을 갖게 된다는 사실을 믿는 사람이 얼마나 됐을까? 지금 암호화폐도 마찬가지다. 암호화폐가 웹 3.0 콘텐츠 커뮤니티에서 어떻게 활용되는지에 따라 그 가치와 중요성이 드러날 것이다.

암호화폐 시장에서는 메인넷mainnet이 중요하다. 메인넷은 블록체인 프로젝트를 실제로 출시해서 운영하는 네트워크를 말한다. 통상 4년 주기로 사이클이 움직이는데, 2017년에 여러 메인넷이 등장하며 한 시대를 이끌었고 2021년에도 다양한 메인넷이 등장했다.

메인넷이 중요한 이유는 자체 토큰, 지갑 등을 통해 자체 생태계를 구축하기 때문이다. 현재 블록체인에서는 너무 다양한 메인넷이 존재해 오히려 사용하기 불편하다는 비판의 목소리가 나오고 있다. 그런데 거꾸로 생각하면 다양한 메인넷 덕분에 창의성을 가진 독특한 생태계가 만들어진다고도 할 수 있다.

메인넷은 NFT나 다오, X2E 같은 콘텐츠를 담는 일종의 종합 디지털미디어 플랫폼이다. 그래서 2025년까지 어떤 메인넷들이 등장할지, 그것들이 어떤 특성을 가질지 지켜보는 것도 중요할 것이다.

크립토 이코노미는 결국 콘텐츠 오너십 이코노미

크리에이터의 소유권은 이제 더 이상 크리에이터만의 것이 아니다. 특정 프로젝트나 사용자들을 자신의 생태계로 끌어들이는 도구로 사용할 수 있으며, 사용자는 크리에이터에게 투자하고 함께 콘텐츠의 가치를 창출할 수 있다. 이러한 생태계를 콘텐츠 오너십 이코노미라고 한다.

그런데 콘텐츠 오너십 이코노미는 생각보다 거대하고 상당히 빠르게 발전하고 있다. 그래서 크리에이터의 콘텐츠도 빠르게 성장할 수 있지만, 속도를 유지하는 것이 쉽지는 않다. 암호화폐나 NFT 기반의 생태계를 만드는 것은 쉽지만, 커뮤니티를 관리하고 키워나가는 것은 더 어렵기 때문이다. 이때 암호화폐 발행이나 적절한 수익 배분이 크리에이터와 팬들 사이의 신뢰와 충성도를 높일 수 있기에, 합리적인 수익 배분 구조가 만들어져야 한다. 그래서 크립토 이코노미를 '콘텐츠 오너십 이코노미'라고 볼 수도 있다. 모든 웹 3.0 콘텐츠는 암호화폐나 NFT를 보유하기 때문이다.

지금까지의 콘텐츠 시장을 살펴보면, 거대 플랫폼 기업이 수요를 독점하면서 콘텐츠 공급자에게 지급해야 할 대가가 거의 0에 가까운 경우가 태반이었다. 수많은 크리에이터는 지금까지 자신들의 콘텐츠가 어느 정도의 가치를 갖는지도 제대로 알지 못한 채 콘텐츠를 공급해왔다. 이것도 엄연한 데이터 노동이다. 이러한 데이터 노동의 가치를 공정하게 산정해줄 시스템과 제도가 필요하고, 이를 충족시키기 위해서 탄생한 것이 블록체인과 웹 3.0 기반의 콘텐츠 오너십 이코노미다.

웹 3.0 시대가 된다고 웹 2.0 콘텐츠가 하루아침에 없어지지는 않을 것이다. 틱톡, 제페토, 유튜브 등은 계속해서 자신들의 영향력을 유지하고자 웹 3.0 요소를 차츰 늘려갈 것이다. NFT를 도입하려는 이유도 크리에이터들이 자신들의 영향력에서 벗어나지 않게 하려는 하나의 장치다. 그래도 결국은 웹 3.0 콘텐츠 시대가 펼쳐질 것이다.

여기서 '웹 2.0에서 수익을 올리는 크리에이터가 현재 수익에 만족할 수 있을지' 고민해보자. 만약 나와 비슷한 수준의 크리에이터가 웹 3.0 서비스로 옮겨가서 나보다 훨씬 많은 수익을 얻는다면, 굳이 웹 2.0 플랫폼에 머물러 있을 이유가 없다. 결국 더 많은 수익과 콘텐츠 소유권을 확보할 수 있는 유일한 방법은 빨리 웹 3.0 시대에 걸맞은 콘텐츠를 만드는 것이 아닐까 싶다.

웹 3.0 콘텐츠 시대를 향한 네 가지 제안

마지막으로 웹 3.0 콘텐츠 시대를 내 것으로 만드는 데 도움이 되는 네 가지 방법을 제안하고 싶다.

첫 번째, 좋아하는 콘텐츠를 선택하자. 수많은 콘텐츠 중 무엇을 선택해야 할지 고민될 때는 자신이 가장 좋아하는 콘텐츠를 선택해야 한다. 두 번째, 직접 크리에이터가 되거나, 크리에이터에게 투자하자. 크리에이터의 콘텐츠가 무엇보다 중요한 만큼 자신이 직접 크리에이터가 되거나, 좋아하는 크리에이터에게 투자하는 방식으로 웹 3.0 콘텐츠 생태계에 적극 참여할 수 있다. 세 번째, 웹 3.0 서비스를 직접 체험하자. 웹 3.0 서비스는 지금 이 시간에도 하루가 다르게 늘어가고 있는 만큼, 그것들을 한 번씩이라도 직접 체험하는 것이 중요하다. 그것만으로도 웹 3.0 생태계에 동참할 수 있고, 자연스레 아이디어를 얻을 수도 있다.

마지막으로, 웹 3.0 트렌드를 지속적으로 관찰하자. 남들보다 빠르게 웹 3.0에 익숙해지고 싶다면 웹 3.0의 키워드나 관련 기업의 활동, 서비스의 탄생을 꾸준히 지켜보는 일이 매우 중요하다. 앞에서 소개한 웹 3.0 콘텐츠 중 M2E 게임인 스테픈은 언론에 나오기 전부터 이미 많은 사람들이 이용하고 있었다.

결국 웹 3.0 시대에 사랑받는 콘텐츠란 나만이 만들 수 있는, 가장 나다운 콘텐츠일 것이다. 이 책을 읽는 모든 분들이 가장 자기다운 콘텐츠를 만들고 즐기며 웹 3.0 시대를 주도하길 바란다.

"우리 모두는 누군가의 슈퍼 팬이자 누군가의 크리에이터다"

김미경 × 윤준탁

김미경 크리에이터 입장에서 웹 3.0 시장의 가능성과 기회를 잘 소개해주셨는데, 웹 3.0에서 콘텐츠가 갖는 의미는 특별히 다른가요?

윤준탁 웹 3.0에서도 글, 사진, 영상 같은 콘텐츠 형식은 그대로 유지됩니다. 대신 웹 2.0 시대부터 자신만의 브랜드나 콘텐츠를 만들어온 분들은 웹 3.0에서 이걸 좀 더 확장시킬 수 있을 거예요. 콘텐츠를 내 마음대로 소유하고 내가 원하는 적재적소에 배치해서 활용하는 일들이 가능해지니까요.

김미경 웹 3.0으로 갈수록 개인의 힘이 강화되는 만큼, 내가 아는 것이 많아야 더 잘 활용할 수 있겠다는 생각이 듭니다.

윤준탁 맞습니다. 웹 2.0에서 성공한 크리에이터라도 계속해서 공부하지 않으면 웹 2.0에만 머물겠죠. 지금 이대로 살아도 상관없다는 크리에이터가 있는 반면, 새로운 걸 탐구해서 좀 더 많은 보상을 얻고 팬들과 더 가까워지고 싶은 크리에이터도 있을 겁니다.

김미경 사용자 입장에서 생각해보면, 웹 2.0에서는 주어지는 보상이 전혀 없는데 웹 3.0에서는 디지털 노동에 대한 보상이 확실히 주어지잖아요. 그러면 당연히 웹 3.0으로 몰려가지 않을까요?

윤준탁 그래서 인스타그램 CEO조차도 자신들이 도태될 거라는 위기감을 느끼는 겁니다.

김미경 그 위기감을 페이스북, 유튜브, 네이버, 카카오 같은 다른 플랫폼들도 모두 가지고 있을까요?

윤준탁 저는 그럴 거라고 봅니다. 시장에서 새로운 서비스나 혁신이 일어나면 늘 쏠림 현상이 생기기 마련이니까요. 이미 글로벌 플랫폼 기업들은 모든 상황을 인지하고 대책을 강구하고 있을 겁니다. 트위터와 페이스북이 NFT를 프로필 사진으로 쓸 수 있도록 허용한 것이 웹 3.0 요소를 받아들인 대표적인 결과라 할 수 있죠.

극단적으로 표현하자면, 이들 플랫폼이 웹 3.0 흐름에 동참하지 않으면 결국 크리에이터들이 모두 플랫폼을 옮겨버릴 테니까요.

김미경 그렇죠. 지금 사용자들은 인스타그램의 팬이 아니라 인스타그램에서 활동하는 인플루언서의 팬이거든요. 그러니까 솔직히 말하면 인스타그램이 갖고 있는 건 하나도 없어요. 그래서 인스타그램 크리에이터가 다른 플랫폼으로 가면 인스타그램은 빈털터리가 될 겁니다.

윤준탁 그래서 웹 2.0 플랫폼들도 분명히 긴장하고 있을 거예요. 지금 우리는 유튜브를 하는 사람을 유튜버라 부르고 틱톡을 하는 사람을 틱톡커라고 부르잖아요. 마치 플랫폼에 소속된 것처럼 표현하는데, 앞으로는 내가 틱톡이 되고 인스타그램이 될 겁니다. 이런 경제 시스템를 만드는 것이 NFT 나 토큰이고요.

김미경 내가 플랫폼이 되어 나만의 토큰을 만들고 내 팬들과 직접 소통하는 거네요. 그런데 이때의 팬들을 '슈퍼 팬'이라고 표현하셨는데, 슈퍼 팬도 과연 하나의 직업이 될 수 있을까요?

윤준탁 그럼요. 아이돌 팬들 사이에서 유명한 이른바 '홈마'를 예로 들어볼게요. 홈마는 홈페이지 마스터의 줄임말인데, 자신의 시간과 돈을 엄청나게 투자해서 좋아하는 아이돌의 콘텐츠를 2차 창작물로 만드는 분들을 일컫는 표현이에요. 다들 퀄리티가 엄청나서 홈마의 팬이 따로 있을 정도인데, 이분들이 2차 창작물로 돈을 제대로 벌지는 못하거든요. 만약 아이돌이나 크리에이터가 자신의 토큰이나 NFT를 발행하면, 이분들이 관련 콘텐츠를 활용해 2차 창작물을 만들고 판매할 수 있겠죠. 그럼 이분들도 슈퍼 팬으로서 수익을 얻을 수 있습니다.

김미경 이게 MZ 세대가 원하는 세상일까요?

윤준탁 그렇습니다. MZ 세대는 모두와 똑같아지고 싶어하지 않습니다. 좋게 얘기하면 '나'를 찾는 거죠. 그래서 내가 돈을 버는 방식, 내가 콘텐츠를 소비하는 방식, 내가 크리에이터가되는 방식, 내가 크리에이터에게 투자하는 방식이 계속 바뀔 겁니다. 틱톡이든 메타버스든 워낙 빠르게 적용하고 자유자재로 활용하니까 이런 변화에도 빠르게 익숙해질 수있을 거고요.

김미경 어찌 보면 상당히 공정한 사회로 가고 있다고 할 수도 있겠네요. IP를 제대로 소비만 해도 보상을 받고 2차 창작도 가능해지는 추세니, 앞으로는 내 콘텐츠를 사용자들이 최대한 많이 쓰게 해야겠어요.

윤준탁 지금 NFT에서 일어나는 움직임을 보면 IP도 결국 탈중앙화가 될 겁니다. 공유를 통해서 좀 더 참신한 창작물이 나올수 있는 생태계가 지금 만들어지고 있거든요. 넥슨은 이미 2015년부터 2차 창작을 장려했고, 유저들이 만들어낸 아이디어를 자신들이 활용했습니다.
뉴턴이 만유인력의 법칙을 발견한 후, 자신에게 쏟아지는 칭송의 말에 이렇게 대답했다고 해요. "나는 앞서 있던 거인들의 어깨 위에 올라탄 것뿐"이라고요. 저는 1차 창작이 거인이라고 생각합니다. 거인이 IP로 만들어져 있다면, 그 위에 올라타서 바라보는 2차 창작의 세상은 훨씬 더 크고 넓지 않을까요?

김미경 BAYC가 발행한 1만 개의 NFT가 힘을 가질 수 있는 건 결국 1만 명의 커뮤니티가 있기 때문이잖아요. 커뮤니티 내에서 어느 정도 경제 생태계가 이루어지니까요. 그러면 앞에서 소개하신 대로 NFT를 2차 창작물로 만들어서, 예컨대 레스토랑에서 수익을 올렸다면 이 수익은 BAYC를 발행한 주체의 수익이 되나요?

윤준탁 그렇지 않습니다. 저작권법이 2차 창작을 독자적인 저작물로 인정해주거든요. 만약 1차 창작자가 허용하지 않았는데 맘대로 가져가서 만들었다면 법적으로 문제가 되지만, 1차 창작자가 소유권과 저작권을 넘긴 상태라면 그것으로 무엇을 하든 2차 저작물이 됩니다.

김미경 그럼 1차 저작권자에게는 어떤 이득이 있나요?

윤준탁 원조 콘텐츠 창작자로서 가치가 올라가죠. 원조가 있어야 2차 창작물이 나오니까요. 사실상 웹 3.0 생태계를 만드는 핵심은 2차 창작물이라고 할 수 있습니다. 웹 2.0에서는 저작권, 소유권을 넘겨주지 않으니까요.

김미경 그렇군요. 이제 IP에 대해 여쭤볼게요. 웹 3.0에서는 굉장히 많은 사람들이 자신만의 IP로 움직이잖아요. 자기 시장을 구축하고 팬덤을 만들 기회가 늘어나니 다들 관심은 많은데, 사실 IP에 대해서 살짝 겁을 내는 것 같습니다.

윤준탁 매력적인 건 사실이지만 자신만의 IP를 갖는다는 게 쉬운 일은 아니니까요. 자신이 직접 크리에이터가 되는 것도 좋지만, 정 부담스럽다면 크리에이터에게 투자를 하는 것도 괜찮은 방법이에요. 좋아하는 기업의 주식을 사듯 크리에이터의 토큰을 사는 것으로 그 사람에게 투자하는 겁니다. 당장은 과하게 들릴 수도 있지만 앞으로는 크리에이터나 유명인도 주식처럼 가치가 매겨지는 시장이 펼쳐질 수 있습니다.

김미경 일종의 개인 가상화폐공개 같은 거네요. 예를 들어 제가 올린 유튜브 영상 조회수가 100만 뷰가 되면 저의 실질적 가치가 올라가는 거죠. 그런데 아직 우리나라에서는 시기상조인 것 같습니다.

윤준탁 해외 서비스 중에는 벌써 크리에이터에게 투자하는 서비스들이 나와 있는데, 국내에서는 규제 때문에 아직 힘들기는 합니다.

김미경 저는 크리에이터 시대로 가는 길에서 가장 중요한 것이 커뮤니티라고 생각하는데, 맞나요? 지금 인스타그램이나 유튜브에 나의 팬을 만들어놓아야 생태계가 바뀌었을 때 팬들과 함께 새로운 가치를 창조할 수 있잖아요.

윤준탁 그렇습니다. 패션계에서 다음 계절을 미리 준비하는 것처럼 웹 3.0 서비스에서도 내 콘텐츠를 구독할 사람, 내 NFT와 토큰으로 나를 후원해줄 사람을 미리 만들어야 합니다. 지금까지는 견고한 커뮤니티를 만들려면 최소 10년이 걸렸어요. 앞으로는 그 기간이 점점 줄어들겠지만, 그렇다 해도 무언가를 미리 제시하고 기다리려면 최소 6개월에서 1년은 걸릴 테니 미리 준비하는 것이 좋습니다.

김미경 커뮤니티란 결국 인간관계잖아요. 제 생각에 사람의 마음을 얻는 일은 6개월로는 너무 부족한 것 같아요. 최소 몇 년은 걸리는 일인 것 같아요.

윤준탁 2025년 기술의 전환기가 올 때까지만 만들면 됩니다. 그리고 나면 크리에이터 웹 4.0 시대, 즉 완전한 주인의식을 가진 크리에이터들의 시대가 시작되고 최소 10년은 지속될 거예요.

김미경 그러면 그때까지 해야 할 것이 커뮤니티와 기술 공부, 웹 3.0 플랫폼들과 NFT, 블록체인 경험인가요?

윤준탁 네. 무엇이든 경험해보지 않으면 알 수 없잖아요. 웹 2.0에서는 로그인을 하기 위해 아이디와 비밀번호가 있어야 했지만 웹 3.0 서비스에서는 메타마스크(디지털 자산을 보관, 송금, 관리할 수 있는 가상지갑)로 모든 로그인을 할 수 있습니다. NFT가 들어 있는 가상지갑이 곧 '나 자신'이니까요. 이걸 직접 경험해보는 것이 중요합니다.

김미경 콘텐츠의 힘에 주목하게 하고, 크리에이터의 가슴을 뛰게

만드는 말씀 감사합니다. 웹 3.0의 흐름이 확실히 체감되는
만큼, 지금 당장 나만의 경험을 찾아 나서야겠습니다.

WEB
3.0
NEXT ECONOMY

토큰 이코노미, 개인이 은행이 되는 시대의 도래

이신혜

블록체인 투자 전문가

'2018 글로벌 핀테크 여성 리더 100인'에 선정된 블록체인 투자 전문가. 스탠퍼드대학교에서 경영학 석사를 마친 후 글로벌 블록체인 전문 펀드 GBIC의 파트너로 일하고 있다. 글로벌 컨설팅 기업 맥킨지에서 경영 컨설턴트로 국내외 대기업의 전략 자문을 맡았으며 실리콘밸리 핀테크 기업 '너드월렛'에서 사업 개발을 담당했다.

웹 3.0의 디지털 경제 시대에서 NFT는 자신만의 정체성을 나타내는 희소
성 있는 자산이다. 이 자산으로 나를 어떻게 표현하고 무엇을 할지 나만의
스토리를 만들어가는 것이 중요하다. 본인의 정체성과 목적에 따라 생태계
내에서 참여자로서 목표 활동을 유도하고, 그에 맞는 보상으로 토큰을 활용
하는 새로운 경제체제가 '토큰 이코노미'다. 이제는 돌이킬 수 없는 물결이
된 웹 3.0 시대의 디지털 경제를 차근차근 들여다보자.

은행이 필요 없는 '금융의 민주화'가 시작되다

글로벌 블록체인 전문 펀드회사에서 일하는 내가 처음으로 블록체인을 알게 된 것은, MBA 졸업 후 미국 실리콘밸리에서 일할 때였다. 핀테크 스타트업에서 사업개발 일을 하고 있었는데 업무상 지불 결제와 관련된 콘퍼런스에 참석하면서 새로운 지불 결제 기술 및 언뱅크드unbanked된 사람들까지 포용하는 기술 등에 대해 항상 관심이 많았다. 비트코인이 과연 지불 결제 수단으로 계속 쓰일지 여부를 토론하면서 관심을 갖고 공부하다 보니 2017년부터 전문적으로 블록체인 투자에 몸담게 되었다.

인류의 역사를 돌이켜보면 인간관계가 복잡해지고 거래가 늘어날수록 불확실성이 상당히 높아졌다. 거래 상대와 상품을 신뢰하는 데 문제가 생기자 이를 해결하기 위해 정부, 기업, 은행 등이 자연스럽게 생겨났다. 이들 중간 매개체가 작동하면서 모든 거래의 불확실성을 줄여온 것이 인류의 경제가 발전해온 과정이다. 인터넷이 발전하면서 다양한 플랫폼 기업이 등장했고, 이로 인해 거래의 편리성이 증가했다. 사실상 인터넷은 우리 삶을 획기적으로 변화시켰다. 간단하게는 영상, 이미지, 텍스트를 전송하는 방식부터 물물거래 방식, 여행지 선정과 비행기 티켓 결제에 이르기까지 모든 것을 완전히 바꿨다. 그런데 인터넷이 바꾸지 못한 단 하나가 있으니, 바로 돈, 가치 있는 것의 전달이다.

인터넷으로 송금을 하고 쇼핑을 하는데 이게 무슨 말인가 의아할 수 있다. 그런데 이 모든 거래의 중간에는 은행, 카드사, PG사 Payment Gateway, 중소 쇼핑몰을 대신해 카드사와 대표 가맹점 계약을 맺고 카드결제 및 지불을 대행한 뒤 하부 쇼핑몰에서 수수료를 받는 업체, VAN사 Value Added Network, 신용카드사와 신용카드 가맹점 간 네트워크망을 구축해 카드결제 승인, 카드전표 매입 업무를하는 기업 등 다양한 주체가 관여하고 있다. 소비자와 판매자가 직접 거래한다고 믿고 있지만, 금융기관들이 중간에서 모든 거래에 관여하며 통제하고 있는 것이다.

월드뱅크에 따르면 전 세계의 약 17억 명은 이러한 금융 시스템으로부터 아무런 도움을 받지 못하고 있다. 은행 계좌조차 개설하지 못한 사람도 여전히 많다. 이들은 자산을 모으거나 송금하는 데한계를 느낄 수밖에 없다. 이러한 현실에서 블록체인 혁신이 갖는의미는 상당하다.

인터넷이 정보 전달의 혁신을 몰고 왔다면 블록체인은 가치 전달의 혁신을 몰고 올 것이다. 인터넷만 있으면 전 세계 어디서든은행 계좌처럼 자산을 저장할 수 있는 전자지갑을 만들어 자산을저장하고, 필요할 때 편리하게 송금할 수 있다. 인터넷 역사상 중간 매개체 없이도 신뢰할 수 있는 환경에서 가치를 생성하고 교환할 수 있게 된 것이다.

블록체인은 어떻게 개인, 조직, 사회를 바꾸나

블록체인 기술이 가져올 경제 구조의 변화를 한번 살펴보자. 기존에는 생산자와 소비자가 분명하게 구분되었다. 콘텐츠 생산자와소비자가 따로 존재하며, 중간에서 플랫폼 기업이 모든 권한을 갖는 중앙화된 시스템이었다. 생산자와 소비자가 분리되어 있으니콘텐츠를 확장하는 데도 어느 정도의 한계가 있는, 판매량 중심의체제였다.

웹 3.0 시대 혹은 블록체인 기술이 가져올 경제 구조에서는 이러한 구도가 달라진다. 생산자인 크리에이터와 소비자, 커뮤니티, 그리고 주요 의사결정자인 투자자까지 모두 연결된다. 탈중앙화된 경제 시스템의 탄생이다. 여기서는 누구나 생산자 겸 소비자가 될 수도 있고, 생산자 겸 생태계의 주요 의사 결정자가 될 수도 있다. 그러니 콘텐츠의 무한 확장이 가능하다. 판매량보다 거래량이 훨씬 더 중요시되는 체제가 만들어지는 것이다.

페이스북을 예로 들어보자. 페이스북은 유저들이 생성한 데이터를 활용해 한 분기에만 우리 돈으로 약 37조 원(2022년 2분기 실적 기준)의 광고 수익을 올리고 있지만 정작 콘텐츠를 만든 사람들에겐 아무 이익이 없다. 사진과 글을 아무리 많이 올려도 어떤 이익도 돌아오지 않는다. 그런데 토큰 이코노미, 즉 블록체인에 기반한 시스템 참여자에게 기여도에 따라 토큰으로 보상하는 경제 구조에서는 얘기가 달라진다. 내가 생산한 콘텐츠 혹은 콘텐츠 생산에 들인 시간과 노력을 토큰으로 적절하게 보상받을 수 있는 것이 탈중앙화된 경제 구조다.

블록체인 기술은 조직의 형태에도 혁신을 가져온다. 기존 회사는 최상위에 주주가 있고 그 아래에 이사회와 경영진이, 다시 그 밑에 직원들이 있는 수직 구조로 짜여져 있다. 그런데 블록체인으로 탈중앙화와 분산화가 된 조직의 시스템은 완전히 다르다. 콘텐츠 플랫폼 기업을 예로 들면, 콘텐츠 크리에이터가 토큰 소유자이고,

커뮤니티 구성원과 소비자들 역시 토큰 소유자로서 중요한 의사결정을 담당한다. 플랫폼 개발자도 토큰을 가지면서 생태계 유지에 기여하는 등 모두가 유기적으로 연결된다. 이것이 블록체인이 만들어 나갈 혁신 조직이다.

블록체인 기술이 가져올 경제 구조의 가장 큰 변화는 한마디로 소비자, 사용자, 투자자 등 생태계 주요 기여자들의 영역이 확대되는 것이다. 게임을 예로 들면, 단순히 놀이를 위해 비용을 지불하던 공간이 경제활동을 영위하는 공간으로 변하는 것이다. 게임 플랫폼 중에는 리니지가 중앙화된 경제 시스템의 대표적인 예다. 리니지의 운영 주체는 회사다. 재화도 회사가 갖고, 콘텐츠 제작도 회사가 한다. 리니지 공간은 단순한 게임 장소였다.

하지만 블록체인 기반의 웹 경제 시스템에서는 달라질 것이다. 블록체인 시스템이 운영 주체가 되고, 게임을 하는 사용자가 게임 콘텐츠를 만들고 재화를 소유할 수 있다. 회사뿐 아니라 사용자들이 게임 제작도 할 수 있다. 메타버스 플랫폼인 샌드박스나 디센트럴랜드는 탈중앙화된 경제 시스템의 대표적인 예다. 게임 같은 나만의 콘텐츠를 메타버스 공간에 오픈하고 소비하면서 적절한 보상을 받으며 경제활동을 할 수 있게 되었다. 현재 블록체인 기반의 플랫폼들이 이렇게 운영되고 있다.

블록체인 경제 시스템의 핵심 요소는 크게 다음과 같다. 첫 번째가 NFT다. 소유권의 증명이자 웹 3.0에서 '나'를 나타내는 아이덴티티다. 두 번째는 X2E, 즉 '무언가를 하면서 돈 벌기'다. 세 번째는 구성원들의 공동 사회인 커뮤니티, 마지막 네 번째는 토큰 이코노믹스, 즉 토큰을 활용한 경제 시스템이다. 지금부터 하나씩 살펴보자.

점점 많아지고 넓어지는 NFT의 역할

새로운 디지털 경제 시스템에서 NFT는 어떤 역할을 할까? NFT는 나의 정체성을 나타낼 뿐만 아니라 원본 및 소유권을 증명해준다. 대개의 NFT는 희소성이 있어서 특정 커뮤니티 소속이라는 멤버십 가치를 갖는다. 커뮤니티 활동을 통해 다른 사람들과 연결되는 도구이자 새로운 자산 유형이 된다. 이러한 특성 때문에 웹 3.0에서는 개인의 암호화폐 지갑에 어떤 NFT가 들어 있느냐만 봐도 그 사람의 관심사와 소속 커뮤니티, 활동 내역 등을 알 수 있다. 예를 들어 나의 암호화폐 지갑에 L2E과 M2E 관련 NFT가 있다면, 이것만 보고도 교육과 건강에 관심이 있다는 것을 알 수 있다. NFT가 나의 증명서로 역할을 하는 것이다.

웹 3.0에서 NFT의 역할이 부각되면서 거래량 또한 급증했었다. 세계 최대 NFT 마켓플레이스인 '오픈씨OpenSea'를 기준으로 2021

■ 시기별 NFT 거래량 추세

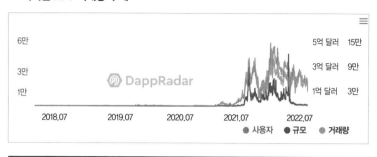

년 중반부터 NFT 거래량이 급격하게 늘었었다. 암호화폐 시장의 호황과 NFT 프로젝트들의 거듭된 성공의 결과다. 최근 암호화폐 시장이 한풀 꺾이면서 거래량이 줄기는 했지만, NFT에 대한 관심은 여전하다. NFT를 구매 혹은 소유하고 있는 암호화폐 지갑 수도 2021년 초에 비해 많이 증가했다.

　NFT 생태계는 점점 다채로워지고 있다. 자신의 NFT를 개인 지갑에만 보관하기 아쉬워하는 사람들을 위해 가상세계에서 이를 전시할 수 있는 플랫폼도 등장하고 있다. 예를 들어, 크립토복셀cryptovoxels 서비스는 가상 갤러리에 나의 지갑을 연결해 내가 소유한 NFT를 전시할 수 있게 해준다. 주식을 할 때 포트폴리오를 구성해서 자산 변화를 살피듯, NFT도 가격 변화를 그래프로 트래킹하는 서비스가 등장한 것이다. NFT를 담보로 대출을 해주는 서비스도 있고, 비싼 NFT를 조각화하는 서비스도 있다. 요즘 너무도 유명한 BAYC는 하나당 수억 원씩 하는 고가의 NFT인 만큼 이것을 담보로 스테이블 코인을 빌리거나, 너무 비싸서 혼자 소유하지 못할 경우 조각화해서 더 많은 사람이 투자할 수 있게 했다.

NFT의 종류도 다양한데, '랜드' NFT도 있다. 가상 부동산 NFT인데 이것은 메타버스 참가자들에게 온갖 경험을 제공하는 디지털 부동산 단위로, 디센트럴랜드나 더샌드박스The Sandbox의 랜드를 예로 들 수 있다. 내가 땅 소유자라면 그 땅을 다른 사람에게 임대하고 여러 가지 일을 기획하면서 경제활동을 할 수 있다.

또 다른 예로 M2E, P2E 같은 시스템에서 사용되는 NFT도 있다. 각 생태계에서 보상을 받기 위해서는 특정 NFT가 필요한 경우가 있다. 예를 들어 엑시인피니티 혹은 스테픈 같은 새로운 디지털 경제에서 NFT는 참여자의 자산을 구성하는 기초 단위가 된다.

커뮤니티 구성원이 주축이 되는 'PFPProfile File Picture, 프로필 사진으로 사용되는 NFT 프로젝트'에서의 NFT는 대부분 한정판이어서 공급이 제한되어 있으니 그 커뮤니티에 들어가고 싶어하는 사람이 많아지면 가격이 오를 수 있다. 실제로 BAYC나 '월드 오브 우먼World of Women'처럼 많은 사람이 선망하거나 비전을 공유하는 커뮤니티에서 발행한 NFT는 수요가 급격히 증가하면서 가격이 많이 올랐다. 물론 수요보다 공급이 많을 때는 반대의 결과가 나타나기도 한다.

수집에 의미를 두는 '콜렉터블 NFT'도 있다. 예술, 패션 아이템, 스포츠 등 여러 분야에서 희소가치가 있는 무언가를 NFT화 하는 것을 말한다. 미국 프로농구의 명장면을 NFT로 만든 게 가장 대표적이다. 르브론 제임스LeBron James의 덩크슛 장면을 NFT 개발사인 대퍼랩스Dapper Labs가 NFT로 만들어 거래할 수 있게 했는데, 이 NBA의 명장명을 NFT화 해서 거래할 수 있게 한 'NBA Top Shot' 플랫폼의 매출은 2022년 5월을 기준으로 총 판매금액이 10억 달러, 우리 돈으로 약 1조 4,000억 원을 넘어섰다. 이 성공을 발판 삼아 NFL, UFC 등 다른 스포츠 리그와도 계약을 맺어 IP 자산을 디지털화할 예정이다. 트위터 창립자인 잭 도시Jack Dorsey가 2006년 3월에 처음

■ NFT 생태계가 다채로워지면서 다양한 NFT가 출시되고 있다

올린 트윗도 NFT로 만들어져 2021년에 우리 돈으로 약 35억 5,000만 원에 판매되었다. 그런데 1년 후 구매자가 이걸 되팔겠다며 경매에 부쳤더니 최고 입찰가가 우리 돈으로 약 34만 원에 그쳤다. 수요와 공급에 따라 콜렉터블 NFT의 가격 변동성이 얼마나 큰지 잘 보여준다.

웹 3.0에서 순환경제는 어떻게 가능한가

나는 2017년 초, 부동산 메타버스 플랫폼인 디센트럴랜드에 투자하면서 가상의 땅을 산 적이 있다. 그때 어머니에게 "엄마, 저 땅 샀어요"라고 말했더니 관심을 보이며 어느 지역인지 물으셨는데 실제 땅을 산 게 아니라는 사실을 알고는 이해할 수 없다는 표정을 지으셨던 기억이 난다.

아마 많은 사람들이 비슷한 반응을 보일 것이다. 돈을 주고 가상세계에 땅을 사다니! 그런데 가상세계 혹은 메타버스에서 땅이 중요한 기본 자산으로 인식되면서 메타버스 랜드가 실제 부동산처럼 가격이 오르는 현상이 나타났다. 대표적인 예가 더샌드박스다. 2018년 개발을 시작한 더샌드박스는 복셀Voxel 게임으로 구성된 메타버스 게임 생태계인데, 사람들이 이곳으로 모여들고 있다. 래퍼

스눕독이 콘서트와 팬미팅 등 다양한 활동을 하기 위해 땅을 구입하는 등 유명 인사들의 유입과 한정된 공간이라는 호재 덕분에 가상의 땅 가격이 현실에서처럼 상승하고 있는 것이다.

이처럼 블록체인 메타버스에서 사용자들이 즐길 수 있는 환경을 조성하고 창작물의 소유권을 인정하는 일은 매우 중요하다. 그래서 샌드박스의 경우, 사용자들이 좀 더 쉽게 게임이나 콘텐츠를 만들 수 있도록 새로운 툴을 많이 개발하고 있다. 마우스만 클릭해도 게임을 만들 수 있는 툴도 개발되어 있다. 그 안에서 사용자가 만든 게임이나 창작물에 대한 소유권은 블록체인에 기록되어 본인에게 돌아간다.

이처럼 현재 메타버스는 선순환의 경제 구조를 만들기 위해 무척 노력하고 있다. 샌드박스 메타버스에서는 크리에이터들이 게임을 비롯한 다양한 콘텐츠를 만들고, 랜드 NFT를 소유한 사람들은 자신의 땅에서 다채로운 콘텐츠를 제공해 더 많은 사용자가 즐길 수 있게 한다. 이들은 다른 사용자들이 만든 콘텐츠도 함께 즐기면서 자신들끼리 생태계를 키우고 합리적으로 그 결실을 나누는 순환경제 시스템을 만들어가고 있는 것이다.

무엇이든 하면 보상이 주어진다

이번에는 웹 3.0 경제 시스템 핵심 요소 중 하나인 X2E를 살펴보자. 이건 특정 활동을 하고 보상을 받는 시스템으로, 최근 블록체인 기반의 게임 산업이 폭발적으로 성장하면서 급부상하고 있다. 베트남의 게임개발사 스카이마비스Sky Mavis는 2018년에 출시한 P2E 게임 엑시인피니티로 2021년 5월 전 세계 게임회사 5위에 선정되며 큰 관심을 받았다. 이들의 급성장 비결은 바로 '보상'이었다.

2021년은 암호화폐 시장이 상승장이기도 했고, 코로나로 일상적인 경제활동을 하지 못하는 이들도 많았다. 그러자 GDP가 낮은 동남아시아에서는 일부 국민들이 게임을 해서 1인당 국민소득에 달하는 하루 20달러의 보상을 받는 경우가 생겼다. 필리핀의 어느 지역에서는 많은 사람들이 직장을 그만두고 게임을 하면서 생계를 해결하는 지경에 이르기도 했다. 전 세계 누구나 공평하게 노동을 하고, 그 대가로 똑같은 보상을 받는 시스템이 이러한 결과를 가져온 셈이다.

물론 이러한 현실에는 부정적인 반응이 따르기 마련이어서, 돈을 벌기 위해 게임을 하는 것이 과연 바람직한지를 두고 논쟁이 벌어졌다. 엑시인피니티 같은 게임파이 혹은 P2E 경제 시스템은 아직까지는 성공했다고 판단하기에 이르지만, 이러한 사례를 통해 다양한 비즈니스 모델이 생겨나는 등 새로운 시도들이 계속되고 있다.

스카이마비스가 개발한 엑시인피니티에는 '엑시AXS'라는 NFT 캐릭터가 있다. 이 캐릭터로 게임을 하면 SLP라는 가상자산, 즉 게임회사가 만든 토큰을 보상으로 준다. 게임 속에서 모험과 전투를 하고 SLP를 받고 게임에서 사용하는 구조인데, 게임을 하면서 수익을 얻는 새로운 비즈니스 모델이 만들어진 것이다. 여기서 재미있는 요소는 '교배'다. 교배 횟수를 7회로 제한해서 NFT가 무한정 생산되는 것을 막되, 게임 참가자들이 교배할 때 SLP 같은 토큰을 다시 사용하게 만들어 토큰 수요처가 늘어나는 경제 시스템을 만든 것이다.

엑시인피니티는 '길드'라는 다오 형태의 비즈니스 모델도 만들어냈다. 길드는 초기 자본이 부족해서 NFT를 보유하지 못하는 사람들에게 NFT를 대여해주고 계약조건에 따라 수익을 나누는 비즈니스다. 길드는 우선 자기 마음에 드는 게임회사의 NFT를 구매한다. 예를 들어, 커뮤니티가 엑시인피니티를 좋아하면 이 게임의 NFT인 엑시를 사는 식이다. 구입한 NFT를 길드의 장학생 혹은 게임 참가자들에게 빌려주고 게임을 한 후, 발생한 수익을 나눠 갖는다. 길드는 투자자이자 게임 플레이어이며 퍼블리셔, 마케팅 파트너 등 다양한 역할을 맡으며 P2E 경제 생태계에서 중요한 역할을 하고 있다.

아직까지는 길드의 성공 여부를 알 수 없다. 하지만 블록체인이 만들어가는 새로운 경제 생태계 내에서 이처럼 신선한 비즈니스 모델이 등장하는 현상은 무척 흥미롭다. 최근 P2E 내 NFT 가격의 하락으로, 블록체인 게임을 커뮤니티에 보급하거나 게임을 통해 가상자산을 벌어들이는 게임파이 플랫폼을 만드는 등 다양한 비즈니스 모델로 성장하고 있다.

2018년 즈음 게임회사 대표들을 만나 게임파이나 P2E 이야기를 꺼낼 때만 해도 다들 말이 안 되는 소리라고 했다. 그들은 유능한 게임 개발자, 아티스트, 서버 관리자를 채용해서 멋진 게임을 만들어냈고, 지금 수많은 사람이 돈을 쓰며 게임을 즐기는데 왜 굳이 보상을 해야 하느냐고 되물었다. 그런데 불과 몇 년 사이에 시장의 인식이 크게 바뀌었다. 국내에서도 현재 내로라하는 게임회사들이 블록체인 요소가 포함된 게임을 개발하고 있다. 물론, 최근 하락장으로 인해 주춤할 수 있으나 장기적으로 커뮤니티 중심의 게임 플레이어가 콘텐츠 제작에 기여하고 자산을 소유하는 등 게임파이 시장은 더욱 커질 것으로 예상한다.

스테픈은 운동을 하면서 보상받는 M2E 모델의 대표주자다. 어떻게 하면 더 많은 사람이 웹을 즐길 수 있을까 고민하는 것이 나의 주된 관심사다 보니 스테픈이 나오자마자 부모님께 'NFT스니커즈(토큰 채굴 신발)'를 선물했다. "걸으면서 돈을 벌 수 있어요"라는 말에 호기심을 보인 부모님은 실제로 개인 암호화폐 지갑을 만든 후 수시로 걸으면서 스테픈 생태계에서 제공하는 토큰을 활용하는 등 사뭇 놀라운 체험을 하고 있다.

이러한 새로운 아이디어 덕분에 점점 더 많은 사람이 웹 3.0을 즐기고 있고, 앞으로 그 수는 더욱 늘어날 것이다. 2021년 12월에 론칭한 스테픈 서비스의 월 활성 사용자는 5개월 만에 230만 명가량 늘었다. 하나의 서비스가 이토록 짧은 기간에 이 정도의 사용자를 확보하는 건 상당히 어려운 일인데, 토큰 이코노미가 사용자를 획득하는 좋은 툴이 될 수 있음을 보여준 사례라고 생각한다.

BAYC의 성공이 증명하는 NFT의 미래

웹 3.0 경제 시스템에서 커뮤니티의 중요성은 재차 강조할 필요가 있다. NFT 카테고리 중 하나인 PFP NFT는 커뮤니티 기반의 NFT 프로젝트로 해외를 넘어 국내에서도 유행이다. 가장 대표적인 PFP 는 이 책에서도 여러 차례 소개된 BAYC다. 웹 3.0 경제 생태계의 총집합인 듯한 BAYC는 원숭이 이미지가 그려진 1만 개의 NFT 컬렉션인데, 현재 NFT의 대중화를 이끌어낸 가장 대표적인 프로젝트로 평가받는다.

여기서 NFT의 역할은 무엇일까? 바로 커뮤니티 멤버십이다. 커뮤니티 구성원으로서 자부심을 느끼게 하기 위해 BAYC에서는 다양한 멤버십 전용 커뮤니티 공간을 마련하거나 이벤트를 개최해 유저들의 자발적 참여를 유도하고 있다.

얼마 전, 전 세계에서 가장 큰 NFT 행사인 NFTNYC에 다녀왔다. 2만여 명이 참석한 이 행사에서 가장 반응이 뜨거웠던 이벤트는 역시 BAYC가 커뮤니티 구성원들을 위해 준비한 'ApeFest'였다. 이 축제에서는 현장에서만 살 수 있는 한정판 굿즈를 판매하고, 스눕독 같은 유명 래퍼의 공연을 여는 식으로 BAYC 원숭이 이미지를 소유한 이들이 자부심을 느낄 수 있도록 했다.

BAYC 커뮤니티는 특히 활발하기로 유명하다. 이렇게 성공할 수 있었던 비결은 무엇일까? 바로 2차 창작을 허용했기 때문이다. 우리는 디즈니가 IP를 소유하고 있는 〈겨울왕국〉 이미지를 활용해 마음대로 굿즈를 만들 수 없지만, NFT는 블록체인의 가장 기본 정신인 소유권을 증명할 수 있으니 본인이 소유한 NFT를 활용해 마음껏 2차 창작을 하는 경우가 많다. 커뮤니티 구성원들이 본인 NFT를 활용해 다양한 콘텐츠를 창작하면, 이것은 곧 커뮤니티의 확장으로 이어진다.

커뮤니티 확장은 거래량 증가와 가치 상승이라는 선순환 경제 구조를 만드는 토대가 된다. 그래서 NFT 소유자는 단순 소비자가 아니다. 커뮤니티 구성원으로서 창작 활동을 하는 생산자이자 커뮤니티의 가치를 추구하는 주주, 투자자가 되는 것이다.

　BAYC 소유자들은 지금도 매우 활발하게 2차 창작을 한다. 이러한 분위기는 개인뿐만 아니라 기업의 커뮤니티 참여로도 이어졌다. 아디다스는 BAYC 캐릭터를 광고 모델로 사용했고 NFT 세계에 고급 와인을 선보이겠다는 취지로 설립된 보어드와인컴퍼니도 BAYC를 마케팅에 활용했으며, 유니버설뮤직그룹은 네 개의 BAYC

■ BAYC 소유자들이 만든 다양한 2차 창작 사례. 왼쪽 윗줄부터 시계 방향으로 아디다스 광고 모델, 보어드와인컴퍼니, 킹쉽

NFT로 구성된 밴드 '킹쉽'을 공개한 바 있다. 이런 커뮤니티 확장은 경제 시스템의 확장으로 이어진다.

NFT가 이토록 주목받는 현실에서 우리는 무엇을 할 수 있을까? 단순히 소비자로서가 아니라 투자자, 커뮤니티 구성원, 2차 창작 권한을 가진 생산자 관점에서 생각해보면 다양한 아이디어를 떠올릴 수 있을 것이다.

우리가 받을 수 있는 무궁무진한 보상

이쯤에서 다오와 토큰 이코노미 이야기를 다시 해보자. 탈중앙화 자율조직인 다오는 크게 세 가지 측면에서 기존의 조직 형태를 새롭게 변화시킬 혁신 시스템이다.

첫 번째, 자율조직인 만큼 규칙이 있어야 작동할 수 있다. 이 규칙들은 스마트 계약이라는 블록체인에 코딩되어 있다. 두 번째, 특정 목적을 공유한 사람들끼리 모인 조직이기에 목적에 맞는 행위를 했을 때 보상으로 사용할 수 있는 토큰과 그 토큰을 활용한 경제 시스템인 토큰 이코노미가 필요하다. 세 번째, 참여자들이 투표권을 갖는다. 참여자들은 다오에 투자함으로써, 즉 토큰을 구입함으로써 투표권을 갖게 되고 투표를 통해 조직의 운영 방식에 의견을 낼 수 있다.

지금도 다오에서는 수많은 실험이 이뤄지고 있으며, 그 사례만 해도 끝이 없다. 소셜 플랫폼 다오인 '프렌즈 위드 베니핏Friends With Benefist'도 있고 투자 다오인 '메타카르텔MetaCartel', 의미 있는 디지털 예술작품을 획득하는 것을 목적으로 하는 '플레져다오PleaserDAO'도 있다. 자신은 어떤 분야에 관심이 있고 어떤 활동을 하면서 어떤 보상을 받고 싶은지 고민해보고 한번 참여한다면 놀라운 경험을 할 수 있을 것이다.

BAYC 생태계에서 NFT, 메타버스의 스토리 및 콘텐츠와 함께 중요한 역할을 하는 것이 토큰이다. 토큰 이코노미는 '서비스와 참여자에게 부합하는 경제 시스템'를 뜻한다. 즉, 에이프코인ApeCoin을 통해 생태계에 참여하는 구성원들에게 적절한 보상과 사용처가 있는 경제 시스템이 있음을 의미한다. 토큰이라는 보상을 어떻게 참여자들에게 나눠줄 것인지, 어떻게 토큰을 보유하도록 할 것인지, 토큰을 얼마나 발행할 것인지, 그리고 커뮤니티의 성장과 토큰의 가격 연관성까지를 고려하는 것이 토큰 이코노미다. 한마디로, 우리가 블록체인 생태계 혹은 웹 3.0 경제 시스템의 구성원으로서 기대되는 행동을 했을 때 받는 보상이 '토큰'인 것이다.

BAYC 커뮤니티가 발행한 에이프코인APE은 탈중앙화된 커뮤니티 구축을 지원하는 토큰이자 메타버스에서 사용되는 유틸리티 토큰이다. 에이프코인을 가진 사람들은 에이프코인 다오에 참여해 생태계에 관한 거버넌스, 규칙, 프로젝트, 파트너십 등에 의견을 내고 결정권을 가질 수 있다.

지금까지 웹 3.0 시대의 다양한 경제 시스템을 살펴보았다. 이 장을 마무리하는 시점에서 다시 한 번 근원적인 궁금증을 떠올려 보자. 우리는 대체 왜 웹 3.0에 관심을 가져야 할까?

인간은 언제나 더 많은 부를 갖고, 자유를 누리고, 정보를 알려고 노력한다. 그 욕망을 충족시킬 수단이자 터전으로서, 웹 3.0은 돌이킬 수 없는 흐름이다. 디지털 세계에서 소유권과 희소성을 인정받고자 하는 욕구는 점점 더 커질 것이다.

인터넷과 블록체인의 가장 큰 차이점은, 인터넷이 정보의 교환을 가능하게 했다면 블록체인은 가치의 저장과 전달을 가능하게 한다는 것이다. 디지털 생태계는 결코 수직 관계가 아니다. 소비자와 생산자, 투자자와 주주 등 모든 결정권자가 다 같이 연결되어 있으며, 이들이 서로 협력하며 유기적으로 일함으로써 시너지 효과가 폭발하는 곳이 바로 웹 3.0 생태계다.

지금 이 시간에도 다양한 웹 3.0 비즈니스 모델이 쏟아져 나오면서 하루가 다르게 세상이 변하고 있다. 열린 마음으로 나에게 어울리는 경제 시스템을 고민하고 커뮤니티를 선택해 활동한다면 삶 자체가 완전히 달라질 수 있다. 세상의 변화를 기꺼이 받아들이고, 그 열기를 느껴보자.

"거품이 꺼지는 지금이야말로 블록체인의 진가가 드러나는 시기다"

김미경 × 이신혜

김미경 최근 '래티스80'이 선정한 '글로벌 핀테크 여성 리더 100인'에 포함되셨어요. 축하합니다. 소감이 어떤가요?

이신혜 저도 놀랐습니다. JP모건, UBS(스위스 금융기업), 마스터카드, 텐센트, HSBC은행 등 글로벌 금융기관 및 핀테크 회사의 임원진들과 함께 선정됐거든요. 요즘 어느 분야에서나 여성들의 약진이 두드러지는데, 제가 2017년 처음 블록체인에 특화된 펀드를 만들고 투자할 때만 해도 블록체인 업계에 여성 리더들을 거의 찾아볼 수 없었습니다. 아마 블록체인 생태계에서 초기 때부터 일한 여성 펀드 투자자다 보니 이런 영광을 얻었다고 생각합니다.

2017년 처음 블록체인 스타트업에 투자할 때만 해도 블록체인 기술을 활용한 사례가 많지 않아 허허벌판에 집을 짓는 느낌이었어요. 지금은 게임, 스포츠, 엔터테인먼트, 미술 등 다양한 산업에서 블록체인 기술을 활용하면서 점점 실체가 드러나는 단계인 것 같습니다. 지금도 여러 가지 시도를 하면서 때로는 실패도 하고 있지만, 이번 사이클을 거치면서 대기업들이 많이 진입하고 있습니다.

김미경 요즘 시장의 열기가 가라앉으면서 오히려 대기업들이 발빠르게 움직이는 것 같아요.

이신혜 지금부터 2, 3년 정도 열심히 개발하면 다음 사이클에서 좋은 열매를 볼 수 있을 겁니다. 그런데 대기업이 원래 의사결정이 느리잖아요. 모 대기업에서 2018년부터 블록체인 펀드를 만들겠다고 해서 몇 차례 만난 적이 있는데, 승인받는 데만 1년이 걸리더군요. 승인이 날 때쯤 되니까 하락장이 와버려서 결국 그 기업은 두 손을 들었고요. 아마 그때 만들었으면 2021년, 2022년에 좋은 결과를 봤을 텐데 안타까웠습니다. 하지만 2022년 상승장 이후 지금은 기류가 좀 달라진 것 같아요.

김미경 솔직히 하락장일 때는 투자하기가 힘들잖아요. 사실 의사
결정 자체가 두려운 일인데 어떤 기준으로 투자를 결정하
나요?

이신혜 오히려 지금 같은 시기가 투자하기엔 더 좋습니다. 상승장
에서는 누구나 쉽게 들어오지만 하락장에서는 진주를 고르
는 셈이거든요. 기업 가치가 낮아진 상태에서는 블록체인
의 미래와 자신들의 서비스에 확신이 있는 기업만 들어오
니까요. 그래서 본질과 가치에 집중하려고 합니다.

김미경 웹 3.0의 새로운 경제 생태계는 지금 어느 수준까지 온 걸
까요? 소비자들이 컬렉터가 되는 단계를 10이라고 본다면
지금은 몇 단계쯤 와 있다 생각하세요?

이신혜 저는 2 정도라고 생각합니다. 그런 점에서 지금 웹 3.0을 공
부하는 분들은 정말 앞서 나가고 있는 겁니다. 그런데 해외
분위기는 한국과 조금 달라요. 최근에 경험한 걸 나눠보자
면, 뉴욕에서 열린 NFT 행사에 참여했을 때 상당한 충격을

받았습니다. 시쳇말로 'NFT가 뉴욕을 먹었구나' 하는 느낌이었어요. 타임스퀘어에 NFT 광고가 나오는 게 너무 아무렇지 않고, 소호나 첼시에 있는 작은 부티크 매장에서도 너무 자연스럽게 패션 NFT 블록체인에 관해 이야기하더라고요. 어느 PFP 프로젝트에서 IP를 활용한 테마파크를 만들었다고 해서 간 적도 있습니다. 거기서 한 가족을 만났는데, 다섯 살짜리 어린아이가 익숙하게 NFT를 사용하는 모습을 보고 깜짝 놀랐어요. 하도 신기해서 부모에게 물어봤더니 NFT를 세 개 사서 아이들한테 하나씩 선물로 줬대요. 아이들이 NFT를 정확히 이해하진 못하겠지만 IP 캐릭터를 너무 좋아한다는 걸 보니, 앞으로 이렇게 일상에서 자연스럽게 접할 기회가 점점 더 늘어나겠다 싶었어요.

김미경 아이들에게도 디지털 자산에 대한 개념이 생긴 거네요.

이신혜 네. 우리 아이들이 에버랜드에 가서 노는 것처럼 미국에선 어릴 때부터 NFT 파크에서 노는 거예요.

김미경 그야말로 블록체인 네이티브로 자라는 셈이네요. 태어날 때부터 컬렉터가 되고 사회에 기여하면 보상을 받는다는 시스템을 자연스럽게 체득할 것 같아요.

이신혜 그렇죠. 이제 우리 아이들도 자신의 개인 암호화폐 지갑을 만들고, 나의 정체성을 드러내는 NFT를 수집하고, 해외 친구들과 토큰이나 NFT를 주고받는 일이 아주 쉽고 자연스러운 시대가 조만간 올 것 같습니다.

김미경 NFT가 개인과 직접적으로 연결되는 자산 가치라 사람들이 더 빨리 배우는 것 같아요.

이신혜 맞습니다. 해외에서는 NFT가 익숙한 개념인데 우리나라에서는 그렇지 못해서 아쉬워요. 특히 여성분들이 많이 낯설어하셔서 저도 NFT 프로젝트를 하나 만들었습니다. '샤이 고스트 스쿼드Shy Ghost Squad'라는 프로젝트인데, 웹 3.0을 잘 모르는 분들을 위한 교육 프로그램을 제공하고 있어요. 정보의 격차를 줄이고 싶어서 시작한 프로젝트인데, 이제 모두가 글로벌 트렌드를 놓치지 않도록 고민하는 노력이 필요한 시점이라고 생각합니다.

김미경 우리나라에선 왜 NFT 확산이 더딘 걸까요?

이신혜 사실 우리나라 사람들은 뭐든지 상당히 빨리 배우잖아요. 새로운 트렌드를 흡수하고 피드백을 주는 능력이 탁월한 편입니다. 웹 3.0에서는 우리가 단순한 소비자가 아니고 소비자이자 생산자, 투자자, 주주, 의사결정권자인데 아직은 소비자나 투자자 관점으로만 접근하려는 것 같습니다. 이제 이러한 인식의 변화가 필요한 때입니다.

혹시 '김치 프리미엄'이라고 들어보셨나요? 2017년 말에서 2018년 초에 한국 사람들이 이더리움을 너무 많이 사느라 이더리움이 해외 평균 가격보다 20~30퍼센트 더 비쌌던 적이 있어요. 당시 이런 현상을 김치 프리미엄이라고 불렀습니다. 그때 해외 사람들이 한국을 정말 좋아했죠. 한국 소비자들은 마케팅만 하면 투자를 워낙 많이 하니까요. 한편으로 저는 우리나라에서 좋은 생태계를 만들 수 있는 기업이 더 많이 나와야 하는데 여전히 소비자 혹은 방관하는 투자자로서만 웹 3.0을 바라보는 게 아닌가 하는 안타까움이 있습니다.

김미경 웹 2.0이 정보를 교환했다면 웹 3.0은 가치를 교환한다고 해요. 그런데 네이버나 카카오의 기술력은 솔직히 실리콘밸리에 밀렸을지 몰라도, 가치를 전달하는 구조에서만큼은 우리도 승산이 있잖아요.

이신혜 그렇죠. 콘텐츠 면에서 충분히 해볼 만하고, 게임처럼 우리가 원래 잘하는 산업에서는 가능성이 있습니다. 저는 오래전부터 비즈니스 모델의 혁신은 한국이나 중국 같은 아시아에서 나오지 않을까 생각했어요. 트렌드가 굉장히 빠르게 확산되고, 새로운 기술을 받아들이는 사람들이 많으니까요.

김미경 배달의민족도 비즈니스 혁신 모델이잖아요. 이게 웹 2.0에서 나온 모델이니까 웹 3.0에서도 얼마든지 이런 모델이 나올 수 있을 거라고 생각합니다. 다만 소비자들의 의식을 비롯해 구성원들 수준이 전반적으로 높아져야 성공하겠죠. 이제 마지막 질문인데요, 웹 3.0 경제 생태계가 앞으로 어떤 방향으로, 어떤 속도로 흘러갈지 알 수 없지만 그 와중에도 열심히 공부하는 분들이 특히 명심해야 할 점이 있다면 무엇일까요?

이신혜 우선 자신이 잘하고 좋아하는 것이 무엇인지를 잘 살펴봐야 하고요, 다음으로는 책이나 글로만 접할 게 아니라 직접 경험해보면 좋겠습니다. 웹 3.0에서는 지갑 주소만 보면 어떤 사람인지 파악할 수 있다고 했는데, 이게 글만 봐서는 이해가 잘 안 돼요. 그런데 직접 메타마스크를 만들어보면 바로 알 수 있죠. 디센트럴랜드나 샌드박스에서 자신의 지갑을 연결하고 거기서 사람들이 무엇을 하는지 구경도 하고 놀아도 보는 겁니다. 그곳에서 벌어지는 디지털 패션쇼도 직접 경험해야 세상의 변화를 실감할 수 있습니다.

김미경 모든 선생님이 한목소리로 경험을 강조하시네요. 직접 해보는 것만큼 값진 공부도 없으니까요. 모두 용기를 내어 진정한 웹 3.0 시대의 주인이 되기 위해 도전해야겠습니다.

WEB 3.0

NEXT ECONOMY

웹 3.0 시대의
디지털 시민의식

권헌영
디지털 법률 전문가

고려대학교 정보보호대학원 교수. 현재 한국공법학회 부회장, 한국IT서비스학회 수석부
회장, 교육부 지능정보화추진위원회 위원으로 활동 중이며, 사이버커뮤니케이션학회 회
장과 한국교육학술정보원 비상임이사를 역임했다.《디지털 포용사회와 비대면 교육》(공저)
등을 썼다.

기술이 휴머니즘을 잃지 않기 위해서는 그 기술을 사용하는 우리가 깨어 있어야 한다. 사용자인 우리가 막연하게 트렌드만 따라갈 것이 아니라 모든 상황을 파악해서 웹 3.0이라는 흐름을 주체적으로 주도해야 한다. 성숙한 디지털 시민의식을 갖출 때만이 곧 다가올 웹 3.0 세상을 환한 빛으로 채울 수 있을 것이다.

소통이 잘될수록 세상은 문명화된다

흔히 기술과 인간성은 서로 반대되는 개념으로 인식된다. 기술이 발전할수록 인간성이 약해진다고 보는 것이다. 그렇다면 웹 3.0 시대에 우리는 과연 인간답게 살 수 있을까? 인간으로서의 가치와 품성의 중요성이 점차 희미해지는 시대에 '나'와 '우리'를 보호하려면 어떻게 해야 할까? 나아가 디지털 미래의 공동체는 어떤 모습이어야 할까? 이 장에서는 이 질문에 대한 답을 고민해보고자 한다.

각자 개별적인 존재로 살아가던 인간이 국가를 형성하고 중앙집권 체제를 도입하게 된 것은, 공동체 생활의 중요성과 편의성을 깨닫기 시작하면서부터다. 그래서 인류 역사에서도 고대 국가가 형성되면 어김없이 율령이 반포되었다. 율령의 반포는 곧 권력이 등장하고 누군가 공동체 구성원들을 언어로 지배하기 시작했음을 뜻한다. 신체와 무력이 아닌 언어와 권력으로 사람을 지배하는 시대가 등장한 것이다.

이후 세상은 점점 더 중앙집권체제를 강화하는 형태로 발전해 왔다. 하나의 몸처럼 움직일 수 있는 집단은 그렇지 못한 집단을 손쉽게 제압할 수 있었기 때문이다. 그런데 이 체제를 유지하려면 권력자는 먼 곳까지 명령을 전달해 사람들을 움직일 수 있어야 했다. 그래서 종이와 문자가 발명된다. 지배자의 뜻을 문자로 표현하고 종이에 기록, 전달함으로써 통제가 이루어졌다. 종이의 등장을 문명사회의 시작점으로 보는 이유가 여기에 있다.

다양한 소통 기술의 발전은 인류 사회를 끊임없이 발전시켰다. 인쇄가 가능해지면서 출판물이 생겨나고, 카메라가 발명되면서 사진이 등장했다. 텔레비전과 컴퓨터를 거쳐 이제 모든 사람이 각자의 컴퓨터를 손에 들고 다니는 시대가 되었다. 이제 지구 반대편에서 벌어지는 일도 내가 원하는 때에 어디서든 실시간으로 접할 수 있다. 매체의 발전은 인간이 더욱 빠르게 생각하고 더 많은 정보를 처리하며 더 다양한 곳에 자기 생각을 전달할 수 있도록 도와주었다. 이 소통 혁신의 핵심에는 정보기술을 활용해 메시지를 전달하는 정보통신기술이 자리하고 있다.

기술, 권력을 만들거나 분산시키거나

기술은 결국 인간이 어떻게 쓰는가에 따라 그 용도가 결정되기 마련이다. 정보통신기술도 예외가 아니다. 정보통신기술은 권력을 유지하며 나라를 통합하고 효율적으로 운영하는 데 쓰이기도 했지만, 시민 개개인의 능력을 확장하고 자기 뜻을 펼칠 수 있는 시대를 만드는 데도 한몫했다.

초기 정보통신기술은 전장에서 명령을 빠르게 전달하고 국가의 중앙집권체제를 견고하게 함과 동시에 나랏일을 효율적으로 관리하기 위해 쓰였다. 정보를 저장하는 매체와 정보를 전달하는 통신을 지배해서 가능한 일이었다. 동시에 한쪽에서는 이와는 다른 흐름이 형성됐다. 정보통신기술의 핵심 요소인 인터넷이 민간에 개방되면서 통신을 지배하기가 어려워진 것이다. 기술의 발전은 역설적으로 개인에게 권력을 분산시키는 효과를 가져왔다. 모든 개인이 컴퓨터와 휴대전화를 통해 정부가 하는 일을 알 수 있게 됐고, 그 과정에서 민주주의도 발전했다. 정부가 가지고 있는 데이터를 공개하고 개방하도록 요구하면서 정부를 감시하더니 이제는 그 데이터로 혁신 기업을 만들어 직접 국민 경제에 이바지하게 되었다.

경제활동도 마찬가지다. 기업과 노동자라는 전통적인 구조에서 벗어나 많은 이들이 모여 있는 플랫폼에 들어가기만 하면 활동할 수 있게 되었다. 상품을 판매할 수도 있고 내가 소유한 집이나 차를 다른 사람과 공유하거나 내 일상을 다른 사람에게 알리면서 돈을 벌 수도 있다. 소통 기술의 발전으로 거대 권력이 형성되었으나 이제는 그 기술로 권력이 분산되는 흐름도 등장한 것이다.

이제 데이터는 소통 기술의 핵심이었던 매체를 벗어나 그 자체로 관리의 대상이 되었다. 관리의 대상이 더욱 분산화되었고, 누구든지 그 대상을 모아 능력을 발휘할 수 있게 된 것이다.

인터넷 시장에 세금이 없는 이유

아르파넷ARPAnet이라는 단어를 들어본 적 있는지? 1960~1970년대 미국 국방부 산하의 고등연구계획국이 군사용 네트워크인 아르파넷을 제작하는데, 이것이 바로 인터넷의 시초다.

미국은 냉전 시대의 패권을 장악하기 위해 아르파넷을 개발했다. 군 통수권자인 대통령의 명령을 세계 각지에 빠르고 정확하게 전달하기 위해 워싱턴에서 태평양, 태평양에서 일본, 일본에서 한국으로 통신망을 연결했다. 통신망을 그물처럼 연결해 소수의 노드node에 손상이 발생해도 지휘 체계가 동작할 수 있도록 한 것이다.

이 기술을 발전시킨 인물이 바로 앞에서 여러 번 소개된 팀 버너스 리다. 1980년대에 수많은 대학 등 연구기관이 아르파넷에 연결된 네트워크로 연구 정보를 공유하면서 1989년, 마침내 월드와이드웹이 개발된다. 월드와이드웹의 등장으로 컴퓨터와 인터넷은 더이상 전문가들의 전유물이 아닌 인류 모두가 마음껏 활용할 수 있는 세계 공통의 필수품이 된다. 이후 1991년 상용인터넷협회가 설립되고 기업과 개인이 인터넷으로 비즈니스를 할 수 있게 된다. 군사용, 연구용으로 특정 전문가들만 활용하던 통신기술이 월드와이드웹의 개발 덕분에 모두의 기술인 인터넷이 된 것이다. 월드와이드웹은 1990년대 초기 정보화시대를 이끌면서 컴퓨터가 더 이상 전문가만의 전유물이 아닌 우리 모두의 것이 되는 세상을 열었다.

인터넷은 독립 공간인가, 통제 공간인가

군사용, 연구용으로만 사용되던 1980년대 이전의 인터넷 공간에서는 특별히 규제에 대한 수요가 발생하지 않았다. 일단 이용자 수가 많지 않았고 사용자 식별 또한 비교적 간단했기 때문이다. 특히 1960~1970년대의 미국은 히피 문화의 유행으로 저항정신이 강조되던 때였다. 당시의 사회 분위기는 자율과 참여를 바탕으로 한 인터넷 문화를 꽃피우는 밑거름이 되었다. 히피 문화에서 성장한 이들이 경제활동을 시작하면서 인터넷과 정보통신기술 산업이 발전한 것이다. 1990년대 초 민간이 인터넷을 이용하기 시작했을 때만 해도 사이버 공간은 정부의 규제와 무관한 자유 지대로 인식되었다.

그런데 1990년대 중반부터 인터넷이 새로운 미디어로 급격히 대중화됨에 따라 사이버 공간에서 다양한 사회문제가 발생하기 시작한다. 돈만 받고 물건을 안 보내는 사이버 사기를 비롯해 저작권 침해, 명예훼손, 개인정보를 도용한 피싱 등 인터넷 사기 범죄가 증가하기 시작했고, 최근에는 사이버 성범죄가 기승을 부리고 있다. 사이버 공간에 대한 국가의 개입과 규제가 필요하다는 입장과 인터넷은 모두가 자유로워야 하는 공간이므로 규제는 필요 없다는 입장이 팽팽하게 맞서고 있다.

비교적 최근까지는 대부분의 국가가 사이버 공간에 개입해야 한다는 입장을 택해왔다. 사이버 공간에서의 모욕, 명예훼손, 혐오가 담긴 댓글과 사이버 성범죄 등이 심각해짐에 따라 국가의 개입이 정당화됐다. 그러나 2010년 인터넷을 통해 독재 권력에 항거하는 중동의 '재스민 혁명'과 2019년 홍콩의 '우산혁명', 2022년 러시아의 우크라이나 침공 사태 등을 통해 사이버 공간과 인터넷 규제를 바라보는 시각이 달라졌다. 인터넷 커뮤니티를 활용한 자유로운 표현과 폭력 진압 및 침공 현장의 실시간 영상 중계, 정부 감시로부터 도피하기 위한 암호화 메신저 등이 시민들의 핵심 무기로 쓰였기 때문이다. 사이버 공간에서 정부의 개입이 필요한 영역과 자유가 절대적으로 보장되어야 하는 영역을 명확히 구분할 수 있을까? 불가능하다면 균형점을 모색해야 하는데, 민주주의 국가에서 그 방법은 결국 소통으로 귀결될 수밖에 없다.

'공유지의 비극'을 이겨낼 디지털 시민성

미국은 세계 각지에서 모여든 수많은 이민자가 만든, 모두의 자유와 평등을 기치로 탄생한 국가다. 미국의 헌법은 그들의 꿈과 염원을 담고 있다. 그런데 1996년 빌 클린턴 행정부가 처음으로 인터넷 음란물 및 유해물을 규제하기 위한 법률안을 통과시키자, 수많은 사이버 자유주의자들이 이 규제에 저항하기 시작했다.

미국의 사이버 활동가 존 페리 발로John Perry Barlow는 1996년 전자 프런티어재단 홈페이지에 '사이버스페이스 독립선언문A Cyberspace Independence Declaration'을 게재하며 사상과 표현의 자유에 기반한 사이버 공간의 독립을 주장했다. 사이버 공간은 우리들의 정신과 사상이 만들어낸 공간이므로 국가기관은 이 공간을 관할할 권리가 없다는 주장이었다.

하버드대학교 헌법학 교수인 로렌스 레식Lawrence Lessig은 사이버 공간을 통제할 수 있는 공간으로 인식했다. 그는 저서《코드: 사이버공간의 법이론》에서 소위 '코드 이론'을 주창했다. 코드 이론은 사이버 공간이 현실 세계로부터 완전히 독립될 수 없으므로 규제할 수 있어야 하며 이러한 규제는 기술적 통제, 즉 코드를 중심으로 가능하다는 것이다.

이 두 주장을 인용한 이유는 상충하는 입장을 재확인하고자 함이 아니다. 사이버 공간의 자유와 통제에 대한 논의의 핵심은 결국 사이버 공간 또한 사람의 공간에 해당하고 규제해야 하는 영역이 존재하는데, 그 범위와 규제 방식을 정하는 문제는 사이버 공간의 이용자들에게 달려 있다는 점이다. 따라서 어떤 사이버 공간을 지향하고 어떤 권리를 보장받을 것인지 결정할 수 있어야 하고, 그 힘은 사이버 공간 규제의 핵심이 되는 코드, 그리고 이를 구성하는 기술적 요소들을 이해하는 데서 출발할 수밖에 없다.

그렇다면 자유와 통제에 대한 논의의 본질적인 해결점은 대한민국 국민이자 사이버 공간의 사용자로서 내 손으로 법과 서비스를 직접 만든다는 주인의식에 달려 있다고 볼 수 있다. 대한민국은 민주공화국이고 모든 권력은 국민으로부터 나온다는 사실은 선거철에만 듣는 일시적 구호가 아니라 매일의 현실이다. 스스로가 공동체 구성원임을 자각하는 것이 그래서 중요하다.

아직도 우리 사회에는 온라인과 오프라인을 구분하지 않고 수

많은 비극이 발생한다. 따돌림을 당하거나 이웃에게 최소한의 도움도 요청하지 못한 채 극단적 선택을 하는 일이 빈번한데, 이런 현상이야말로 공동체 의식의 부재와 개개인의 이기심이 가져온 현상이다. 누구나 자유롭게 사용하는 공공자원이 더 빨리 고갈된다는 '공유지의 비극'은, 시간이 지나면 '깨진 유리창의 법칙' 속 범죄 소굴로 변한다. 방치된 작은 일탈이 큰 범죄로 이어지는 것이다.

하지만 더러워진 공유지도 구성원들의 관심으로 깨끗해질 수 있다. 주민들이 까다롭게 관리하는 동네는 쉽게 더러워지지 않듯이 말이다. 실제로 뉴욕시가 지하철 역사를 청소하고 낙서를 지우고 페인트칠을 다시 했더니 강력범죄가 상당히 줄었다는 결과도 있다. 사이버 공간에서도 관심을 갖고 실천하는 시민의식, 이것이 내가 웹 3.0 세상에서 강조하고 싶은 디지털 시민성Digital Citizenship이다.

모든 권리와 책임이 나에게 있다

웹 3.0 시대에는 탈중앙화를 기반으로 개인 '맞춤형 정보'를 통한 웹 생태계가 펼쳐질 것이다. 그만큼 개인의 역할이 막중할 수밖에 없다. 그런데 개인이 준비되어 있지 않으면 제아무리 웹 3.0 시대라 해도 디지털 공간에 공유지의 비극이 발생할 수 있다. 그렇게 된다면 웹 3.0에서는 비즈니스는커녕 우리의 일상도 존재하기 어려운 곳으로 전락하고 말 것이다. 그런 만큼 웹 3.0이 자율성과 책임, 선행과 존중, 정의의 공간이 될 수 있도록 우리 각자가 노력해야 한다. 이를 위해서는 디지털 시민성을 중심으로 디지털 문해력 Digital Literacy, 디지털 윤리와 책임감, 온라인 참여, 비판적 저항이 자유롭게 구현되고 조율되어야 한다.

웹 3.0이 블록체인과 메타버스를 통해 누구나 자신의 영향력을 발휘할 수 있는 진정한 유토피아로 기능하려면 무엇보다 '디지털 시민성'이 중요하다. 웹 3.0 시대에도 기술은 끊임없이 발전할 테지만, 기술을 잘 다루는 것보다 중요한 능력이 기술을 올바르게 활용할 줄 아는 능력이기 때문이다.

우리의 행위와 사회는 계약을 기반으로 구성된다. 웹 3.0 시대의 사이버 공간 또한 마찬가지다. 따라서 계약을 이행하기 전에 상대방이 나에게 원하는 것이 무엇인지, 나의 가치가 어떻게 구현되는지 면밀히 살펴야 한다. 계약의 상대방보다는 '나'를 더 잘 알고 '내'가 이 계약을 통해 얻는 이익이 무엇인지, 내가 이 계약으로 어떤 위험에 놓일 수 있는지 판단할 수 있어야 한다. 결국 나에게 주어진 또는 획득 가능한 정보를 수집하고 분석해, 데이터를 기반으로 판단할 수 있어야 한다. 사이버 공간에서 우리는 수많은 정보를 획득할 수 있다. 그러나 이 정보의 중요도는 개인 혹은 시대에 따라 달라진다. 그래서 우리는 사이버 공간에 존재하는 수많은 정보 속에서 정확한 정보를 찾고 평가하고 조합할 수 있는 디지털 문해력을 갖추어야 한다. 이를 바탕으로 내가 이 기술을 사용해서 얻을 이득이 손실보다 더 많고 좋은지 스스로 판단할 수 있어야 한다.

디지털 시민의식에서 중요한 또 하나의 덕목은 공감 능력이다. 우리가 타인을 함부로 대하지 못하는 이유는 상대도 나와 똑같은 인간이기 때문이다. 그런데 사이버 공간에서는 이 당연한 사실을 깜빡하기 쉽다. 그래서 함부로 악플을 달고, 사기를 치고, 해킹을 하고, 더 나쁜 일도 서슴지 않는 경우가 많다.

인터넷 공간은 한쪽이 일방적으로 주도하는 곳이 아니라 서로가 소통하는 공간이다. 오프라인에서는 정의롭게 행동하는 사람도 온라인에서는 소극적, 수동적이 되는 경우가 있다. 단체방 분위기가 어색해질까 싶어 자극적이거나 무례한 행동도 못 본 척 지나친다. 이러한 행동이 모이면 고립된 희생자가 발생하기 마련이다.

성숙한 디지털 시민이 되는 일은 웹 3.0 기술을 배우는 것보다 더 중요하다. 우리 모두 디지털 사회가 요구하는 가치와 적극적으로 소통하고 공감하며 주체적으로 의무와 책임을 실천하는 디지털 시민이 될 때, 웹 3.0 시대가 진정으로 빛을 발할 것이다.

사이버 공간에서 발생할 수 있는 사회문제는 사이버 사기, 저작권 침해, 명예훼손, 성범죄, 금융 범죄, 사이버 공격 등 다양하다.

이 문제들은 현실에서도 발생하지만 사이버 공간에서는 디지털의 특성에 힘입어 현실에서보다 더 큰 피해를 가져오기 마련이다. 보이스 피싱, 이른바 'N번방 사건' 등에서 확인할 수 있듯, 쉽고 편리하게 이용하는 서비스가 오히려 간단한 방법으로 우리를 곤경에 빠뜨릴 수 있다. 지금부터 그동안 발생했던 우리 사회의 중요한 디지털 관련 사건들을 살펴보자.

판결로 돌아보는 다양한 디지털 사건

흔히 이 나라의 주인이 누구냐는 질문을 받으면 대다수는 교과서에서 배운 대로 국민이라고 대답한다. 그런데 진짜 나라를 사랑하는 사람은 국가를 우선시하기도 한다. 이러한 생각의 차이가 법적 논쟁을 불러오기도 하는데, 나라가 국민의 것이라고 생각하는 사람들은 공동체를 비난하는 일을 허용하지 않는다. 그래서 굳이 비난을 하려면 신분을 밝히고 하라고 주장한다.

이러한 맥락에서 인터넷에 글을 쓸 때 신분을 밝히도록 하는 제

〈인터넷 실명제 사건〉
헌법재판소 2012년 8월 23일 선고 2010헌마47

- **사건 개요:** 인터넷 게시판에 댓글을 작성하기 위해 인터넷 사이트 운영자가 실명 확인 절차를 요구

- **사건 쟁점:** 정보통신망법의 인터넷 실명제 조항에 대한 표현의 자유 침해 여부
- **판결:** 표현의 자유, 개인정보자기결정권, 언론의 자유 등 기본권 침해를 인정해 위헌 판결
- **의의:** 건전한 인터넷 문화 조성이라는 목적을 위해 인터넷 실명제라는 방법 외에 인터넷의 특성을 반영한 적절한 규제가 무엇인지 고민할 수 있도록 사회가 해결할 과제를 제시했다는 데 의의가 있음

도가 '인터넷 실명제'다. 인터넷 실명제는 익명으로 남기는 악성 댓글의 폐해를 줄일 목적으로 2007년 우리 사회에 도입됐다. 그래서 한동안은 온라인에 글을 쓰려면 본인 인증을 해야 했다. 당시 이 조항은 표현의 자유와 개인정보자기결정권, 언론의 자유 등 기본권 침해와 관련해 상당한 논란을 불러왔다. 이후 인터넷 실명제는 많은 논란을 불러왔고, 위의 판결로 인해 2012년에 사라졌다.

국가 권력은 속성상 국가를 모독하는 사람을 용납하지 않는다. 지금도 중국에서는 완전 실명제로 인터넷 게시판을 운영한다. CCTV로 전 국민의 얼굴까지 식별해서 범죄자를 샅샅이 추적해낸다. 그렇다면 내가 주인인 나라에서 인터넷 실명제는 무엇을 의미할까? 헌법재판소 판결문이 어려울 것 같지만, 읽어보면 의외로 쉽게 이해된다. 위의 판결문을 읽어보고 나름대로 생각을 정리해본

다면 디지털 시대를 살아가는 데 소중한 공부가 될 것이다.

온라인에서 회원가입을 하고 유료 강연을 듣다가 친구에게 강연 링크를 보냈다면, 저작권 침해에 해당할까? 나는 오래전부터 링크 공유는 저작권 위반이라고 생각했지만, 얼마 전까지도 대법원 입장은 '링크를 보낸 행위는 직접적인 저작권 침해 행위에 해당하지 않는다'였다.

그런데 2021년 대법원이 입장을 바꿔 '링크 공유도 저작권 침해 행위에 해당한다'는 판결을 내린 바 있다.

〈사이버 저작권 침해─링크 행위의 저작권 침해〉

대법원 2021년 9월 9일 선고 2017도19025 전원합의체

- **사건 개요:** '다시보기 사이트'로 연결하는 링크를 영리적·지속적으로 공유하여 저작권자의 전송권을 침해하는 성명 불상자들의 불법 행위를 방조
- **사건 쟁점:** 링크 행위가 범죄를 방조한 행위에 해당하는지 여부
- **판결:** 링크 행위는 정범의 범죄를 용이하게 하는 행위로, 저작권법상 공중송신권 침해의 방조를 인정
- **의의:** 링크 행위에 대하여 저작권 침해의 방조범 성립 가능성을 최초로 인정하였으며, 이로 인해 다시보기 사이트로 인한 저작권 침해가 감소할 것이라는 데 의의가 있음

이제는 타인의 저작물을 포함하는 링크를 함부로 전달하면 안된다. 무심코 한 행동이 어떤 결과를 가져올지 주의해야 한다. 최근에는 서체에 대한 저작권 침해도 연달아 인정됐다. 홈페이지나 발표 자료를 만들면서 아무 서체나 무단으로 사용하는 경우가 많은데, 그러다 법무법인으로부터 내용증명을 받을 수 있다. 큰 조직이야 당연히 법률팀이 있어서 사전에 예방하겠지만 개인이 이런 일을 당하면 당황하지 않을 수 없다. 정당하게 이용했거나 사소한 실수라면 대체로 봐주는 경우가 많지만 서체도 엄연히 저작권 보호를 받는 대상이므로 이제부터는 조심해야 한다.

〈서체에 대한 저작권 침해〉

서울남부지방법원 2021년 10월 7일 선고 2020나64345

- **사건 개요:** 저작권 등록을 마친 서체 사용에 관한 계약 체결 없이 해당 서체를 이용한 게시물 페이지를 지속적으로 홍보에 이용
- **사건 쟁점:** 서체 사용이 저작권자의 복제권 침해에 해당하는지 여부
- **판결:** 서체 파일은 저작권법의 보호를 받는 컴퓨터 프로그램 저작물로, 계약 체결이 없는 서체의 사용은 저작권자의 복제권 침해 인정
- **의의:** 각종 문서와 자료를 만들기 위해 사용하는 서체에 대해 저작권을 인정하여 서체의 사용권을 필수적으로 확인하게 되었다는 데 의의가 있음

누구나 유튜버로 활동할 수 있는 시대다. 요즘 유튜버들의 활약과 영향력을 보고 있으면 우리나라가 표현의 자유가 상당히 자유로운 사회임을 다시 한 번 확인하게 된다. 그런데 책임감과 직업윤리가 부족한 일부 유튜버들이 본인의 방송에서 타인을 함부로 비방해 물의를 일으키거나 소송으로 번지는 일이 생기고 있다.

우리나라 형법 제307조에서는 '공연히 사실을 적시하여 사람의 명예를 훼손한 자'를 처벌할 것을 명시하고 있다. 애초에 비방할 목적 없이 사실만 말해도 명예훼손이 될 수 있다는 뜻이다. 만약 두 사람이 연인 관계인 것을 밝히기 전에 내가 그 사실을 먼저 알고 공개해도 명예훼손이 된다. 다만, 형법 제310조에 따라 '사실적시 명예훼손 행위가 진실한 사실로서 오로지 공공의 이익에 관한 때'에는 처벌하지 않는다.

이제 우리도 사이버 공간에서 어떠한 사실관계를 말할 때는 그것이 타인의 명예를 훼손하는 것은 아닌지 다시 한 번 생각해야 한다. 남들이 유포해서 나도 유포했다는 해명이 통할 리 만무하다. 유튜브든 다른 매체든 타인에 대한 말보다는 내가 주인이 되는 이야기가 훨씬 더 소구력이 있다는 점을 기억하자.

딥페이크Deepfake도 한창 논란이 일었다. 딥페이크란 인공지능 기술을 이용해 특정인의 얼굴을 특정 영상에 합성한 편집물인데, 디지털 성범죄로 악용되는 사례가 많아지고 있다. 이러한 허위 영상

> ### 〈사이버 명예훼손─유튜버 명예훼손 사건〉
>
> 대법원 2021년 11월 11일 선고 2021도11688
>
> - **사건 개요:** 유튜버가 유명인을 비방할 목적으로 유튜브를 통해 허위 사실을 유포하여 유명인의 명예를 훼손
> - **사건 쟁점:** 허위라는 인식이 없었는지, 비방할 목적이 없었는지 여부, 최종적으로 명예훼손에 해당하는지 여부
> - **판결:** 유튜버는 허위임을 인식하고 있음에도 전파력과 파급력이 광범위한 채널에 해당 영상을 제작하여 게시하였고, 이를 통해 유명인을 비방할 목적이 있었음이 인정되어 명예훼손을 인정
> - **의의:** 인터넷 방송인들에게 사실 확인이 되지 않은 무분별한 내용의 방송 제작 및 반포를 경계하도록 했다는 데 의의가 있음

물을 제작, 유포하는 행위에 대한 처벌도 강화되고 있다.

아무리 재미로 하는 일이라도 타인의 얼굴을 자극적으로 합성해서 업로드하는 행동은 절대 해서는 안 된다. 이것은 명예훼손뿐 아니라 악성 디지털 성범죄가 될 수도 있음을 반드시 기억해야 한다.

> ### 〈디지털 성범죄─합성 기술을 활용한 허위 영상물 반포〉
>
> 부산지방법원동부지원 2020년 4월 19일 선고 2021고단2320
>
> - **사건 개요:** SNS에 게시된 여성의 얼굴 사진을 불법 음란물에 합성하여 소

지하고, 인터넷 사이트에 반포
- **사건 쟁점:** 허위 영상물 편집·반포에 해당하는지에 대한 여부
- **판결:** 사진 합성의 경위와 해외 사이트에 게시한 사실 및 목적 등을 종합하였을 때 사진 합성할 당시 반포할 목적이 있었음이 인정됨
- **의의:** 대상자의 의사에 반하여 허위로 음란 영상물을 만들어 반포한 자를 처벌하여 이후에도 관련 범죄를 처벌하겠다는 의지를 밝힘

마지막으로 살펴볼 사건은 2021년 전 국민의 공분을 샀던 N번방 사건이다. 텔레그램 비밀방에서 자행되던 성 착취 현장을 여학생 기자단인 '불꽃 추적단'이 취재해 수면 위로 끌어올렸는데, 공동체의 질서를 위한 이러한 헌신과 노력은 우리 모두의 의무이기도 하다.

웹 3.0 시대에는 가상공간에서 상상도 할 수 없는 수많은 일이 벌어질 것이다. 건전한 시민의식으로 무장한 디지털 시민들이 우리의 디지털 공간을 스스로 지켜나가야 한다.

〈N번방 사건〉
대법원 2021년 10월 14일 선고 2021도7444

- **사건 개요:** 메신저 앱을 이용해 피해자를 유인한 뒤 경찰을 사칭 및 협박하여 성착취물을 찍게 하고 이를 유포

- **사건 쟁점:** 범죄집단 해당 여부, 유사 성행위 및 강간죄 인정 여부
- **판결:** 조직적 구조를 갖추고 있고, 범행 당시의 정황 등 제반 사정을 종합해 보았을 때 범죄집단에 해당되며 유사 성행위 및 강간죄가 인정됨
- **의의:** 사각지대에 존재하던 디지털 성범죄의 인지와 강력한 처벌을 통해 디지털 성범죄에 대한 강력한 경고와 이후 일어날 관련 범죄에 대한 판단 기준이 된 사건

웹의 발전은 곧 인류 소망의 구현이다. 먼 곳에 있는 사람에게도 내 생각을 잘 전달하고 싶다는 바람, 내가 죽은 후에도 나를 기억해주었으면 좋겠다는 소망을 인류는 하나하나 이루어가고 있다. 기술의 발전과 함께 인류의 소망 역시 끊임없이 진화하면서 상상만 했던 것들을 하나씩 실현해내고 있다.

웹의 거대한 물결이 웹 3.0으로 접어드는 지금, 정신을 바짝 차리고 다가오는 새로운 디지털 시대를 맞이해야 한다. 현재 우리 삶을 지배하는 기술이 가져다주는 혜택과 부작용 모두 우리의 몫임을 기억해야 한다. 이제 기술을 만드는 전문가들이나 기술을 채택하는 정부, 기업의 힘만으로는 인류 사회를 위한 기술을 구현하기 어렵다. 그 기술을 선택해서 사용하는 우리의 역할이 중요하다.

"기술 습득보다 중요한 건
나만의 관점을 갖는 일"

김미경 × 권헌영

김미경 공대에서 법학을 가르치고 계시는데, 법학처럼 다양한 분야와 융합되는 학문도 없는 것 같습니다. IT 기술이란 것이 결국 신대륙에 새로운 깃발을 꽂는 일이다 보니 기본적으로 모든 규칙을 새로 제정해야겠죠?

권헌영 사실 IT 업계 사람과 법학자가 만나면 대화가 잘 안 돼요. IT 쪽 사람들이 뭔가 혁신적인 걸 만들고 싶어서 법적으로 자문하면 법학자는 전부 안 된다고 하거든요. 그런데 이제는 어떻게 하면 되는지 알려줘야 합니다. 찾아보면 방법은 다 있고, 그걸 찾는 것이 진정한 전문가니까요. 법률상으로 새로운 문제가 생기면 기존 법은 적용할 수가 없어요. 이때는 법을 수정하는 작업이 필요합니다. 소통을 잘하면 대부분의 문제는 해결됩니다.

그런데 우리나라는 다른 나라보다 더 적극적으로 법을 만들기 시작했어요. 예를 들어 전자정부법은 2001년에 만들어졌습니다. 주민등록등본도 일찌감치 인터넷으로 받았고, 백신 예약도 다 했잖아요.

김미경 우리가 전자정부법은 진짜 빨리 만들었죠.

권헌영 네. 전자정부법과 개인정보보호법도 앞서고 있고, 데이터법은 현재 우리나라만 갖고 있습니다. 일반적으로 해외에서 이야기하는 데이터법은 데이터보호법으로 개인정보보호법에 해당하는데요. 국내의 경우는 조금 다릅니다. 민간에서 정부에 데이터를 요청하면 오픈 API(두 소프트웨어 구성요소가 서로 통신할 수 있게 하는 메커니즘)로 연결해줍니다. 지하철 앱, 내비게이션 앱 모두 정부 데이터를 쓰는 겁니다.

김미경 웹 3.0에서 개인이 강조되는 것과 법률 문제가 중요해지는 것은 같은 맥락인가요?

권헌영 웹 3.0은 분권화가 핵심이잖아요. 분권화된 사회에서 자생하는 커뮤니티나 비즈니스, 라이프 스타일이 많은데 이걸 정부가 일률적으로 규제하는 것은 맞지 않습니다. 그런데 아이러니하게도 법은 속성상 일률적일 수밖에 없어요. 예컨대 우리 커뮤니티의 규칙은 우리가 정할 테니 법은 잠시 유보해달라고 요청할 수 있어야 합니다. 이처럼 자율 규제를 요청하는 것이 웹 3.0의 큰 변화입니다.

그리고 이것이 성공하려면 개인 스스로도 잘할 수 있다는 걸 보여줘야 하는데, 그것이 거버넌스입니다. 우리의 생각 자체를 바꾸는 작업이 기본적으로 웹 3.0 시대의 밑바탕에 있어야 합니다.

김미경 제가 웹 3.0에 빠지게 된 이유가 분권화 때문이에요. 우리에겐 아직 낯설지만 분권화가 몸에 익은 미래 세대가 보기엔 이전의 중앙화된 세상은 정말 우스울 것 같아요. 각자가 하나의 방송국이고 은행인데, 그게 몇 개로 정해진 세상을 이해할 수 없겠죠. 그런데 그 분권화를 우리 개개인이 만들어야 하잖아요. 새로운 규약도 만들어야 하고요.

권헌영 은행도 시대의 산물이지 않습니까? 그전에는 두레도 있었고 계도 있었죠. 어쨌든 웹 3.0에서 중요한 점은 내 삶의 주체가 '나'라는 것입니다. 내가 모든 것을 결정한다는 것이 웹 3.0의 핵심 아니겠어요?

김미경 법률에 대해서 하나 여쭤볼게요. 지금은 진짜 몰라서 당하는 일이 많은 것 같습니다. 기술도 너무 생경해서, 사실 가상자산에 투자할 때도 왠지 마음을 졸이면서 하게 되거든요. 그런데 진짜로 법을 몰라서 피해를 보는 경우가 많은가요?

권헌영 이제 모르는 게 약이 아니라 죄가 되는 세상입니다. 아무것도 모른 채 죄를 짓는 것은 '이용당하는' 거예요. 실제로 나는 피해를 줄 의도가 전혀 없었는데 상대가 나를 믿어서 피해를 당하는 경우가 너무 많습니다. 그러니까 보안이 취약한 PC를 계속 쓴다거나 해커가 내 폰을 해킹하도록 방치하는 것도 문제지요. 나 때문에 더 큰 피해가 생기는 걸 막기 위해서라도 상식적인 법 공부는 필요해요.

김미경 아직 법제화가 제대로 이루어지지 않아서 경계선상에 있는 기술 서비스들이 많은데, 앞으로 이슈로 떠오를 만한 건 무엇일까요?

권헌영　NFT도 법제화의 범위 안에 있죠. 개인이 알아서 하게 내버려둘지 아니면 거기서 발생하는 문제를 규칙화시킬지, 정부의 개입 정도를 두고 논쟁 중입니다.

김미경　세금 문제도 관련이 있겠네요.

권헌영　과세를 하느냐 마느냐가 아니라 어떻게 과세할 것인가가 문제가 되지요. 자산이 있으면 세금은 당연히 부과되는 것이고요. 다만 어느 정도로 특별하게 취급할지가 문제입니다.

김미경　요즘은 어떤 법률 문제로 고민이 많으세요?

권헌영　데이터에 요금을 산정하는 문제가 있습니다. 우리 연구실에서 현재 고민하는 것으로는, 개인의 참여와 무관하게 플랫폼만 돈을 버는 구조에 관한 것입니다. 공정 이슈로 보면, 이제 플랫폼은 실제 자산의 주체인 개인에게 어떻게 보상할지를 준비해야 합니다.

김미경　웹 3.0에 정말 필요한 법이네요.

권헌영 기술의 혁신으로 번 돈은 인정하는 게 당연해요. 그 사람이 금광을 찾은 거니까요. 그렇지만 혁신이 아니라 플랫폼 안에 안주하면서 돈을 지나치게 많이 벌었다면, 그건 초과 이익이라 환수해야 합니다. 이런 문제는 앞으로 웹 3.0 시대에 플랫폼 비즈니스와 연결해 공론의 대상이 될 것입니다.

김미경 우리가 대한민국이라는 국가 인프라를 이용해서 사는 것처럼 플랫폼도 수많은 개별 계정 덕분에 먹고살잖아요. 거기에 글과 사진을 올리는 사람들이 있어서 플랫폼이 광고를 할 수 있고 돈을 버니, 사용자가 보상받을 필요가 있죠.

권헌영 이제 그런 문제들을 논의해야 해요. 플랫폼 입장에서는 법인세를 내는데 왜 초과 이익을 언급하냐고 합니다. 그래서 디지털 세금인 구글세 시행이 늦춰지고 있습니다.

김미경 그런데 원래 인터넷은 세금이 없었잖아요.

권헌영 인터넷에 세금을 없앤 가장 큰 이유는 미국이 전 세계를 디지털 경제로 만들기 위해서였죠. 지금은 인터넷 없이 살 수가 없는데도 여전히 인센티브를 주고 있어요. 이걸 '역인센티브'라고 합니다. 그러니 인터넷 세금이 점점 늘어나는 상황이 발생할 수 있어요. 이런 논쟁거리가 앞으로 계속 있을 텐데, 이런 상황을 정확하게 파악하고 대처해야 합니다.

김미경 웹 3.0 생태계에서는 '예스'와 '노'를 잘 선택하는 게 중요한 것 같습니다. 그 선택을 잘하기 위해서 우리가 공부하는데, 제가 계속 말하는 것이 웹 3.0에 관한 한 전 국민이 1학년이라는 겁니다. 그래서 지금 공부하지 않으면 디지털 문맹이 된다는 거죠.

권헌영 기술을 배우는 것도 중요하지만, 이 기술을 바라보는 나의 눈과 생각을 단단히 다지는 것이 중요합니다. 확실한 자기만의 관점을 가져야 해요.

김미경 저는 지금이야말로 우리 사회에 새로운 역할을 담당하는 사람이 필요하다고 생각합니다. 웹 3.0의 다양한 경제 생태계를 현명하게 활용하는 방안을 알려주는 사람들이요.

권헌영 소통과 공감 능력이 뛰어난 분들이 나서야지요. 사실 현장에 있는 사람들을 이해하지 못하면 세상을 변화시킬 수 없거든요. 지금은 기술 전달이 중요한 게 아니라 기술의 가치를 일깨우는 소통이 중요해요. 현장에서 이루어지는 디지털 전환이 세상을 지속적으로 건강하게 발전시킬 겁니다. 디지털이 잘나간다고 온 국민이 디지털에만 매달려 있으면 자동차는 누가 만드나요? 누군가는 자동차를 만들고 떡볶이도 만들어야 합니다. 자동차를 친환경적으로 만들고 떡볶이를 맛있게 만드는 것은 디지털 기술의 도움을 받을 수 있어요. 이때 도움을 주는 사람들을 잘 양성하는 작업이 국가 차원에서 필요해요. 기술을 가르치는 게 아니라 현장을 변화시킬 수 있는 사람들을 양성해야 합니다. 현재 디지털 코디네이터를 자처하는 사람들은 현장에서 기술만 전수할 것이 아니라, 디지털 시민의식을 일깨우고, 생활밀착형으로 일상에 디지털 기술을 입히도록 소통해야 합니다. 그런 일을 하는 인재를 많이 육성할 필요가 있습니다.

김미경 교수님 말씀처럼 우리의 생각이 창조의 시작이고, 우리의 의식이 모든 프로젝트의 기본이 된다면, 올바른 판단을 할 수 있도록 나를 더 갈고닦아야겠다는 다짐을 하게 됩니다. 모쪼록 생각의 주인공인 우리가 모든 것을 할 수 있다는 사실을 가슴에 새겨야겠습니다.

웹 3.0 넥스트 이코노미

불황 속 당신의 돈과 삶을 완전히 바꿀 생존경제

초판 1쇄 발행 2022년 11월 30일

지은이 김미경 정지훈 신동형 김승주 이승환 에리카 강 윤준탁 이신혜 권헌영
기획 MKYU

발행인 김미경 **신사업전략본부장** 김수현
출판사업팀장 이승아 **책임편집** 이다희
디자인 유어텍스트

발행처 (주)엠케이유니버스
출판신고 2022년 6월 29일 제2022-000183호
주소 서울시 마포구 와우산로 23길 8
문의전화 070-8806-5941 (편집) 070-8827-7189 (마케팅)
이메일 awakebooks@mkcreative.co.kr
인스타그램 @awakebooks

ⓒ 김미경, 정지훈, 신동형, 김승주, 이승환, 에리카 강, 윤준탁, 이신혜, 권헌영, 2022
ISBN 979-11-980130-0-2 (03320)

SPECIAL COUPON

50%

초판
한정

〈웹 3.0 넥스트 이코노미〉
50% 할인 수강 쿠폰

AWAKE BOOKS

웹 3.0 넥스트 이코노미

당신의 미래를 결정할
디지털 세상의 마지막 퍼즐!

세상의 판을 바꿀 7가지 핵심 기술이 만든
새로운 디지털 세계, 웹 3.0!

〈세븐테크〉에 이은
2번째 테크 큐레이션 강의를
MKYU에서 새롭게 선보입니다.

WEB 3.0 NEXT
ECONOMY

MKYU
테크 큐레이션
시리즈

8인
국내 최고
전문가 구성

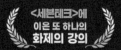

〈세븐테크〉에
이은 또 하나의
화제의 강의